松帆銅鐸発見！

1 兵庫県南あわじ市松帆付近の遠景

慶野中の御堂銅鐸や古津路銅剣など青銅器の出土が多いことが知られていたが、松帆銅鐸の出土により改めてこの地域が注目されている。

（*1*～*13*：南あわじ市教育委員会提供）

2 松帆銅鐸の発見地点

2015（平成27）年4月、南あわじ市内にある石材製造販売会社の工場内と土置場の砂山から銅鐸7点が発見された。

3 松帆3号・4号銅鐸の発見状況

完形の銅鐸が、ごろりと砂の中に横たわっていた。

26.7 cm

4 松帆１号銅鐸　A面・B面（1/3）

（4 ～ 13：南あわじ市蔵）

22.4 cm

5 松帆２号銅鐸　A面・B面（1/3）

6 松帆３号銅鐸　Ａ面・Ｂ面（1/3）

7 松帆４号銅鐸　Ａ面・Ｂ面（1/3）

8 松帆５号銅鐸　Ａ面（1/3）

9 松帆舌２・４・７　Ａ面（上）・Ｂ面（下）（1/2）

舌３に付着した紐

（左矢印部分）

10 松帆舌１・３・５・６　Ａ面（上）・Ｂ面（下）（1/2）

32.2cm

11 松帆６号銅鐸　Ａ面・Ｂ面 (1/3)

22.1cm

12 松帆７号銅鐸　Ａ面・Ｂ面 (1/3)

X線CT調査の驚き！

13 松帆3号・4号銅鐸、6号・7号銅鐸の入子状況

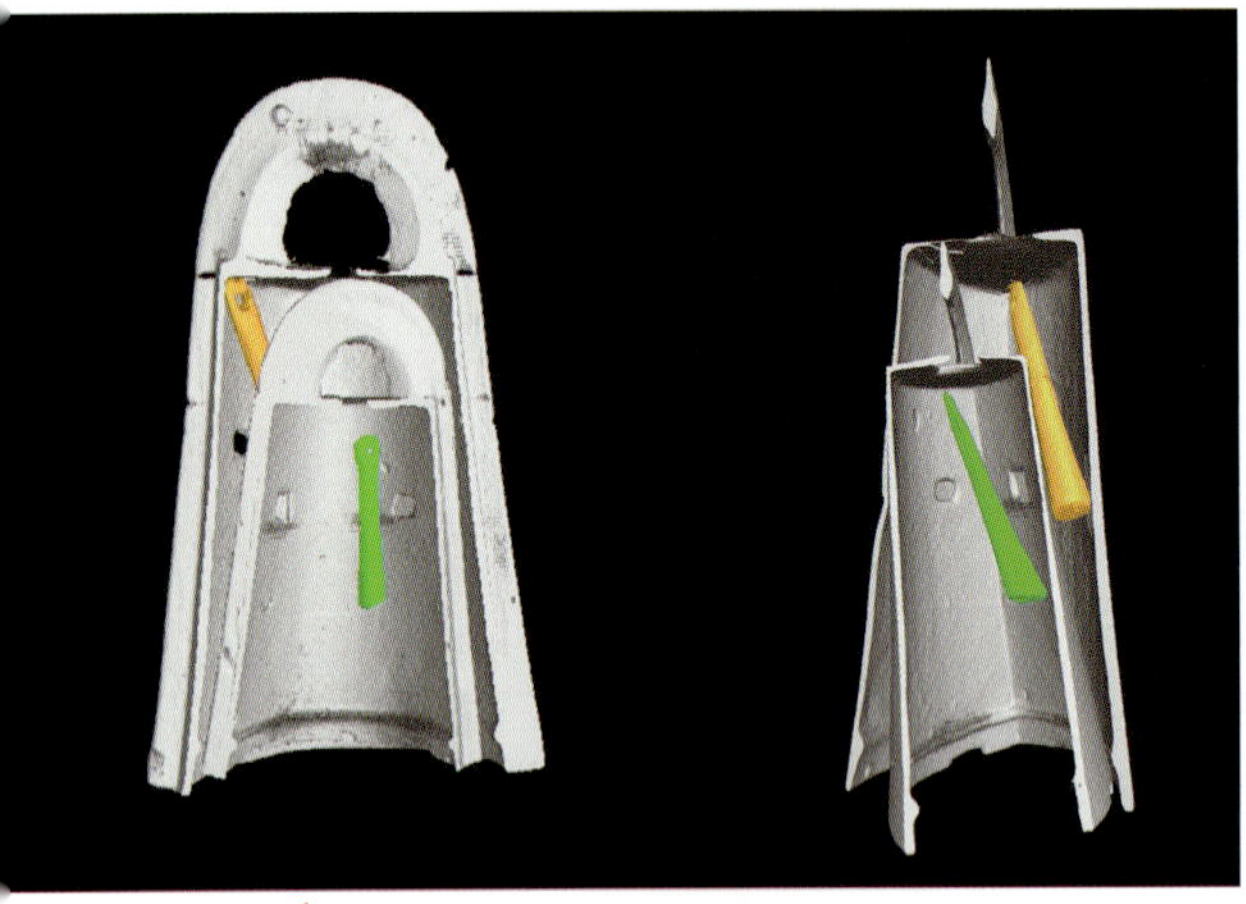

14 松帆3号・4号銅鐸のX線CT画像

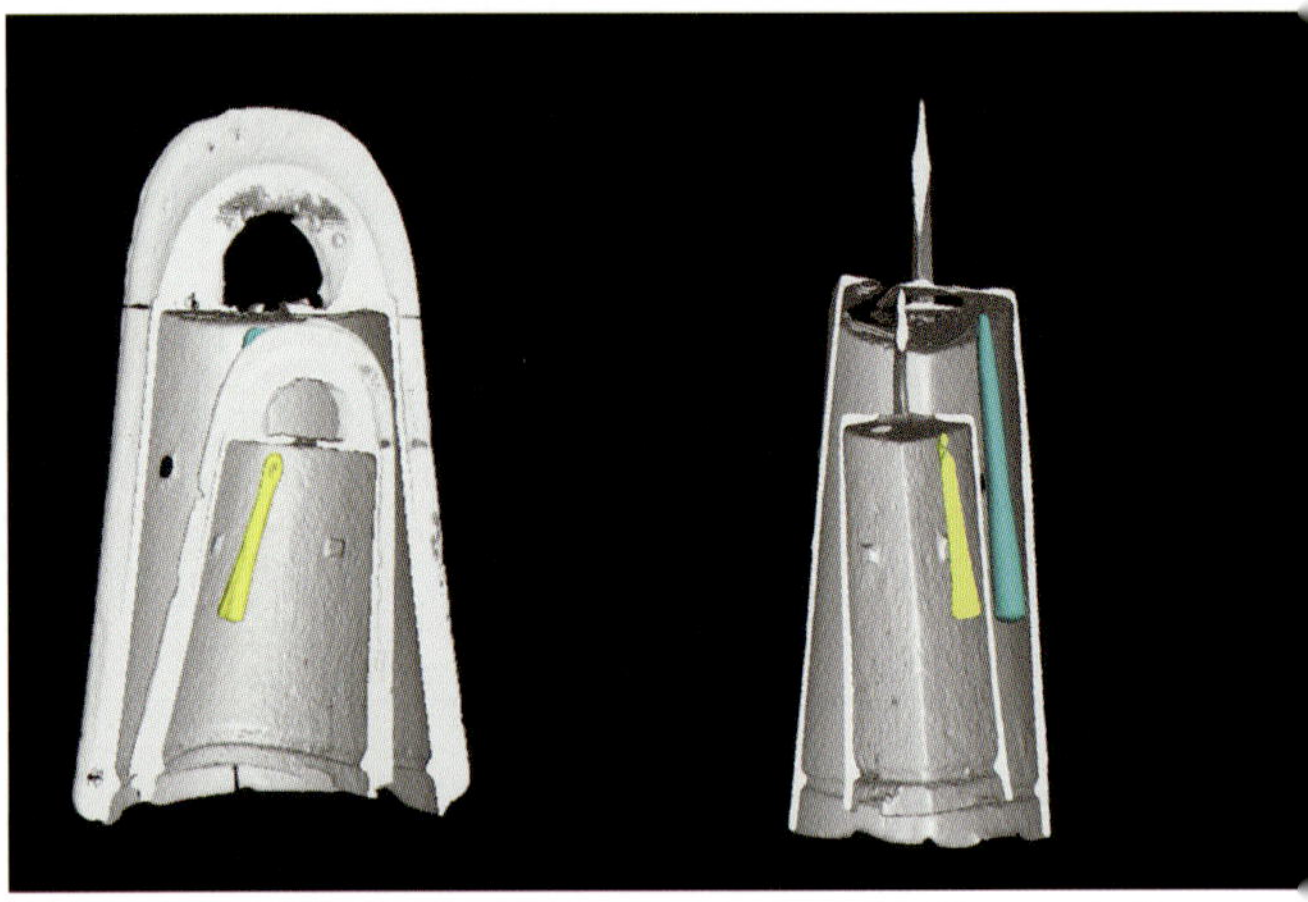

15 松帆6号・7号銅鐸のX線CT画像

大小が入子になった銅鐸のそれぞれに、舌が付いたままの状態が確認された。

（14・15：南あわじ市教育委員会蔵・奈良文化財研究所提供）

16 泊銅鐸

松帆銅鐸発見以前で、銅舌を伴う銅鐸は泊銅鐸と慶野中の御堂銅鐸のみであった。

（東京国立博物館蔵・Image: TNM Image Archives）

17 加茂岩倉 27 号銅鐸

18 荒神谷 6 号銅鐸

（*17*・*18*：国（文化庁）蔵・島根県立古代出雲歴史博物館提供）

関連する銅鐸

19 桜ヶ丘銅鐸・銅戈

（神戸市立博物館蔵
・Photo : Kobe City Museum
/ DNPartcom）

20 中川原銅鐸
（隆泉寺蔵・兵庫県立歴史博物館提供）

21 慶野中の御堂銅鐸
（日光寺蔵・兵庫県立考古博物館提供）

22 慶野銅鐸
（慶野組蔵・洲本市立淡路文化史料館提供）

淡路島の弥生青銅器

淡路島では松帆銅鐸発見以前から、所在不明のものも含めて10数点もの銅鐸の出土が知られてきた。そのほかに銅剣・銅戈などの出土もあり、弥生青銅器の集中する地域と言うことができる。

23 伝淡路国出土銅鐸（本興寺銅鐸）
（本興寺蔵・兵庫県立歴史博物館提供）

24 古津路銅剣
（国立歴史民俗博物館・兵庫県立考古博物館蔵・兵庫県立考古博物館提供）

季刊考古学・別冊28

淡路島・松帆銅鐸と弥生社会　目次

■表紙写真■松帆銅鐸集合写真（南あわじ市教育委員会提供）

淡路島・松帆銅鐸と弥生社会

❖ 銅鐸の部分名称

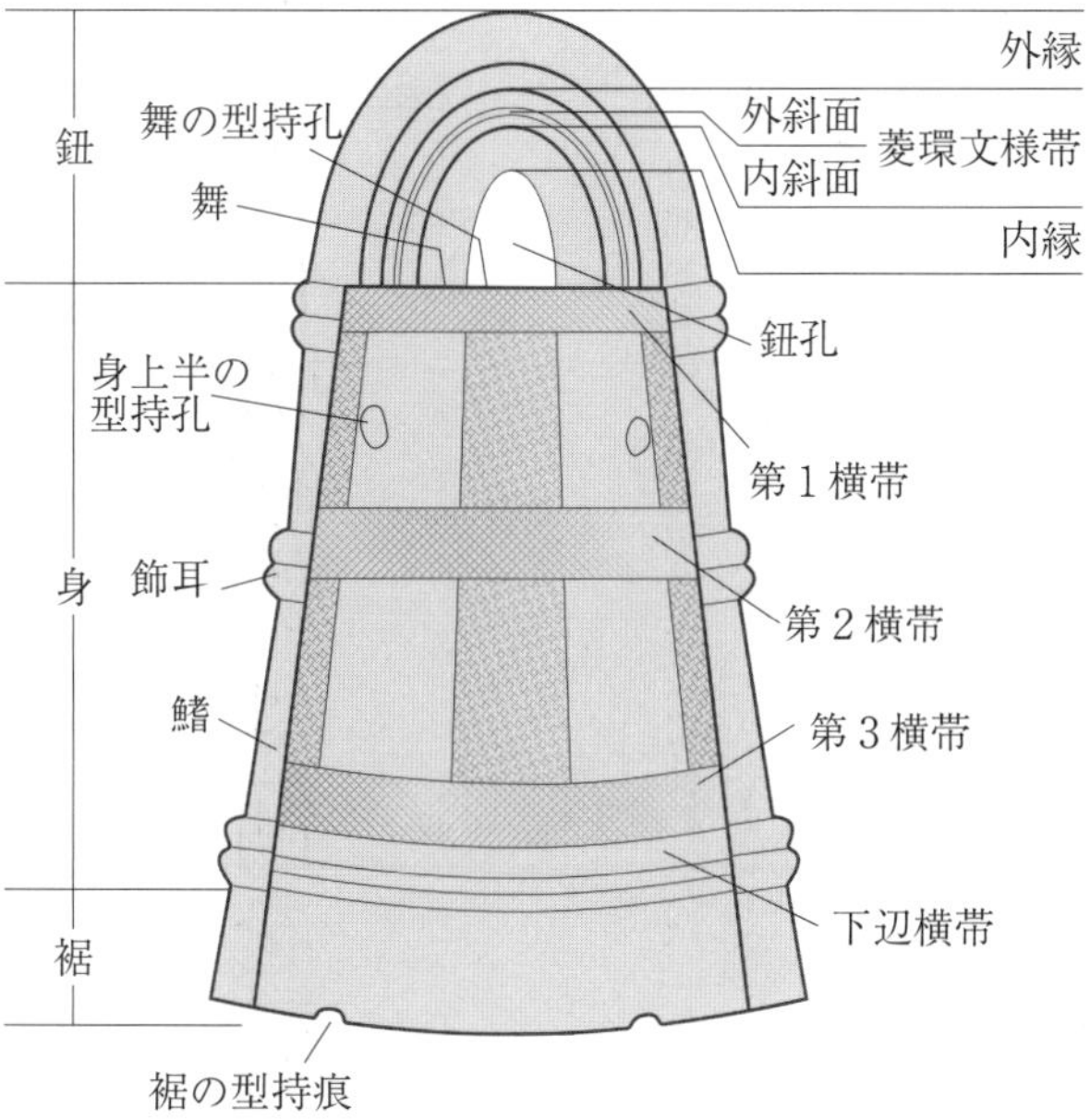

❖ 銅鐸の型式と年代観

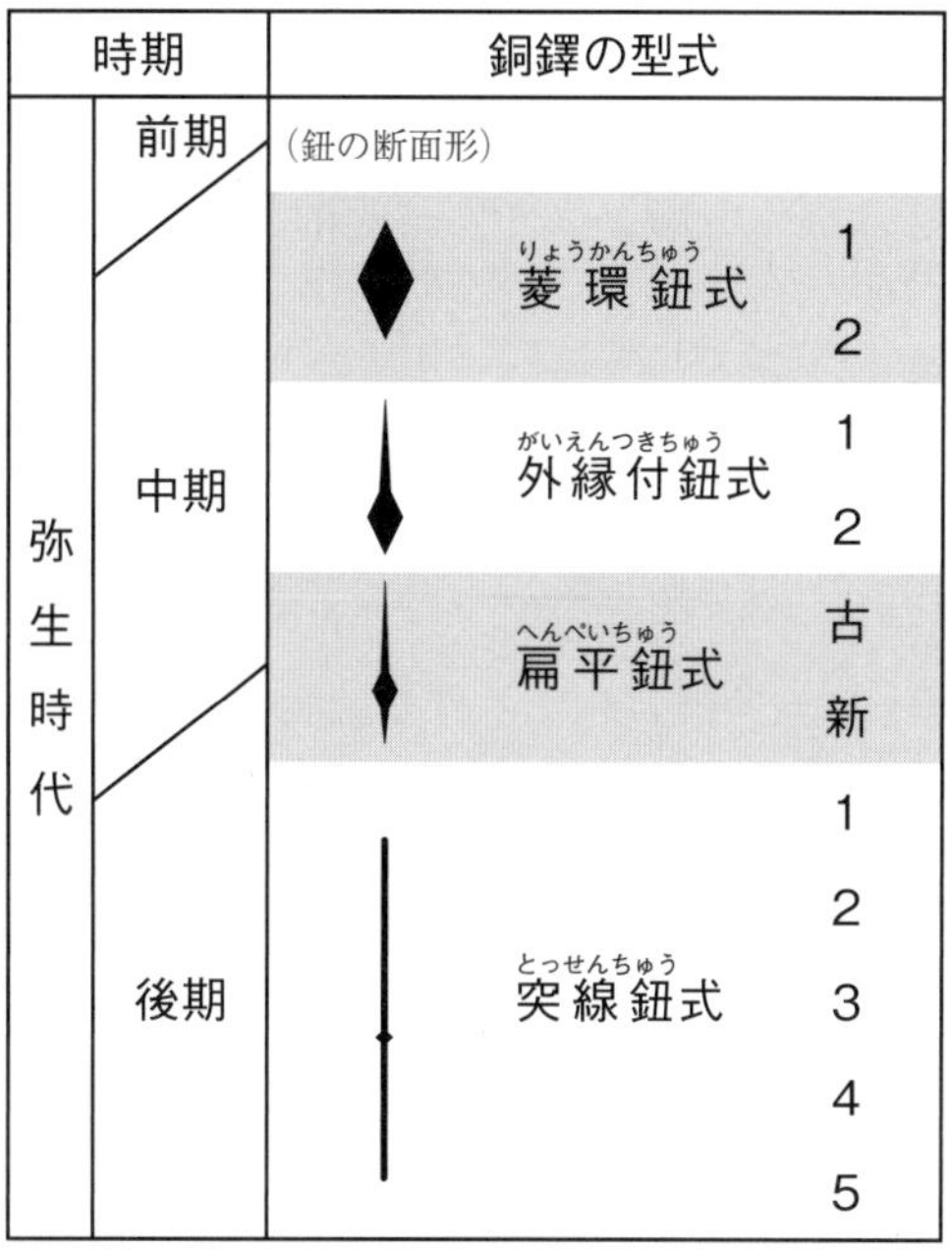

❖ 松帆銅鐸・舌一覧

銅　鐸

番号	型式	身の文様	全高	底幅	重量	備考
1 号	菱環鈕 2 式	横帯文	26.7 cm	15.5 cm	1963.4 g	
2 号	外縁付鈕 1 式	4 区袈裟襷文	22.4 cm	12.8 cm	1078.1 g	1 号と入れ子
3 号	外縁付鈕 1 式	4 区袈裟襷文	31.3 cm	17.5 cm	2527.4 g	鈕に紐残存
4 号	外縁付鈕 1 式	4 区袈裟襷文	22.5 cm	13.5 cm	1099.3 g	3 号と入れ子
5 号	外縁付鈕 1 式	4 区袈裟襷文	23.5 cm	計測不可	(746.1) g	身の下半分破損
6 号	外縁付鈕 1 式	4 区袈裟襷文	32.2 cm	18.5 cm	2584.4 g	
7 号	外縁付鈕 1 式	4 区袈裟襷文	22.1 cm	13.0 cm	1206.3 g	6 号と入れ子

舌

番号	全長	重量	紐の太さ・幅	備考
1	13.0 cm	126.0 g	—	
2	8.1 cm	44.1 g	—	
3	12.9 cm	135.6 g	約 5 mm	
4	8.8 cm	46.5 g	約 4 mm	組紐
5	12.0 cm	79.7 g	—	
6	14.0 cm	130.6 g	約 4～8 mm	
7	8.0 cm	35.8 g	約 3 mm	

淡路・松帆銅鐸は何を語るか

石野博信

『古事記』国土生成

（……）伊邪那岐命《の》、伊邪那美命《の》、二柱の神に、「是《こ》の多陀用《ただよ》弊流《へる》國を修《をさ》め理《つく》り固《かた》め成《な》せ。」と詔《の》りて、天《あめ》の沼矛《ぬぼこ》を賜《たま》ひて、言依《ことよ》さし賜ひき。故《かれ》、二柱の神、天《あめ》の浮橋《うきはし》に立《た》たし立を訓みてタタシと云ふ。て、其の沼矛を指《さ》し下《お》ろして畫《か》きたまへば、鹽許々袁々呂々邇《しほこをろこをろに》の七字は音を以ゐよ。畫《か》き鳴《な》し鳴を訓みてナシと云ふ。て引き上げたまふ時、其の矛の末《さき》より垂《しただ》り落つる鹽、累《かさ》なり積《つ》もりて島と成りき。是れ淤能碁呂島《おのごろじま》なり。淤より以下の四字は音を以ゐよ。

（……略……）

是《ここ》に伊邪那岐命《の》、先《さき》に「阿那邇夜志愛袁登賣袁《あなにやしえをとめを》。」と言ひ、後に妹伊邪那美命《の》「阿那邇夜志愛袁登古袁《あなにやしえをとこを》。」と言ひき。如此《かく》言ひ竟《を》へて御合《みあひ》して、生める子は、淡道之穗之狹別《あはぢのほのさわけの》島。別を訓みてワケと云ふ。下は此れに效へ。次に伊豫之二名《いよのふたなの》島を生みき。（岩波文庫より。傍線、引用者）

＊

奈良時代に編纂された『古事記』には、イザナギ・イザナミ二柱の神によって「国土生成」が始まり、当初に造られた島はオノゴロ島と名付けられた、という。そして、二柱の神は結婚して日本列島の島々を生んだが、最初に生まれたのは淡路島である。

兵庫県立考古博物館が開館して間もない一九六八年頃、博物館友の会・考古楽倶楽部の人たちと淡路島の東南端沖に浮かぶ沼島《ぬしま》に出かけた。沼島は国生み神話に語られるオノゴロ島の候補地の一つであるとともに、鱧《はも》料理で有名だ。どちらが本命か定かではないが、その時、沼島の神宮寺を訪ねた。庭園には見事な緑色片岩の巨石が立っていた。ご住職にお聞きしたら、沼島産だという。

数年後、淡路島南端の諭鶴羽山《ゆづるはさん》に登ったとき、山頂付近に緑色片岩が落ちており、不思議に思いながら拾った。

その時からさらに二〇年ほど前、民俗建築学会の見学旅行で高知県土佐郡本川村（現・いの町）の山中家住宅を尋ねたとき、石垣がほとんど緑色片岩で積まれているのを不思議に思ったが、同行の方がここは吉野川の上流だと教えてくれた。吉野川は下流まで緑色片岩だらけだ。

緑色片岩の産地は、沼島から紀淡海峡をこえて和歌山県に連なり、さらに伊勢・志摩から渥美半島を経て北上し、長野県南伊那郡大鹿村に及ぶ。地質学では有名なことで、三〇年ほど前、大鹿村の塩湯温泉に泊まり、河原で緑色片岩を拾ったことを思い出した。

一　銅鐸群出土ベルト地帯の中の淡路島

棒状の緑色片岩が銅鐸の舌となり音響を響かせていた、と夢想してたどってみた。四国では、吉野川下流域の徳島平野を中心として、県下の山間・平野・海岸に四〇数個の銅鐸が埋納されており、さらに海峡をこえて紀伊半島西岸中部の日高郡域にも銅鐸が集中する。

　その間の淡路島南部の三原平野を中心として、以前から一四個の銅鐸が埋納されていたが、二〇一四年四月から五月にかけて、南あわじ市松帆地区採集の土砂集積場から七個の銅鐸が加わった。しかも、新検出の銅鐸七個は、すべて古式銅鐸であるだけではなく、銅鐸内に紐で吊り下げた銅製の棒（舌《ぜつ》）を伴っていて、あたかも、昨日まで使用していたカミ祭りの用具を慶野松原一帯の某所に埋納したかのような状況であった。

　銅鐸は、弥生時代の人々が音を響かせてカミを招きよせるための祭祀具である。しかし、日本列島全体で五〇〇個をこえる銅鐸のうち、八〇個余の銅鐸が近年埋納状況がわかる状態で見つかっているのに、音を響かせる舌を伴わない状態で発見されている。言いかえれば、舌をはずし、音を出せないようにして埋納しているのが大半だ。

　その中で、淡路島の銅鐸群二四個のうち、今回の七個の銅鐸を含めて八個は舌を付けたまま埋納されるという、異質な状況が明らかとなった。日本列島の銅鐸祭祀は、弥生前期末、中期初頭から弥生後期末、古墳初頭までの三〇〇余年間行なわれていたが、淡路島南部の弥生人たちは銅鐸祭祀が始まった初期の祭式を守っていた。それは、カミを招くための音を鳴らせる状態のまま埋納することだった、と言えるだろうか。

　慶野松原の南端には三原川が流れ、河口近くの古津路《こつろ》遺跡から銅剣一四本が出土している。地名にある「津」は、ある時期の港津であったことを示し、瀬戸内海東端の交易センターの一つであったことを示す。一四本の銅剣のうち一本は筑紫系らしい。淡路島南端には渦潮で有名な鳴門海峡があるが、鳴門市の北岸沿いに航行すれば海峡をこえて紀伊半島西岸に渡航できる、という。紀伊半島西岸中部の南部川と日高川に囲まれた地域は、銅鐸集中地域として著名だ。その上、日高川河口の御坊市堅田《かただ》遺跡からは瀬戸内海西部の豊前（福岡県東部）や周防（山口県）の土器とともにヤリガンナの鋳型が出土しており[註1]、九州系弥生文化の通路の一つでありえたことを示している。

二　淡路島北部の弥生鉄器群

淡路島北部の淡路市五斗長垣内《ごっさかいと》遺跡では、二三棟の弥生後期の竪穴建物跡が検出されており、うち一二棟が鉄器製作工房である。遺跡は淡路島北部の西海岸、つまり瀬戸内海に面した側にあり、海岸には弥生前期の育波《いくは》遺跡や港湾の室津がある。

　二〇〇八年に海岸道路から車で標高二〇〇メートル前後の丘陵尾根に立ったとき、海から吹きあげるような風の強さを実感した。調査担当の伊藤宏幸さん（淡路市教育委員会）は、弥生後期前半の竪穴建物の中に「鉄製品とともに台石や敲石、砥石といった石製工具類が出土するほか、炉端の周囲に炭層の堆積が認められることなど、鍛冶作業に関連する建物跡」と考えた[註2]。伊藤さんはさらに、五斗長垣内遺跡には「瀬戸内方面からの搬入土器が多い傾向が認められ、鉄器製作技術の伝播を考えるうえで重要な要素」と指摘している。[註3]

その頃、伊藤さんは村上恭通さん（愛媛大学）とともに現地で鉄器加工実験を行なった。私はたまたま実験に立ち会って〝なるほど〟と〝困惑〟を実感した。〝なるほど〟は、鉄片を熱して加工するためには最低八〇〇度の高温が必要と聞いていたので、どうするのか、と思って見ていたら、村上さんは先端に竹筒をつけた豚丸ごとの皮袋を送風管にして炉の熱を高め、鉄棒を平たくしてしまった。炉の温度は九〇〇～一一〇〇度に達していた、という。〝困惑〟は、こんなことをされたら、豚皮も竹筒（あるいは木筒）も現地に残らず、考古学としては〝証拠不十分〟だ。

五斗長垣内遺跡の竪穴建物床面に残る火熱を帯びた径三〇センチ余の床面を見たとき、同じ痕跡を兵庫県芦屋市会下山《えげのやま》遺跡の弥生後期の竪穴建物で見たことを思い出した。[註4]会下山遺跡は、六甲山麓の標高二七〇メートル前後の尾根上にある弥生中・後期の集落跡で、七基の竪穴建物跡と一基の祭場が検出されている。その中の一基、C号建物跡の床面に残る三～四ヵ所の焼土面である。「C号穴屋は、径八メートル余の不整円形で（中略）建物西南部の床面が径三〇センチ余の範囲で円形に焼けていた。焼土面の範囲は一線を画したように明瞭で、その下は約一五センチ凹んでいた」[註5]。竪穴建物床面の円形焼土面は、鳥取県大山町茶畑第一遺跡の弥生後期などにもあり、鉄器製作用の屋内移動式カマドが想定される。

淡路市舟木遺跡もまた、淡路島北部の山間にある弥生後期の鉄器加工集落として注目されている。[註6]遺跡は、淡路島北部の西海岸線から約二キロの、標高一五〇～一九〇メートルの丘陵上に位置し、その範囲は東西八〇〇メートル、南北一五〇〇メートルに及ぶ。その中心付近には、大きな磐座を祀る石上《いわがみ》神社が存在し、その周辺からも大型の器台形土器などが発見されている。試掘調査の結果、弥生後期後半から古墳早期（二世紀後半～三世紀前葉）の竪穴建物などとともに、青銅器片一点と一五〇点余の鉄器（釣針・ヤスあるいはモリ）などが検出されている。伴出する土器群の中には河内系をはじめ丹波系や但馬系のものがあり、海に囲まれた淡路弥生人の交流範囲の一端が見えつつある。

二〇一六年に和田晴吾さん（現・兵庫県立考古博物館長）と舟木遺跡を訪れたとき、大岩を背にする石ト神社を含む禁足地に圧倒された。そこから谷をこえて発掘中の隣の丘陵には、幅二メートル余の試掘トレンチが各所にあり、中には竪穴建物の一部とその上に堆積する夥しい土器群が現われた。「土器群にはほとんど鉄器もある」という伊藤さんの説明に、芦屋市会下山遺跡で七基の竪穴建物を発掘して、鉄器二二点が一九六一年当時では近畿弥生遺跡では最多であったことを思い出した。

淡路島の弥生人は、南部の三原＝御原で赤ガネ＝銅のサナギでカミを祭っていたが、やがて古墳初頭に入ると北部の黒ガネづくりに励み、各地のクニグニとの交流を拡げていったようだ。弥生前半の南部の銅から弥生後半から古墳初頭の北部の鉄への動きは、古代淡路島の「南銅北鉄」を表わしていて興味深い。

三　神戸市神岡桜ヶ丘銅鐸・銅戈群

一九六四年一二月、神戸市神岡《かみか》桜ヶ丘の土砂採取地から銅鐸一四個と銅戈七本が採集された。当時、私は高校教員であったが、三日間ほど休暇をとり、兵庫県教育委員会文化財審議委員（辰馬悦蔵・末永雅雄・武藤　誠）の指導のもと、現地調査に参加し、報告書[註7]と補遺[註8]で出土状況などについて報告した。

神岡桜ヶ丘銅鐸・銅戈と松帆銅鐸群は、両者とも不時発見で、出土状況は明らかでないという共通性がある。ただし、神岡桜ヶ丘の場合は、一四個の銅鐸一個ずつについて銅鐸の外側と内側の土砂付着状況を記録し[註9]、埋納状況復原の原資料とした。その上、手掘りで土砂採取していた文　永玉氏に現地に来ていただき、武藤先生とともに銅鐸の実物大模型を厚紙で作って、出土状況の復原につとめた。その結果、二〇〇〇年報告に記した通り、銅鐸群は同一土坑内に大群と小群に分けて埋納されていたことが判明した。文氏によると、大群には銅鐸一一個、小群に銅鐸三個と銅鐸下に銅戈七本が置かれていた、という。さらに文氏は、大群の中央部に最大の銅鐸があり、大群の両端に小さい銅鐸が一個ずつ置かれていた、という。なお、文氏は一四個の銅鐸のうち七個だけ掘り出していて、ほかの七個はさきに採土会社の職員二名が持ち出しているので不明な点があるのはやむを得ない。

神岡桜ヶ丘銅鐸群一四個と、銅鐸内土砂の付着状況はすべて記録した[註10]。その結果、一四個の銅鐸すべての鐸内土砂は開口部が満杯で上部の舞に近づくにつれて土砂は少量になる、自然流入の状況であった。

一九八五年八月に発掘調査中に検出された奈良県桜井市大福銅鐸は、弥生後期の方形周溝墓の溝底に埋納されていたが、銅鐸内に土砂が充填されており、銅鐸身の形となった土砂の頂部には舞孔二ヵ所の痕が付くほどであった[註11]。

神岡桜ヶ丘銅鐸群のように、松帆銅鐸群についても個々の土砂付着状況を記録すべきと考えたが、二次堆積土砂内での検出ということもあって、私自身は確認していない。もっとも、松帆銅鐸群の場合は、やや大きい銅鐸の中に、やや小さい銅鐸を入れ子状態で埋納していることがX線撮影によって判明している。

＊

南あわじ市教育委員会から兵庫県教育委員会に松帆銅鐸出土の一報が入ったのは、二〇一五年四月九日九時四〇分頃であった。私はたまたま三月三一日付で兵庫県立考古博物館長を辞任し、同博物館名誉館長として兵庫県知事から辞令と表彰を受ける日で、県庁の文化財課で待機していたときだった。電話を受けた山下史朗課長から「淡路で銅鐸が二個見つかったらしい」という話を聞き、「今すぐに、課長自身と考古博物館のだれかが現地へ行くべきだ」と話した。それは、警察ドラマでいう「初動調査の大切さ」を思ったのと、神岡桜ヶ丘銅鐸群のときに考古学者による初動の遅れを思い出したからだった。その日のメモには「銅鐸に付いた土砂をすぐおとさないように連絡を」とある。これも神岡桜ヶ丘銅鐸群のときの経験だと思う。

後日、山下課長から現地へ飛んだときの話を聞いた。南あわじ市教育委員会の文化財担当職員である定松佳重・的崎　薫両氏の初動調査と庁内でことの重要性の説明が大きな役割をはたしてくれた、と思う。

それ以上に、松帆銅鐸群にとって幸いだったのは、土砂集積場で作業中に「銅鐸」を発見し、何物かを自分で調べて「大変だ」と感じ社長に報告した西田 達氏と、それを受けて市役所に連絡したマツモト産業社長の松本康宏氏の存在である。「よく気が付き、よくぞ連絡してくれた」人たちであり、「文化財は国民共有の財産」という文化財保護法の精神を、ごく普通に実行してくれた人たちだ。

これら多くの人々の努力と協力を受けて、松帆地区はもとより、県庁との協議を進めていただいた南あわじ市当局の職員の方々の努力も有難い。

淡路島は、『古事記』に描かれている日本列島・国生み神話の冒頭を飾る大島《だいとう》であり、〝神宿る島〟を物語る文化財の宝庫である。

（註1）御坊市文化財調査会編『堅田遺跡』御坊市教育委員会、二〇〇二

（註2）淡路市教育委員会『五斗長垣内遺跡発掘調査報告』二〇一一、二二一頁

（註3）前掲註2、二二四頁

（註4）村川行弘・石野博信『会下山遺跡』芦屋市教育委員会、一九六四

（註5）石野博信『楽しい考古学』大和書房、二〇〇七、九六頁

（註6）淡路市教育委員会『舟木遺跡発掘調査成果報告会資料』二〇一七～二〇一九

（註7）武藤 誠編『神戸市桜ヶ丘銅鐸・銅戈調査報告書』兵庫県教育委員会、一九六九

（註8）石野博信「神戸市神岡桜ヶ丘銅鐸・銅戈—出土地の調査日誌から—」『ひょうご考古』六、二〇〇〇

（註9）前掲註8に同じ

（註10）前掲註8に同じ

（註11）萩原儀征『桜井市大福遺跡、大福小学校地区発掘調査概報』桜井市教育委員会、一九八七

第一章　松帆銅鐸と淡路・三原平野の弥生時代

松帆銅鐸の調査と研究

難波洋三

一　発見と調査の経緯

二〇一五年四月、兵庫県南あわじ市の石材製造販売会社マツモト産業の加工場で、砂の移動中に作業員の西田達氏が入れ子状態の二個の銅鐸（1・2号銅鐸）を発見し、中の銅鐸を取り出す際に二本の舌（舌1・2）を検出した。届け出を受けた南あわじ市教育委員会が、加工場とは離れた場所にある、銅鐸の発見された砂を採り置いていた土置場を調べたところ、さらに二組の入れ子状態の銅鐸（3・4号銅鐸と6・7号銅鐸）が見つかり、これとは別に加工場内での砂の選別作業に立ち会って、一個体分の銅鐸（5号銅鐸）の破片と舌一本（舌5）を回収した。すなわち、入れ子の三組六個と単独で検出された破片状態の一個の計七個の銅鐸と、七本の舌が見つかったのである。七個の銅鐸の一括出土は、島根県雲南市加茂岩倉遺跡（三九個以上）、滋賀県野洲市大岩山遺跡（一四＋九＋一個）、兵庫県神戸市桜ヶ丘遺跡（一四個）に次ぐ多数出土例として重要であるが、[註1]さらに、舌を伴う極めて稀な出土例であること、付近ではこれまでにも銅鐸や銅剣の出土が相次いでいたこと、以上のような特徴があったため、この発見は大きな関心を集めることとなった。

その後、南あわじ市によってマツモト産業の関係書類の調査がなされ、銅鐸を含んだ砂は市内の松帆の水田の下から採取したものであることが判明し、これらの銅鐸は松帆銅鐸と命名されることになった。ただし、この土置場には松帆櫟田・松帆慶野・松帆古津路で採取した砂を集積しており、残念ながら銅鐸の正確な出土地点は特定できていない。

発見後、銅鐸と舌を奈良文化財研究所に運び、まず入れ子の3・4号銅鐸と6・7号銅鐸についてX線CTによる調査を実施し、1・2号銅鐸と同じく中に舌が残っていることとその状態の詳細を確認できた。この予備調査の成果を踏まえて南あわじ市と奈良文化財研究所の関係者が中の銅鐸と舌の取出し作業をおこない、これらの銅鐸の舌の上端の孔に紐が付着して残っていること、3・4号銅鐸の鈕にも紐や紐の痕跡が残っていることを確認した。さらに、5号銅鐸についても鈕に紐の痕跡が見つかった。

その後の難波による関係資料の検討によって、3号銅鐸と島根県雲南市加茂岩倉27号銅鐸、2・4号銅鐸と兵庫県南あわじ市慶野中の御堂銅鐸、5号銅鐸と島根県出雲市荒神谷6号銅鐸、舌4・7が、それぞれ同笵であることを確認した。

また、銅鐸の身の内面や舌には埋納時に混入したと考えられる植物が付着しており、これらを試料として放射性炭素年代測定をおこない、埋納年代を推定する重要な手がかりを得ることができた。さらに、銅鐸と舌から採取した試料について、鉛同位体比分析とＩＣＰ分析をおこなった。

本稿では、松帆銅鐸に関するこれらの調査の成果の概要を紹介するとともに、松帆銅鐸の発見で得られた新たな情報によって、銅鐸に関する諸問題について現状でどのように考えることができるのか、検討する。

二　埋納されていた銅鐸の総数

発見された銅鐸は七個であるが、前記のような経緯で見つかったので、実際にはさらに多くの銅鐸が一括埋納されていた可能性もある。とくに問題となるのは、砂の選別作業場から破片の状態で回収された5号銅鐸が、本来は他の三組六個と同じように入れ子ではなかったか、という点である。

松帆の三組の入れ子の銅鐸では、外の全高二六・七〜三二・二センチの銅鐸に伴う舌が全長一二・九〜一四・〇センチであるのに対し、中に入った全高二二・一〜二二・五センチの銅鐸に伴う舌は全長八・〇〜八・八センチしかない。ところが、5号銅鐸は全高約二三・五センチであるにもかかわらず、これとともに砂の選別作業場で回収した舌は一二・〇センチと長く、松帆の入れ子状態の銅鐸では全高三〇センチ前後のものに伴う舌にほぼ相当する全長である。この点も、前記の推測を生む原因となっている。

しかし、私は以下の二点から、5号銅鐸は本来入れ子ではなかった、と推定している。

第一に、入れ子になっていた三組六個の銅鐸を観察すると、外の銅鐸と中の銅鐸で錆の状態が異なる。すなわち、外の銅鐸の、埋納時の上面は黒味を帯びた平滑な部分が目立ち砂の固着が軽微であるが、下面はほぼ全体に均一に砂が固着している。これに対し、入れ子の中の銅鐸は、両面に砂の固着が顕著で黒味を帯びた平滑な部分は見られず、両面とも外の銅鐸の下面と似た状態である。これは、入れ子の外の銅鐸では、上面と下面で水分などの埋納環境が大きく異なっており、これが両面の状態の差異の原因となったのに対し、外の銅鐸に覆われた中の銅鐸は上面と下面で埋納環境に顕著な差がなく、外の銅鐸の下面と似た状態になっていたためであろう。

5号銅鐸は錆の状態が両面で異なっており、A面は砂の固着が軽微で黒色を帯び滑らかな部分が目立つが、B面は全体に均一に砂が固着している。すなわち、5号銅鐸は全高二三・五センチと小型で入れ子の中の銅鐸に相当する大きさであるが、錆の状態は入れ子の外の銅鐸と共通する特徴を持っている。よって、5号銅鐸が入れ子の中の銅鐸であった可能性は低い。

第二に、もし壊されて破片となった際に5号銅鐸が入れ子の中の銅鐸であったとすると、この銅鐸を覆っていた外の銅鐸も同様に破壊されて破片となったはずである。ところが、回収した破片はすべて5号銅鐸のものであり、他の銅鐸の破片はまったくない。この点からも、5号銅鐸は入れ子の中の銅鐸ではなかったと推定できる。

以上の二点から、一括埋納されていた銅鐸の総数は七個であった可能性が高いと考える。

三　銅鐸の埋納状態

松帆出土の七個の銅鐸の埋納状態は、銅鐸内の舌の位置と、前記の銅鐸の錆の状態によって推定が可能である。

入れ子状態のまま見つかった二組の銅鐸は、舌の位置から推定して、3・4号銅鐸はA面を上にして、左鰭を斜め上、右鰭を斜め下とする姿勢で、6・7号銅鐸はA面を上にして、右鰭を斜め上、左鰭を斜め下とする姿勢で、それぞれ埋納されていたと復原できる。よって、銅鐸がすべて同じ方向に傾いていたとすれば、松帆銅鐸は鈕の方向を揃えずに埋納されていたことになる。

A面の黒色部分は、3号銅鐸では左に、6号銅鐸では右に、やや偏っているが、これはこの斜めに傾いた埋納姿勢を反映していると考えられる。同様の偏りは1号銅鐸にも確認でき、砂の固着とそれに伴う緑色の錆はA面左とB面右に目立つので、1号銅鐸はA面を上にして、右鰭を斜め上、左鰭を斜め下にした状態で埋納されていたのであろう。

破損が著しく欠失部の多い5号銅鐸については今後さらに慎重に検討する必要があるが、松帆銅鐸はすべてA面を上、B面を下とし、通常の埋納例のように左右の鰭を上下ほぼ垂直にして寝かせた状態ではなく、左右の鰭を斜め上と斜め下にし、寝かせた状態で埋納されていた可能性が高い。[註2]

松帆銅鐸の埋納姿勢が通常と異なるのは埋納時期が古いため、と考える研究者もあるが、通常通りに左右の鰭を上下ほぼ垂直にして寝かせて埋納する意図はあったが、埋納地が砂地であったため姿勢が傾いてしまった可能性もある。加茂岩倉遺跡出土銅鐸はその中で最新型式である扁平鈕式新段階末以後に埋納がなされたことが確実であるが、その多くは、松帆銅鐸と同様、左右の鰭を斜め上と斜め下にして寝かせた状態で埋納されていた。多数の銅鐸を相接して砂質の土の上に据え置いたため、姿勢が傾いたのであろう。このほか、たとえば扁平鈕式新段階の兵庫県望塚銅鐸や突線鈕4式近畿式の大阪府西浦銅鐸も、松帆銅鐸と似た姿勢で埋納されていた（難波ほか二〇一五）。よって、単純に松帆銅鐸の埋納姿勢を根拠として埋納時期を古くすることはできない。

鈕には銅鐸を垂下するための紐やその付着痕が残っていたので、埋納時に銅鐸を布で包むあるいは有機物の容器に入れたのであれば、それらの一部や付着痕が残ったはずであるが、まったく見られない。よって、松帆銅鐸も他の銅鐸と同じく裸で埋納されたと考えられる。[註3]

なお、入れ子の状態で見つかった二組の銅鐸は、X線CT画像により、出土後に下縁から身高の三分の一付近までの砂が一旦出てしまい、その後、再び砂が流入したと推定できた。

四　銅鐸と舌の観察

次に、銅鐸と舌の観察結果の概要を記述する。

（一）　1号銅鐸

全高二六・七センチ、重量一九六三・四グラム。鈕が菱環外斜面と内斜面の二帯の文様帯からなる菱環鈕式で、身の側面形は内湾するが正面形には反りがないので菱環鈕2I式である（難波二〇〇六）。

鈕のA面は菱環外斜面に複合鋸歯文を飾るが、これを構成する頂角を外に向けた鋸歯文のうち鈕頂の一個は、鋸歯文内の斜線が鋸歯文の頂角を形成する二辺のいずれとも斜交している点で特殊である。これは、A面の菱環外斜面の頂角を内に向けた鋸歯文の、左半をL、右半をRとしたため、鈕頂の頂角を外に向けた鋸歯文内の斜線を、通常通り頂角を形成する二辺のいずれかと平行にすると、これと隣り合う頂角を内に向けた左右いずれかの鋸歯文と鋸歯文内の斜線の方向が揃ってしまうので、これを避けるための工夫と考えられる。

鈕のB面の、菱環外斜面の頂角を内に向けた鋸歯文はすべてRなので、このような特別な調整は必要ない。それにもかかわらず鈕頂の頂角を外に向けた二個の鋸歯文内の斜線がA面鈕頂の鋸歯文と同様になっているのは、A面の特徴を模倣したためであろう。そうとすれば、鋳型の鈕の文様はA面を先に刻し、A面の菱環外斜面の鋸歯文内の斜線は、頂角を内に向けた鋸歯文のそれを先に刻したことになる。なお、両面とも菱環内斜面には、頂角を菱環の稜に向けた鋸歯文を飾る。

菱環の外斜面は、内斜面に比して幅が非常に広い。この銅鐸には無文であるが幅三～五ミリの明確な鰭があり、この鰭の幅を菱環外斜面に加えたことがその一因と考えられる。鈕のB面は菱環の稜線が二重となっているが、これは他に例のない特徴である。

菱環内斜面の鈕脚には、鈕孔へとはみ出したバリを大きく残している。舞には明確な肩下がりがある。

身の両面には横帯文を飾る。第一横帯は、上半に斜格子文、下半に複合鋸歯文を、二条の界線を挟んで飾る。第二横帯と第三横帯は斜格子文を飾り、第三横帯の下には二条の界線を挟んで、頂角を下に向けた鋸歯文を飾る下辺横帯がある。下辺横帯の下の界線は二条である。裾の上下幅は、A面中央付近で一・六センチ、B面中央付近で二・二センチと狭い。

身の上半の型持孔は第二横帯直上にあり、鋳造後に円形に整形しているが、内面からの観察により型持は正方形であったことを確認できる。菱環鈕式と外縁付鈕1式の身の上半の型持は基本的に正方形であるが、これは朝鮮式小銅鐸の型持が正方形である特徴を受け継いだのであろう（難波二〇〇二・二〇〇六）。松帆銅鐸七個のこれらの型持も、すべて正方形である。身の下縁には明確な型持痕がない。B面の身の下縁右の幅の狭い切れ込みには鋳造後の整形痕があるが、欠損を加工したのか意図的に作ったのか、明確でない。

内面突帯は一条で、外縁付鈕1式の2～7号銅鐸よりも舌の打撃による磨滅が顕著である。磨滅は裾の内面にも及んでいるが、下ほど顕著なため、これによってできた面は斜面となっている。

同笵銅鐸は今のところないが、鈕・身・舞・鰭の付け根に顕著な笵傷があるので、先行して鋳造された同笵銅鐸があったと考えられる。

（二）2号銅鐸と4号銅鐸

2～7号銅鐸は、菱環文様帯がまだなく、鰭から続く鋸歯文を飾る外縁が菱環の外に付加されているので外縁付鈕式で、舞の型持が長方形で一個なので外縁付鈕1式である。身の上半の型持が第二横帯直上付近にある点や、鉛同位体比分析とICP分析の結果も、この型式比定と整合している。

一六八六年に松帆の北約二キロの南あわじ市慶野中の御堂で八個出土した銅鐸のうちの一個が地元の日光寺に残っており、2・4号銅鐸はこの銅鐸と同笵である。三個の同笵銅鐸は、A面の菱環外斜面に斜格子文を飾るという、珍しい特徴を有する。B面の菱環の文様は明確でない。また、断面形で菱環と外縁の境が明確であるのも、これらの銅鐸の特徴である。両面とも下辺横帯には通常通り頂角を上に向けた鋸歯文を飾り、下辺横帯下界線は三条である。2号銅鐸と慶野中の御堂銅鐸は全高二二・四センチ、4号銅鐸は全高二二・五センチ。重量は、2号銅鐸が一〇七八・一グラム、4号銅鐸が一〇九九・三グラム。4号銅鐸と慶野中の御堂銅鐸は、B面の左下区に右向きの線描のシカ一頭を鋳出すが、2号銅鐸では確認できない。

身の上半の型持は第2横帯直上にあり、正方形で、型持孔は鋳造後に加工していない。2号銅鐸B面の身の左上区では、内型に作り付けた型持と外型の間に熔銅が廻ったため、内面には正方形の凹となった型持痕があるが、外面には型持孔がない。身の下縁の型持痕が2号銅鐸B面右と4号銅鐸A面右にないのは、型持がなかったのではなく、熔銅の注入量や下縁の切断位置と関係する（難波二〇〇六・二〇〇九b）。

袈裟襷文と身の側縁の間には界線がある。この界線が第一横帯上端から下辺横帯上端まで一続きとなっているA2類（難波二〇〇六）である可能性が高い。

2号銅鐸の舞には引けの凹が目立つ。内面突帯はすべて一条で、上面が磨滅し面化している。

三個いずれも笵傷がかなりあるので、先行して鋳造された同笵の銅鐸があったと推定できる。

慶野中の御堂銅鐸と4号銅鐸のA面の身の下縁の左右端付近から鰭下端の付け根にかけての部分は、外へと顕著に突出している。これは、この位置が外型の下端で余った熔銅が外型の小口面に溜る構造であったこと、鰭の下端が鋳型に彫り込まれておらず鋳型の小口面に開いていたこと、すなわち鋳型の構造がA1類であることを示している（難波二〇〇〇）。同様の特徴は同じ外縁付鈕1式の7号銅鐸や加茂岩倉25号銅鐸などにも見られるので、外縁付鈕1式段階には、このような構造の鋳型が一般的であったと考えられる。(註4) なお、この突出は内面側にはないので、鋳込み時の鈕を下にした状態で、内型が外型よりも上まであったようである。

2号銅鐸の身の下縁端面には、余分な部分を擦り切りの手法で切除した痕がよく残っている。外縁付鈕1式には身の下縁端面に同様の擦り切り痕が残る例が多いが、外縁付鈕2式には身の下縁端面に鉄製と考えられる鋭利な工具で削って仕上げた痕が残る例が多い（難波一九九九・二〇〇三）。

また、外縁付鈕1式には身の下縁に熔銅の端の残る例が多いが、外縁付鈕2式以降はこのような例が少なくなり、身の下縁がきれいに仕上がるようになる。この変化は、外縁付鈕2式になって鰭の下端が鋳型内に彫り込まれるようになり、この位置、すなわち従来よりも上で、身の下縁を切断するようになったことに起因する（難波二〇〇〇）。

（三）3号銅鐸

外縁付鈕1式四区袈裟襷文銅鐸で、全高三一・三センチ、重量二五二七・四グラム。

A面の左下区の中央に、「王」字状の文様を鋳出している。菱環外斜面には両面とも綾杉文を飾り、A面の左端と右端付近、B面の右半には、綾杉文Dの一部を確認できる。両面とも菱環内斜面にはこれを内外の文様帯に分割する界線があり、A面の菱環の稜に接する文様帯には鋸歯文を飾るようである。B面の外縁右端付近の鋸歯文は複合鋸歯文になっている。

小さな笵傷や斜格子文の欠損の一致、前記の「王」字状の文様とその位置の一致や菱環の稜の特徴などによって、島根県加茂岩倉27号銅鐸と同笵であることを確認できた。舞の型持は長方形で一個。身の上半の型持は第二横帯直上にあり、正方形で、型持孔は鋳造後に加工していない。身の下縁に明確な型持痕はない。下辺横帯下界線は三条である。袈裟襷文と身の側縁の間には界線がない。内面突帯は一条で、上面が磨滅し面化している。

前記のように3号銅鐸は加茂岩倉27号銅鐸と同笵で、どちらもB面左鰭の下半には、両面の外型に彫られた銅鐸の幅の不一致によって生じた段がある。この段が二個の同笵銅鐸の同じ側の鰭にあるのは、鋳型の小口面の合印（両面の外型を正しい位置で合わせるための刻みの印）がそのようになる位置に刻まれていたためであろう。

(四) 5号銅鐸

外縁付鈕1式四区袈裟襷文銅鐸で、復原全高二三・五センチ、現重量七四六・一グラム。

破損が著しく、身の約半分の破片は回収できていない。文様や形態の特徴と笵傷を合わせて検討し、島根県荒神谷6号銅鐸と同笵であることを確認した。荒神谷6号銅鐸は、菱環外斜面に一帯、菱環内斜面に二帯の、鈕頂付近で方向を変える斜線文を飾り、菱環全体でA面は綾杉文SZ、B面は綾杉文ZSを構成するようであるが、本鐸でもA面の右端付近と左端付近、B面の右で、綾杉文の一部を確認できる。鈕の形は同笵の二個で大きく異なるが、これは湯回りの差異による。舞の型持は細長い長方形で一個。身の上半の型持は第二横帯直上にあり、正方形で、型持孔は鋳造後に加工していない。[註5] 下辺横帯下界線は二条である。袈裟襷文と身の側縁の間には界線がない。内面突帯は一条で、上面が磨滅し面化している。

5号銅鐸、島根県荒神谷6号銅鐸ともに、鰭の付け根や鈕に笵傷が目立ち、先行して鋳造された同笵銅鐸があったと推定できる。

(五) 6号銅鐸

外縁付鈕1式四区袈裟襷文銅鐸で、全高三二・二センチ、重量二五八四・四グラム。

同笵銅鐸は未発見である。両面の菱環外斜面には、途中で方向を変える綾杉文を飾る。B面の菱環内斜面には界線があり、稜線側の文様帯に頂角を稜に向けた鋸歯文を確認できる。A面の外縁左端付近の鋸歯文は、複合鋸歯文になっている。下辺横帯下界線は三条。B面の裾の中央付近には、鋳造後に上径約四ミリ、底径約二・五ミリの小円孔を穿っており、そこから下縁へと開いた幅の狭い切れ込みがある。袈裟襷文と身の側縁の間には界線がない。舞の型持は長方形で一個。身の上半の型持は第二横帯直上にあり、正方形で、A面左上とB面右上の型持孔は鋳造後に円形に加工している。目立った笵傷はない。舞には引けの凹が目立つ。内面突帯は一条で、磨滅による上面の面化が著しい。

(六) 7号銅鐸

外縁付鈕1式の四区袈裟襷文銅鐸で、全高二一・一センチ、重量一二〇六・三グラム。

身の上半の型持は第二横帯の上半部にあり、正方形で、型持孔は鋳造後に加工していない。A面右鰭の付け根に微小な笵傷が目立つが、大きな笵傷はない。兵庫県中村銅鐸と、舞の長径と短径、菱環の稜の舞からの高さと鈕脚での幅、肩下がりがない点、鋸歯文内の斜線の方向、下辺横帯下界線の位置などが一致しており、同笵の可能性が高い。今後、微小な笵傷の検討などを予定している。鰭が下ほど厚くなっているのは、注入した熔銅の圧力で組み合わせた外型の間が開いたためである。舞面には引けの凹が目立つ。内面突帯は一条で、磨滅による上面の面化が顕著である。

（七）舞の型持の大きさと形

外縁付鈕1式銅鐸の舞の型持は長方形で、その大きさや縦横の比で示される形態はさまざまであるが、同じ組の同笵銅鐸ではこれが類似する場合が多い。

舞の型持痕は使用時に目に付かない身の内面の奥にあり、その形態と大きさが多様であることは、これが製作工人集団の違いだけでなく、工人の違いや同一工人の製作時期の違いによっても大きく異なることがあったためと考えられる。

そして同じ組の同笵銅鐸で舞の型持の形や大きさが類似していることが多いことから、各組の同笵銅鐸の製作期間は概して短かったと推定できる。すなわち、長期間を経た後に鋳型を再び使うことや、鋳型だけが移動して別の工人がこれを使って同笵品を鋳造することは基本的になかったと考えられる（難波二〇〇〇）。松帆銅鐸の発見で新たに確認できた三組の同笵銅鐸の場合も同様で、たとえば、5号銅鐸の舞の型持は非常に細長い長方形で、同笵の島根県荒神谷6号銅鐸の舞の型持も形態や大きさが似ている。

（八）補刻と鋳掛け

松帆銅鐸七個のいずれにも、補刻と鋳掛け（補鋳）はない。

補刻が出現するのは中国産の原料金属を使用し始める外縁付鈕1式末からであり（難波一九九七・二〇〇〇、難波ほか二〇一五）、中国産の原料金属の入手に伴って優秀な鉄製工具の入手が容易となったことや、鋳造後に鉄製の鏨で文様などを刻む中国の同時代の青銅器に一般的な技法が、この変化に伴って列島に伝わったためと考えられる。松帆銅鐸に補刻がないことは、従来の難波のこの指摘と整合している。

鋳掛けをした例は、外縁付鈕1式以前には稀であるが、外縁付鈕2式になると非常に多くなり、かつ大面積の鋳掛けも見られるようになり、さらに扁平鈕式新段階にはそれまでにない文様が突出した鋳掛けが出現する（難波一九九七・二〇〇〇）。松帆銅鐸には鋳掛けがない。これは、従来の難波の指摘と整合している。

（九）X線透過写真

奈良文化財研究所で撮影したX線透過写真によれば、松帆銅鐸は気泡を非常に多く含んでおり、それが熔銅の流れに沿って細長く変形したものが目立つ。また、松帆銅鐸を含む扁平鈕式古段階以前の銅鐸の身には、縦方向帯状にあるいは下縁から広がる煙の流れのように、薄くなった部分ができることが多い。これは外型と内型の間隔の不均等や熔銅の流入状況などによって熔銅の流路が一旦決まると、そこが高温の新鮮な熔銅によって加熱され続け、周囲よりも凝固が遅れるホットスポットとなるため、この部分が引けで薄くなったと考えられる。これらは、石製鋳型を使って鋳造した銅鐸に観察できる特徴である（難波二〇〇九b・難波ほか二〇一五）。なお、舌も気泡を多く含んでいる。

（一〇）舌

銅鐸に伴う青銅製の舌が七本見つかった。

舌1は下端面に両側面から続く笵線があり、その片方の端近くに湯口と思われる丸い突起がある。鋳型に舌の全形を彫り込み、これに外へと通じる湯口を付けたと考えられる。これを舌の鋳型のA類とする。

一方、舌2～7は下端面に笵線や湯口がなく粗面となっているので、舌の下端は鋳型に彫られておらず、そのまま外に開いていたのであろう。これを舌の鋳型のB類とする。舌4と舌7は同笵であるが、全長は八・八センチ、八・〇センチと大きく異なる。これは、天地逆にして舌を鋳造したが、前記のように舌の下端が外に開いていたため、熔銅をどこまで注ぎ入れるかで舌の長さが異なったことを示している。

後述するように銅鐸と舌の組み合わせが入手から埋納まで変わらなかったとすれば、舌1は菱環鈕2式初頭に、舌2～7は外縁付鈕1式段階に、それぞれ作られたことになる。よって、舌の鋳型のA類とB類の差異は、製作時期の違いを反映している可能性がある。(註6)

七本の舌の形状は多様で、孔のある頭部とそれより下の部分の区別が明瞭か不明瞭か、鋳造後に両側に笵線のバリの突出を残すか削り取るか、下ほど太いか同じ太さか、以上のような差異がある。前記のように舌1が最も古いとすれば、孔のある頭部とそれより下の部分の区別が不明瞭である、下ほどやや太くなる、鋳造後に笵線のバリはほぼ削り取るなどを、菱環鈕2式段階の舌の特徴とできるかもしれない。

舌の下部には、舌が銅鐸内面を繰り返し打ったことによって生じた磨滅痕がある。この磨滅痕は全高三〇センチ余りの銅鐸に伴う大型の舌で顕著で、舌3では下端から上三分の一余りの位置を中心に目立って細くなっている。一方、全高二〇センチ余りの銅鐸に伴う小型の舌では、この磨滅は軽微で、側面の笵線が部分的に不明瞭になっていることで確認できる程度である。同じ外縁付鈕1式に伴う舌でも、大型と小型で打撃による磨滅の程度が著しく異なるのは、小型の舌が約三六～四七グラムと軽いのに対し、大型の舌は約一二六～一三六グラムと重いことが主要な原因であろう。なお、大型の舌の中でも、舌1・6の磨滅痕は舌3のそれほど目立たない。三本の舌の重量や成分に顕著な差はないので、磨滅の程度にかなり差がある原因としては、①使用期間が異なる、②祭りで打ち鳴らす回数や強さが異なるなどが考えうる。外縁付鈕1式に伴う舌3の磨滅がそれよりも古い菱環鈕2式に伴う舌1の磨滅よりも目立つので、①とすれば銅鐸と舌の組み合わせが使用中に変わったことになり、②とすれば別の集団が銅鐸を保有したため使用状況が異なったことなどが想定できる。今後、銅鐸内面の磨滅状況と合わせて総合的に検討したい。

五　銅鐸と舌に残る紐および紐の痕跡

銅鐸を垂下するために掛けた紐による鈕の磨滅痕は、愛知県八王子銅鐸ですでに確認できていたが（難波・樋上二〇〇二）、鈕と舌を垂下する紐自体の残存およびその付着痕によって紐の構造や太さまでも知ることができたのは、松帆銅鐸が初例である。

（一）鈕と舌の紐の発見

X線CTによる二組の入れ子の銅鐸の事前調査で、外の銅鐸の舌が内外の銅鐸の間の狭い空間に入っていることが判明し、大小二個の銅鐸は舌を取り外さずに重ね合わせたと推定できた。青銅器では、土中に溶出した金属イオンの影響で、それに接していた有機物やその痕跡が残ることがままあるので、これらの銅鐸の舌にはこれを垂下するための紐やその痕跡が残っていることが期待できた。そこで、まず4号銅鐸の舌（舌4）を慎重に検出したところ、孔の付近に紐が残存していることを確認できた。続いて取り出した舌3・6・7も、孔に紐が残っていた。

3号銅鐸の鈕に二条の紐が付着したまま残っていることに気付いたのは、中に入った4号銅鐸の取り出し作業中であった。さらに、鈕の近くに二条の紐の付着痕を発見した。前記のように松帆銅鐸は移動した砂の中から見つかったので、この紐については出土後に付着した可能性もあったが、赤褐色の固い錆となった紐の付着痕も合わせて検出できたので、紐が出土後の二次的な付着物ではないことが確定した。その後、4号銅鐸の鈕の両面、5号銅鐸の鈕の両面にも、紐の付着痕を確認できた。このほか、1・2・7号銅鐸A面の鈕頂に紐に起因すると考えられる錆や付着物があったが、これらについては明確な紐の痕跡は認められなかった。

舌4の紐と3号銅鐸の鈕の紐は、埋納時の上面にのみ残っている。これは、上面では紐が青銅器と密着するが、下面では上面ほどは紐が密着しないことが影響したと考えられる。

（二）舌の紐

舌3の紐は、大麻や苧麻とみられる植物繊維のZ撚りの紐二本をSに撚り合わせた直径四ミリ弱の紐で、舌の孔を通した後、孔の近くで撚りのほとんどない他の紐で結わえている。現状では、紐は舌の孔の横に付く。

舌4の紐は、幅約四ミリの三つ組の組紐である。4号銅鐸の鈕の紐もよく似た組紐なので、舌と鈕の紐を同時に付けた可能性が高い。

舌6の紐は扁平で幅が広く、片面で孔から舌の上端へと扇状に広がっており、この部分には撚りがない。そして、反対面でこの紐を結んだようである。

舌7の紐は一本の細い撚り紐で、孔を通してから結んだようである。舌3と同様、現状では、紐は孔の横に付く。

このように確認できた舌の紐の構造と結び方は多様で、紐はそれぞれ別の機会に付けたと推定できる。

（三）鈕の紐

3号銅鐸の鈕に残存する二条の撚り紐はZ撚りで、それぞれ直径約二ミリと細い。この二本をさらに撚り合わせた可能性も指摘されているが、5号銅鐸ではこれとほぼ同じ太さの紐を撚り合わさずにそのまま使っているので、3号銅鐸についても同様であった可能性が高い。また、紐から少し離れた位置には、S撚りの紐の幅一ミリ余りの付着痕が二条ある。よって、鈕には撚りの方向の異なる複数本の紐を掛けたことがわかる。

4号銅鐸の鈕の紐は、前記のように舌4の紐と似た三つ組の組紐で、鈕の上部に幅一・七センチほどにわたって繊維痕が残る。また、紐痕が鈕頂端面にも観察できるので、一本の紐を上下に複数回廻して掛けたあるいは複数本の紐を上下に廻して掛けたと考えられる。

5号銅鐸の鈕には、Z撚りの幅約一ミリの細い紐の痕跡を、A面に四条、B面に二条確認できる。紐痕の幅は3号銅鐸のそれとほぼ同じなので、紐自体の本来の太さは二ミリ程度であった可能性が高い。A面の紐の痕跡は菱環付近から鈕頂へと放射状に広がるように残っており、B面の紐の痕跡は鈕孔付近から鈕の外縁まで続いている。また、B面の二条は、A面の右の二条と対応する位置にあり、両面の対となる痕跡は同じ紐によるものと考えられる。

以上から、鈕の紐は鈕の下端だけでなく上端にも廻るように掛けたこと、複数本の紐を掛けることがあったこと、撚り紐のほか組紐を使うこともあったことなどが明らかとなった。

外縁付鈕1式の愛知県八王子銅鐸では、鈕の紐擦れの痕の上端と下端が鈕の周縁の凹入部となっているので、この銅鐸でも紐を鈕の下端だけでなく上端の凹入部にも廻して掛けたと推定できた（難波・樋上二〇〇二）。また、八王子銅鐸の紐擦れによる光沢部分の幅は一センチ弱ほどあるので、やはり一本の紐を何回か廻して掛けたあるいは複数本の紐を掛けたのであろう。古式の小型銅鐸の鈕の紐については、このような掛け方が一般的であったようである。

六　科学分析の成果

銅鐸は内面突帯から、舌は下部から、奈良文化財研究所で試料を採取し、日鉄住金テクノロジー株式会社尼崎事業所の分析技術室に委託して鉛同位体比分析とICP分析をおこなった。

（一）鉛同位体比分析

鉛同位体比分析の結果を、図1と表1に示した。

銅鐸七個と舌六本の鉛同位体比は、図1で朝鮮半島系遺物ライン（ラインD）上に位置する。ただし、舌2の鉛同位体比は弥生時代の青銅器には例があまりない位置（A領域の右下）にあり、朝鮮半島北部あるいは遼寧省や山東省などの鉛を含む可能性がある。[註7]

馬淵久夫、平尾良光らによる鉛同位体比分析の成果によると、外縁付鈕1式銅鐸の多くは朝鮮半島系遺物タイプの鉛を含むが、前漢鏡タイプの鉛を含むものもあるという[註8]（馬淵・平尾一九八二ほか）。これについては、朝鮮半島系遺物タイプの鉛から前漢鏡タイプの鉛への変化が漸移的で二種の鉛がかなりの間併存したと考えるか、外縁付鈕1式末に短期間で前者から後者へと移行したと考えるか、二つの解釈がありうるが、外縁付鈕1式で前漢鏡タイプの鉛を使った銅鐸の多くは飾耳や文様構成に新しい特徴を確認できるので、私は銅鐸では鉛が朝鮮半島系遺物タイプから前漢鏡タイプへと外縁付鈕1式末に短期間で移行したと考えている（難波二〇一一b）。

なお、前記の二つの解釈のいずれが正しいかを明らかにするためには、朝鮮半島系遺物タイプと前漢鏡タイプの鉛の混用例がどの程度あるのかを確認することが重要となるが、この混用の有無を鉛同位体比分析の結果だけで判断することは難しい。なぜなら、同位体比の異なる二種の鉛の混合物の同位体比は、図1では両者を結ぶ直線上に位置するが、朝鮮半島系遺物タイプの鉛の同位体比は前漢鏡タイプの鉛の領域（A領域）に向かって延びる長い直線（ラインD）をなして分布するので、朝鮮半島系遺物タイプと前漢鏡タイプの鉛を混ぜて使っても、前漢鏡タイプの鉛の比率が低い場合や、朝鮮半島系遺物タイプの鉛がA領域から遠く離れた同位体比を持つ場合は、混合物の同位体比はラインD上に位置することになるからである（難波二〇一九）。後述するように、朝鮮半島産の原料金属と中国産の原料金属の混用の有無を判断するためには、ICP分析の結果、中でもヒ素やアンチモンの濃度を、合わせて検討することが有効である[註9]（難波二〇〇九ａ）。

当時、銅鐸の原料金属の銅・錫・鉛は、どのような形で流通していたのであろうか。佐賀県唐津市久里大牟田遺跡と福岡県八女市野田遺跡で朝鮮半島産の鉛で鋳造したと考えられる中細形の鉛矛が出土していること、吉野ヶ里遺跡妙法寺地区で中期前半の土器とともに錫塊が出土していることを考えれば、朝鮮半島産の原料金属を使っていた段階においては、原料金属は合金ではなく単体で流通することが多かった可能性が高い。

外縁付鈕1式の兵庫県桜ヶ丘1号銅鐸とその同笵銅鐸の計五個では、一番目の兵庫県桜ヶ丘1号銅鐸、二番目の出土地不明辰馬四〇五銅鐸、三番目の滋賀県新庄銅鐸、以上の三個は鉛同位体比がほぼ一致しており、同じ材料を使って鋳造した可能性が高いという（平尾ほか二〇〇三）。一〜三番目の銅鐸の合計重量は約一六・五キログラムであるが、重量が一六・五キログラムもある朝鮮半島産の同時期の青銅器はないので、輸入した一個の青銅器を三個の銅鐸に改鋳することは不可能である。この点からも、この段階ですでに金属地金を原料として使用していたと考えられる。そして、鉛濃度を七パーセントとすると、同位体比が同じ鉛が一・一キログラム以上あったことになる（難波二〇一九）。

一方、同じ外縁付鈕1式の、松帆2・4号銅鐸、松帆3号銅鐸と加茂岩倉27号銅鐸、舌4・7、加茂岩倉4・7・19・22号銅鐸、加茂岩倉6・9号銅鐸と出土地不明辰馬四一九銅鐸、加茂岩倉14・33号銅鐸は、同笵であるが鉛同位体比がかなり異なる。これらの例の多くでは、同位体比の同じ鉛あるいはそれを含む合金が、それほどまとまった量はなかったようである。すなわち、同じ外縁付鈕1式段階でも、原料金属のロットの大きさには、かなりばらつきがあった可能性がある。今後、同笵銅鐸の鉛同位体比の正確な測定例が増加すれば、使用した原料金属の大きさなどを、より正確に推定できるようになると期待できる。

なお、鉛が単体で流通していたか、銅や錫との合金の形で流通していたかについては、次の方法でも確認できるであろう。前記のように同笵の兵庫県桜ヶ丘1号銅鐸、出土地不明辰馬四〇五銅鐸、滋賀県新庄銅鐸は、ほぼ同じ同位体比の鉛を使っているが、これらの銅鐸の成分分析のデータが揃い、銅や錫と鉛の濃度比が同じであれば鉛は合金の状態で、異なれば鉛単体として、流通していたことになる。

（二）ＩＣＰ分析

ＩＣＰ分析の結果を表2に示した。なお、銅・錫・鉛・ヒ素・アンチモンなどはＩＣＰ発光分析で、ビスマス・コバルト・金などはＩＣＰ質量分析（ＩＣＰ－ＭＳ）で、測定した。

外縁付鈕1式末より古い型式の銅鐸は、以後の銅鐸に比べて錫濃度が高い[註10]（難波二〇〇九ａ・二〇〇九ｂ）。松帆銅鐸と舌の錫濃度は、それぞれ一一・二七〜一五・二八パーセント、一〇・七〇〜一五・九六パーセントと高く、前記の型式比定と整合している。

松帆銅鐸のヒ素濃度は〇・一七六〜〇・二〇七パーセント、アンチモン濃度は〇・〇六一〜〇・〇八八パーセント、舌のヒ素濃度は〇・一三四〜〇・三七一パーセント、アンチモン濃度は〇・〇六六〜〇・一五九パーセントで、銅鐸・舌ともに外縁付鈕1式末以降の銅鐸に比してヒ素・アンチモン濃度が低く、とくにアンチモン濃度が目立って低い。これは、外縁付鈕1式末より古い、朝鮮半島産の原

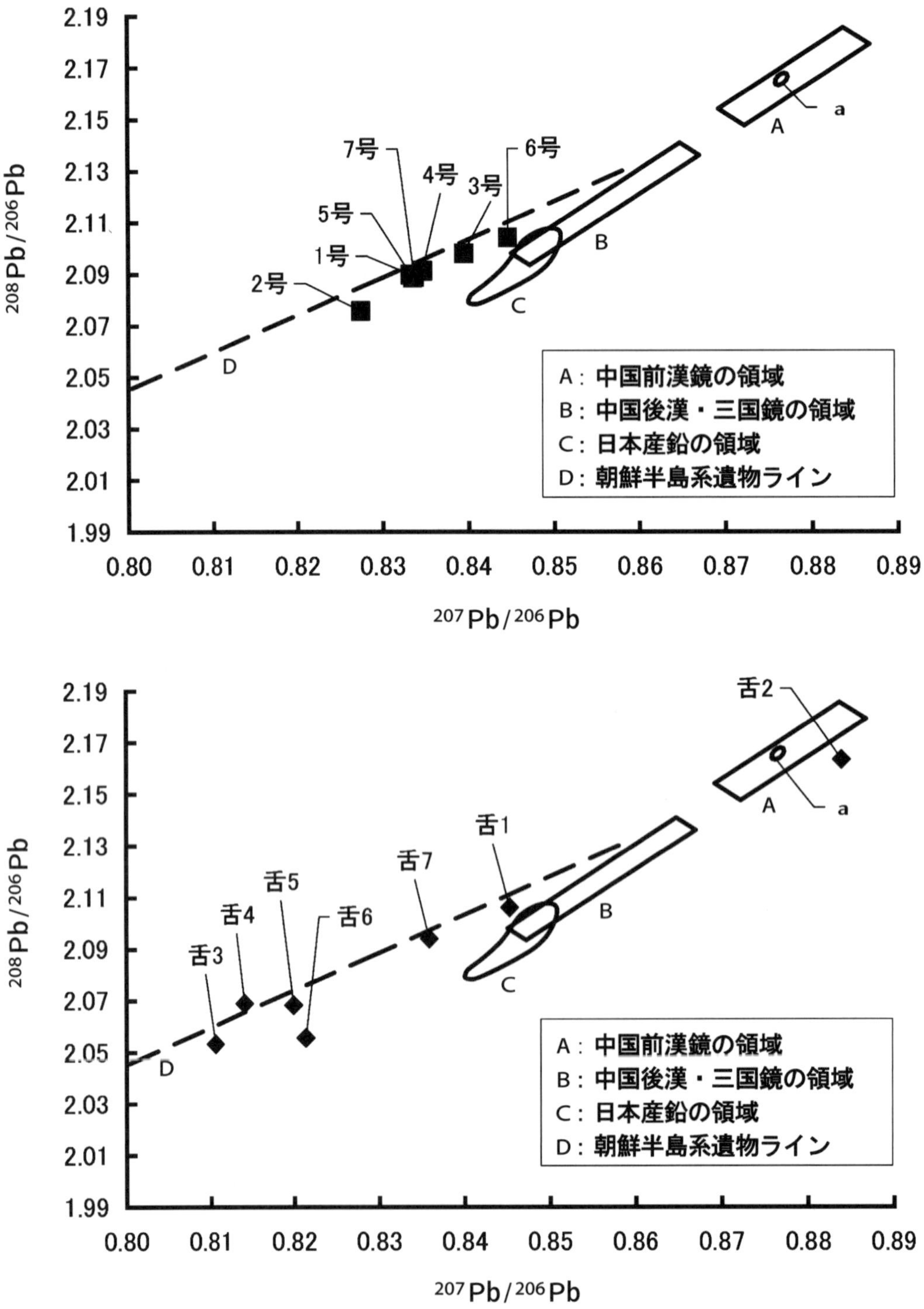

図1　松帆銅鐸と舌の鉛同位体比（A式図）

表１　松帆銅鐸と舌の鉛同位体比

試料名	$^{206}Pb/^{204}Pb$	$^{207}Pb/^{204}Pb$	$^{208}Pb/^{204}Pb$	$^{207}Pb/^{206}Pb$	$^{208}Pb/^{206}Pb$
NBS-SRM-981	16.896	15.438	36.533	0.9137	2.1622
1号銅鐸	18.832	15.691	39.357	0.8332	2.0898
2号銅鐸	18.999	15.721	39.437	0.8275	2.0758
3号銅鐸	18.667	15.670	39.163	0.8395	2.0980
4号銅鐸	18.787	15.682	39.290	0.8347	2.0913
5号銅鐸	18.834	15.698	39.339	0.8335	2.0887
6号銅鐸	18.515	15.638	38.961	0.8446	2.1042
7号銅鐸	18.799	15.673	39.268	0.8337	2.0888
NBS-SRM-981	16.894	15.434	36.521	0.9136	2.1618
測定精度	± 0.010	± 0.010	± 0.030	± 0.0003	± 0.0006

試料名	$^{206}Pb/^{204}Pb$	$^{207}Pb/^{204}Pb$	$^{208}Pb/^{204}Pb$	$^{207}Pb/^{206}Pb$	$^{208}Pb/^{206}Pb$
NBS-SRM-981	16.893	15.432	36.511	0.9135	2.1613
舌1	18.506	15.642	38.975	0.8452	2.1061
舌2	17.482	15.451	37.820	0.8838	2.1633
舌3	19.503	15.809	40.044	0.8106	2.0532
舌4	19.418	15.809	40.174	0.8141	2.0689
舌5	19.236	15.772	39.785	0.8199	2.0682
舌6	19.152	15.730	39.368	0.8213	2.0556
舌7	18.772	15.692	39.309	0.8359	2.0940
NBS-SRM-981	16.894	15.433	36.516	0.9136	2.1615
測定精度	± 0.010	± 0.010	± 0.030	± 0.0003	± 0.0006

表２　松帆銅鐸と舌の化学組成（ICP 分析、酸可溶分、単位：wt%）

試料名	Cu	Sn	Pb	As	Bi	Ni	Zn	Fe	Mn	Ag	Sb	Co	Au	Cr	Mg	Si	Ca	Al	S	TOTAL
1号銅鐸	76.17	12.48	7.77	0.193	0.047	0.126	0.008	0.004	<0.001	0.106	0.077	0.062	0.004	<0.001	0.006	<0.001	0.019	0.003		97.07
2号銅鐸	75.72	11.35	4.20	0.207	0.033	0.094	0.005	0.005	0.001	0.093	0.062	0.060	0.004	<0.001	0.003	0.001	0.017	0.005		91.86
3号銅鐸	75.90	13.42	8.11	0.199	0.039	0.124	0.003	0.007	<0.001	0.116	0.086	0.047	0.006	<0.001	0.002	<0.001	0.016	0.003		98.08
4号銅鐸	80.04	11.27	5.00	0.176	0.034	0.124	0.003	0.001	<0.001	0.112	0.077	0.032	0.005	<0.001	0.003	0.002	0.016	0.003		96.89
5号銅鐸	76.13	12.63	7.36	0.206	0.034	0.128	0.002	0.033	<0.001	0.110	0.088	0.039	0.004	<0.001	0.004	0.007	0.016	0.024		96.80
6号銅鐸	78.33	12.36	6.54	0.196	0.042	0.128	0.001	0.001	<0.001	0.112	0.080	0.039	0.004	<0.001	0.002	<0.001	0.017	0.001		97.84
7号銅鐸	75.73	15.28	7.58	0.177	0.038	0.142	0.002	0.014	<0.001	0.117	0.073	0.043	0.006	<0.001	0.003	0.002	0.015	0.002		99.21
舌1	78.49	14.00	8.01	0.245	0.028	0.136	0.016	0.011	<0.001	0.135	0.087	0.031	0.005	<0.001	0.020	0.003	0.018	<0.001	0.033	101.26
舌2	70.89	10.70	18.00	0.371	0.050	0.137	0.003	0.056	<0.001	0.148	0.104	0.031	0.004	<0.001	0.002	0.007	0.018	<0.001	0.136	100.65
舌3	74.41	15.96	8.58	0.141	0.028	0.127	0.002	0.008	<0.001	0.099	0.070	0.054	0.004	<0.001	0.002	0.008	0.018	<0.001	0.018	99.52
舌4	77.60	11.58	9.88	0.189	0.025	0.122	0.005	0.006	<0.001	0.122	0.066	0.033	0.005	<0.001	0.003	0.011	0.020	<0.001	0.042	99.69
舌5	81.27	11.30	5.91	0.134	0.016	0.170	0.002	0.005	<0.001	0.111	0.075	0.044	0.004	<0.001	0.002	0.008	0.020	<0.001	0.022	99.08
舌6	73.44	14.99	9.58	0.211	0.030	0.123	0.006	0.030	<0.001	0.128	0.159	0.046	0.004	<0.001	0.002	0.029	0.022	<0.001	0.043	98.84
舌7	78.03	13.39	7.58	0.171	0.026	0.123	0.003	0.005	<0.001	0.109	0.073	0.037	0.004	<0.001	0.003	0.005	0.019	<0.001	0.027	99.59

（網掛け：Bi、Zn、Mn、Co、Au、Cr、Mg）ICP-MS で測定した元素

料金属を使って鋳造した銅鐸に共通する特徴である（難波二〇〇九ａ・二〇〇九ｂ・二〇一九）。

微量元素のうち、ヒ素・アンチモンのほとんどは銅の不純物と考えられる（新井二〇〇五、難波二〇〇九ａ・二〇一二）。そして、鉛の朝鮮半島系遺物タイプから前漢鏡タイプへの変化と連動して、ヒ素・アンチモンの濃度とその比率が大きく変化すること、この変化後の弥生時代の青銅器のヒ素・アンチモン濃度が漢代の銅鏡などの青銅製品のそれと大差がないことから、私は外縁付鈕1式末に鉛だけでなく、主原料の銅も朝鮮半島産から中国産に変化したと推定している（難波二〇〇九ａ・二〇〇九ｂ・二〇一二・二〇一九）。

また、アンチモン濃度が朝鮮半島系遺物タイプの鉛を含む銅鐸と前漢鏡タイプの鉛を含む銅鐸でまったく異なっており、両者の中間的な濃度となった例が現状ではないことは、朝鮮半島産の銅と中国産の銅を混用することが銅鐸では基本的になかったことを示している。すなわち、朝鮮半島産の銅から中国産の銅へと短期間で移行したこと、また、菱環鈕式や古式の外縁付鈕1式を鋳潰して外縁付鈕1式末以降の銅鐸の原料の一部とすることが基本的になかったことが、そこからは推定できる。

なお、舌2は前記のように特殊な産地の鉛を含むが、アンチモン濃度が〇・一〇四パーセントと低く、錫濃度が一〇・七〇パーセントと高いので、この舌の銅も朝鮮半島産で、松帆出土の銅鐸や他の舌と同じ頃に作られた可能性が高い。

すなわち、松帆出土の銅鐸だけでなく舌もすべて、外縁付鈕1式末よりも古い時期に製作されたものであることが二種の科学分析で判明した。おそらく、銅鐸と舌を同時に入手したのであろう。ちなみに、舌を伴って出土した銅鐸のうち鳥取県泊銅鐸については、銅鐸だけでなく共伴した二本の舌の鉛同位体比も測定されているが、銅鐸と同じく朝鮮半島産の鉛を含んでおり、この例でも銅鐸と舌を同時に入手した可能性が高い。また、松帆銅鐸のみならずそれに伴う舌にも中国産の原料金属を使って作った例がないことは、松帆銅鐸の埋納時期を検討するうえでも重要な情報となる。

七　銅鐸と舌の製作工人集団の検討

前記のように、これまでの難波の検討で、松帆2・4号銅鐸と南あわじ市慶野中の御堂銅鐸、松帆3号銅鐸と島根県加茂岩倉27号銅鐸、松帆5号銅鐸と島根県荒神谷6号銅鐸、舌4・7、以上が同笵であることを確認している。

同笵銅鐸がまだ見つかっていない場合でも、その銅鐸に顕著な笵傷があれば、先行して鋳造された同笵銅鐸があったことを推定できる。松帆銅鐸では、1号銅鐸がそのような例である。この検討によって同笵銅鐸は未発見であるが存在を推定できる例を、同笵銅鐸の存在を確認できている例に加えると、外縁付鈕式段階においては、ほぼすべての鋳型で同笵銅鐸を鋳造したことが判明する（難波二〇〇〇）。松帆銅鐸に同笵銅鐸が多いことも、この段階のこのような銅鐸生産のあり方を反映している。[註11]

前記のように舌の孔に付着して残った紐の構造と結び方は多様であり、舌の紐は基本的に異なる機会に付けられた可能性が高い。そうとすれば、銅鐸と舌のセット関係が変化する機会、すなわち複数の舌の紐を同時に取り換える機会は、あまりなかったことになる。以上から、銅鐸と舌のセット関係は、入手から埋納まで基本的に変わらなかった可能性が高いと考える。

舌と銅鐸のセット関係が入手から埋納まで変化していないとすれば、舌と銅鐸のセット関係と同笵関係でつながる、松帆2・4・7号銅鐸とそれに伴う舌2・4・7、および南あわじ市慶野中の御堂銅鐸、以上が同じ工人集団の製品となる。すなわち、松帆出土の外縁付鈕1式銅鐸六個とそれに伴う舌六本のうち、少なくとも半数が同じ工人集団の製品となる。これは、松帆銅鐸を本来所有していた集団やこれらの銅鐸の製作地などを検討するうえで、重要な手がかりとなる。

松帆2・4号銅鐸と慶野中の御堂銅鐸の同笵銅鐸三個がすべて松帆周辺の出土であることから、これらの銅鐸を付近で製作したと考える研究者もあるが、前記のように松帆2・4・7号銅鐸とそれらの舌が同じ工人集団の製品であるとすれば、松帆銅鐸と舌のほぼ半数を松帆付近で製作したことになる。しかし、これは考えにくいであろう。

八　銅鐸の埋納年代

松帆銅鐸は、一個が菱環鈕2式、六個が外縁付鈕1式で、既発見の複数個一括埋納銅鐸の中でも、菱環鈕2式一個と外縁付鈕1式一個がいっしょに出土した福井県坂井市井向例とともに、最も古い型式の組み合わせである。(註12)よって、外縁付鈕1式の入手後、あまり時を経ずに埋納された可能性もある。

(一) 二段階埋納か多段階埋納か

かつて、銅鐸は製作の古いものも新しいものも、弥生時代の終わりに一斉に埋めたと考えられていた。しかし一九七〇年代になり、銅鐸を埋納する機会は複数回あったとする説が有力となり、現在に至っている。

この説には、異なる経緯を経て生まれた二系統がある。

第一の系統の複数回埋納説は、一九六六年発表の田辺昭三と佐原真による研究を起点とする（田辺・佐原一九六六）。田辺と佐原は、最終段階の銅鐸（突線鈕4・5式段階の近畿式）が畿内の中心にはなく、畿内を取り巻く周辺部（淀川以北の摂津・近江・伊賀・紀伊など）に多く分布するのは、銅鐸祭祀を早く捨てた先進地と遅れた地域の差を示すと考えた。明記はしていないが、小林行雄の伝世鏡論を念頭に置き、新たに入手した漢鏡を使った祭祀が、畿内の中心でいち早く銅鐸祭祀に取って代わったと想定していたのであろう。

しかし、その後の発掘調査で弥生時代末に破壊されたと考えられる突線鈕式後半の近畿式銅鐸の破片が奈良や大阪を含む各地の三〇以上の遺跡で見つかっており、そのような破片となった近畿式銅鐸も考慮に入れれば、畿内の中心に最終段階の銅鐸がなかった、そして畿内の中心が銅鐸の祭りを他の地域よりも早く捨てたとは、簡単に言えない状況に今ではなっている。また、畿内の中心が早くに銅鐸祭祀を捨てたとすれば、自らは使わない巨大な銅鐸を周辺地域に供給するために畿内の中心が作り続けたことになりかねないが、これは説明が難しいであろう。

この田辺と佐原の構想を引き継いだのが川西宏幸であった。川西は、各地の古墳出土の漢鏡とその近辺から出土した銅鐸の型式の組み合わせを検討し、古い漢鏡を副葬した古墳の近辺には古い銅鐸が、新しい漢鏡を副葬した古墳の近辺には新しい銅鐸が埋納されているとし、漢鏡の入手が銅鐸埋納の契機となったことを具体的に証明しようと試みた（川西一九七五）。そして検討の結果、方格規矩鏡の入手時期は外縁付鈕式の分布の形成時期に、内行花文鏡の入手時期は扁平鈕式の分布の形成時期にあり、外縁付鈕式は中期前半には埋納され、扁平鈕式は中期後半には埋納された、とした。

しかし、その後著しく進展した銅鏡研究の成果によると、方格規矩鏡と内行花文鏡の製作時期は大きく重複しており、単純に方格規矩鏡と内行花文鏡の入手時期に新旧があったとはできない。また、川西の論文の発表当時は弥生時代中期中葉を紀元後一〇〇年前後、中期末を紀元後一八〇年前後とする佐原真の年代観が広く採用されており、川西もこれに従っているが、弥生時代各期の実年代が当時に比して著しく古くなった現在の年代観に拠ると、外縁付鈕式銅鐸の分布の形成時期に方格規矩鏡が各地で入手されたとは考えにくい。よって、川西の試みは意欲的なものであったが、現在の研究段階から見ると、その分析結果をそのまま認めることは難しい。

第二の系統の複数回埋納説は、一九七五年発表の森岡秀人による研究を起点とする。これは、一九七〇年発表の田中琢の論文の、弥生時代中期末頃に銅鐸がいわゆる「聞く銅鐸」から「見る銅鐸」へと変化し、これに伴って銅鐸祭祀自体も大きく変化したという指摘（田中一九七〇）と、一九七四年発表の佐原の論文の、弥生時代中期末の近畿・内海沿岸地方では、石器の消滅と鉄器の完全な普及、土器製作技術・器種の変質、集落立地の変化などの大きな変化があり、田中が指摘する「聞く銅鐸」の祭祀から「見る銅鐸」の祭祀への変貌は弥生時代中期から後期への変換の一局面を示しているとの指摘（佐原一九七四）に刺激を受けて生み出されたのであろう。一九七五年、森岡は、氏がフィールドとする摂津の土器と集落遺跡の分析に基づき、佐原の指摘した弥生中期社会の崩壊に伴って摂津西部の平野部の集落が持っていた銅鐸が表六甲東麓に集中的に埋められ、その後、弥生時代後期になって新たな社会の祭器として新式の銅鐸が普及し、それが後期の終わりに一斉に埋められたと考えた（森岡一九七五）。

その後、春成秀爾は、二個の銅鐸が一地点からまとまって出土する場合は同じ時期に製作されたものが九割を占め、残る一割も製作時期が隣接した銅鐸を埋納しているという田中の指摘（田中一九七〇）を引き継ぎ、銅鐸が複数個まとまって出土する場合の型式の組み合わせを図表化し、同時期か前後近接する時期に作られた銅鐸がいっしょに埋められていることを一層明確にした（春成一九八二）。これも重要な根拠となって、基本的に古い銅鐸は古い時期に新しい銅鐸は新しい時期に埋納したとする、森岡の研究を起点とする第二系統の複数回埋納説が、今では主流となっている。

そして、一九九七年に愛知県一宮市八王子遺跡の発掘調査で、外縁付鈕1式の銅鐸を埋めた埋納土壙の上に弥生時代中期末の土器を大量に含む層が堆積していることが確認され、銅鐸が後期末に一斉に埋められたのではないことが確実となった。

ただし、この銅鐸複数回埋納説にも、中期末から後期初頭頃の埋納をとくに重視する説と、埋納が何度も繰り返しなされたとする説があり、両者が対立している。前者は「聞く銅鐸」と「見る銅鐸」では社会的役割や祭祀が大きく異なり、それは近畿を中心とする地域の弥生社会が中期末から後期初頭に大きく変化したことを反映していると考える（春成一九八二、福永一九九八ほか）のに対し、後者は「聞く銅鐸」と「見る銅鐸」の社会的役割や祭祀に本質的な差異はなく、近畿を中心とする地域の弥生社会に前者の想定するような大きな変化はなかったと考える（岩永一九九八）。両者の見解の相異は、畿内の弥生社会が中期末から後期初頭を境として新たな発展段階に到達したと考えるか、この時期の畿内にそのような大きな社会変化はなかったと考えるかという、ヤマト王権成立前夜である弥生時代後期の畿内の評価とも連動している。

（二）表六甲東麓と西摂・北摂平野部の銅鐸の場合

私自身は、左右の鰭を上下にして寝かせて埋める、土器などを伴わずに埋める、布で包んだりせずに裸で埋めるといった、いわば埋め方の約束が古い型式でも新しい型式でも同じなので(註13)、長期間へだてた二時期に限って銅鐸を埋納した可能性は低く、その他の時期にも埋納を継続的にある程度はしていた、と考えている（金関ほか二〇〇二の難波発言）。

その後、兵庫県神戸市桜ヶ丘遺跡をはじめとする表六甲東麓の青銅製祭器集中埋納地域から出土した銅鐸の型式構成と西摂・北摂平野部から出土した銅鐸の型式構成を比較検討して、表六甲東麓の集中埋納が後期初頭頃になされたのに対し、西摂・北摂平野部で出土するいわゆる外縁付鈕式銅鐸の多くはそれ以前にすでに埋納されていた、と推定した（難波二〇一七ａ）。次に、その要旨を述べよう（表３）。

表六甲東麓では、銅鐸一四個と銅戈七本が出土した桜ヶ丘遺跡を筆頭に、弥生時代の青銅製祭器が集中出土しており、その総数は、銅鐸二〇個、銅戈八本にも及ぶ。銅鐸はいずれも扁平鈕式新段階かそれよりも古い型式で、弥生時代後期に作られた突線鈕式は出土していない。また、銅戈も銅鐸と同時期に属すると考えてよい。銅鐸の新旧を見ると、桜ヶ丘遺跡出土の一四個のうち九個が扁平鈕式新段階に属し、六四％を占めている。表六甲の他の遺跡で出土した銅鐸でも、六個のうち四個、すなわち六七％が扁平鈕式新段階であり、扁平鈕式新段階の銅鐸がともに七割近くを占めている。このように、表六甲東麓に集中埋納された銅鐸には、その中で最も製作が新しい扁平鈕式新段階のものが非常に多いのである(註14)。

表六甲東麓の青銅製祭器埋納地の付近には高地性集落が多くあり、それらは青銅製祭器の埋納に関与していたと考えられるが、森岡の研究によれば、これらの高地性集落から出土する土器には西摂平野部の集落で作られた土器が多く含まれており、高地性集落が西摂平野部の集落と密接な関係を有していたことがわかる（森岡一九八〇）。

また、森岡は、口縁が直立する大型壺に注目すべき指摘をしている（森岡一九八〇）。西摂平野部産のものがとくに多いという、この種の大型壺は絵画で飾られることが多いので、祭祀の場で重要な役割を果たす土器であったことがわかる。そして、表六甲東麓の高地性集落出土のこのような性格の

表３　表六甲東麓と西摂・北摂平野部出土銅鐸の構成

		菱	外１	外２	扁（古）	扁（新）	突１・２	突（近畿）
表六甲東麓	（桜ヶ丘）		2	2	1	9		
	（その他）			2		4		
西摂・北摂平野部			3	2		1		7

土器に西摂平野部産のものがとくに多いことは、これらの高地性集落で執り行なわれる祭祀に摂津平野部の集落が関与していたことを示しているのであろう（難波二〇一一a）。また、大阪府茨木市東奈良遺跡出土の類似の大型壺には、銅鐸の絵画を飾った例があるので[註15]、この種の大型壺は銅鐸を使用する祭祀の場でも使われたと考えられる。

西摂・北摂の平野部で出土した銅鐸は、表六甲東麓出土の銅鐸と型式構成が大きく異なる。第一に、表六甲東麓では出土しない突線鈕式後半の近畿式銅鐸が一三個中七個と多い。第二に、扁平鈕式新段階あるいはそれよりも古い型式の銅鐸六個のうち、最新の扁平鈕式新段階の銅鐸は一個だけで、外縁付鈕式が五個と多い。

表六甲東麓出土の銅鐸では、二〇個中一三個と七割近くを占めている扁平鈕式新段階の銅鐸が西摂・北摂の平野部ではわずか一個しか出土していないのは、西摂・北摂平野部の集落が保有していた扁平鈕式新段階の銅鐸を、それが作られた時期の直後、すなわち弥生時代後期初頭頃に表六甲東麓へ運んで埋納したためであろう。そして、表六甲東麓に埋納された扁平鈕式新段階よりも古い型式の銅鐸の多くは、西摂・北摂平野部の集落がこの時期まで埋納せずに保有し続けていたものと推定できる。

それでは、西摂・北摂平野部で相当数出土している外縁付鈕式の銅鐸については、どのように考えることができるのであろうか。おそらく、これらの銅鐸は、何らかの理由で表六甲東麓への集中埋納に先立って埋納されたのであろう。また、突線鈕式は、森岡が指摘したように表六甲東麓への銅鐸埋納の終了後に西摂・北摂の平野部の集落が新たに入手し使用した新式の銅鐸と考えられる。

（三）放射性炭素年代測定の成果

幸い、銅鐸の内部と舌の表面には埋納時に流入した砂に混じっていた植物が腐食せずに残っており、これらを試料として放射性炭素年代測定を実施することで、松帆銅鐸の埋納年代を検討するための重要な情報を得ることができた（表4）。年代測定は株式会社パレオ・ラボに委託した。

2号銅鐸と舌7に付着した植物の放射性炭素年代は、想定される銅鐸の製作・埋納年代よりも著しく古い。試料の炭素量が少ないことやそれに伴う汚染除去の不徹底、古い炭素の混入などがその原因と考えられる。

一方、4号銅鐸の植物は炭素量が比較的多く、2号銅鐸や7号銅鐸の試料よりも得られた放射性炭素年代の信頼度が高いと考えられる。この4号銅鐸の五点の試料から得られた放射性炭素年代を暦年較正した年代範囲を見ると、四点のそれは、この範囲内に入る確率が九五・四五パーセントである2σの暦年代範囲が、ほぼ紀元前四世紀から紀元前二世紀前半となっており、これが松帆銅鐸の埋納年代に近いと考えられる（定松ほか二〇一八）。なお、2σの暦年代の年代幅がかなり長期になっているのは、この時期には、較正曲線が谷をつくった後やや平坦になっており、確率分布が少し隔たった二つの山を作るためである。二つの山の大きさはほぼ同じなので、現状では埋納年代がそのどちらの山の時期に当たるのかを絞り込むことは困難である。

今回の放射性炭素年代測定値から暦年較正された年代は、いずれも松帆銅鐸の埋納が弥生時代中期末よりも古い時期になされたことを示しているので、銅鐸の埋納は繰り返しなされたとする説を支持

表4　放射性炭素年代測定結果

	No.	産状 試料類別 測定番号	δ¹³C (‰)	暦年較正用 年代 (yrBP ± 1σ)	¹⁴C 年代 (yrBP ± 1σ)	¹⁴C 年代を暦年代に較正した年代範囲	
						1σ暦年代範囲	2σ暦年代範囲
4号銅鐸	①	舌の下 植物片（樹皮？） PLD-31206	-23.44 ± 0.22	2172 ± 19	2170 ± 20	351-303 cal BC (47.9%) 210-186 cal BC (20.3%)	356-285 cal BC (57.5%) 253-251 cal BC (0.3%) 235-169 cal BC (37.6%)
4号銅鐸	②	内壁面付着 植物片（樹皮？） PLD-32632	-20.44 ± 0.27	2183 ± 20	2185 ± 20	352-297 cal BC (52.3%) 228-221 cal BC (5.2%) 211-199 cal BC (10.7%)	358-279 cal BC (60.2%) 259-178 cal BC (35.2%)
4号銅鐸	③	内部堆積物挟在 植物片（イネ科？） PLD-31207	-23.69 ± 0.18	2190 ± 19	2190 ± 20	352-295 cal BC (52.8%) 229-220 cal BC (7.3%) 212-203 cal BC (8.1%)	359-274 cal BC (61.4%) 261-195 cal BC (34.0%)
4号銅鐸	④	内部堆積物挟在 植物片（イネ科 稈） PLD-33771	-15.99 ± 0.23	2250 ± 19	2250 ± 19	381-357 cal BC (26.9%) 284-235 cal BC (41.3%)	391-351 cal BC (34.8%) 301-210 cal BC (60.6%)
4号銅鐸	⑤	内壁面付着 植物片（ススキ属 葉） PLD-32631	-21.68 ± 0.25	2386 ± 19	2385 ± 20	479-442 cal BC (30.9%) 433-402 cal BC (37.3%)	514-399 cal BC (95.4%)
2号銅鐸	⑥	内壁面付着 植物片（ススキ属？葉） PLD-32630	-27.12 ± 0.27	2644 ± 20	2645 ± 20	816-800 cal BC (68.2%)	831-796 cal BC (95.4%)
2号銅鐸	⑦	内壁面付着 植物片（ススキ属？葉） PLD-33486	-30.57 ± 0.27	3023 ± 28	3025 ± 30	1371-1359 cal BC (7.2%) 1298-1221 cal BC (61.0%)	1391-1337 cal BC (20.5%) 1322-1194 cal BC (73.8%) 1142-1133 cal BC (1.1%)
舌7	⑧	付着植物 被子植物 茎 PLD-33772	-33.15 ± 0.22	3728 ± 22	3730 ± 22	2196-2171 cal BC (20.7%) 2146-2129 cal BC (14.6%) 2088-2048 cal BC (32.9%)	2201-2114 cal BC (53.0%) 2101-2037 cal BC (42.4%)

する成果といえる。ただし、銅鐸の埋納は繰り返しなされたが、中期末から後期初頭に多数の「聞く銅鐸」を埋納する機会があったとする、前記の二案の折衷案も考えうるであろう。また、4号銅鐸の付着植物から得られた放射性炭素年代についても、試料の汚染や古い炭素の混入などの原因で実際よりも古い年代になっていないかなど、今後、さらに慎重に検討する必要がある。

いずれにせよ、銅鐸に伴う有機物によって埋納年代を推定できる例は今後ほとんどないと考えられ、これまで議論のあった銅鐸の埋納年代を検討するうえで非常に重要なデータが得られた。

九　誰が集めて埋めたのか

銅鐸のほとんどは、舌を伴わずに出土する。春成が指摘したように、鳴らす祭器としての機能を奪い取り、祭器としての存在に終止符を打つ意味を込めて、舌を外して埋納したのであろう（春成一九八二）。

前記のように、松帆銅鐸は七個すべて青銅製の舌を伴っていた。注目されるのは、近接する慶野中の御堂で一六八六年に出土した銅鐸のうちの一個である日光寺蔵の銅鐸が、やはり銅舌を伴っていることである。銅鐸が銅舌を伴って出土したことが確実な例は、この二例と鳥取県泊銅鐸の計三例しかなく(註16)、そのうちの二例が南あわじ市の松帆周辺の出土である。よって、舌を付けたまま埋めるのは、この地域の銅鐸埋納の特徴であった可能性が高い。そうとすれば、これらの銅鐸の埋納の主体者は地元の集団で、畿内など遠方の集団ではなかったことになる。

いわゆる「聞く銅鐸」の複数個一括埋納例には、大きさの揃った例が多い（難波二〇〇五・二〇〇九ａ）。五個以上の銅鐸を一括埋納した例でも、島根県出雲市荒神谷遺跡の六個、長野県中野市柳沢遺跡の五個は、すべて全高約二〇センチで、大きさが揃っている。徳島県徳島市星河内遺跡で少なくとも六個出土した銅鐸はすべて扁平鈕式新段階の亀山型で、全高約二〇センチか約二五センチである。島根県雲南市加茂岩倉遺跡では、全高約三〇センチと約四五センチの銅鐸を少なくとも二〇組の入れ子としており、全高約二〇センチの銅鐸はない。松帆銅鐸七個は、全高約二〇〜三〇センチの銅鐸のみからなり、全高約四〇センチあるいはそれ以上の銅鐸を含まず、六個は三組の入れ子であった。これらを仮に銅鐸の多数埋納のA類型とする。これに対し、桜ヶ丘遺跡出土の一四個の銅鐸は、さまざまな工人集団の製作した大きさ・形態・装飾が多様な銅鐸を集積している（難波二〇一七ｂ）。これを仮に銅鐸の多数埋納のB類型とする。

A類型の多数埋納の中でもとくに注目されるのは加茂岩倉例で、全高約三〇センチの小型品一九個はすべて外縁付鈕1式、全高約四五センチの大型品二〇個は小型品よりも新しい外縁付鈕2式から扁平鈕式新段階の銅鐸である。もし広域の多くの集団が持っていた多数かつ多様な銅鐸の中から埋納時に二種類の規格のものを選び出して埋納したのであれば、小型品に新しい銅鐸や大型品に古い銅鐸があってもよいはずである。しかしそうなっていないのは、単独集団あるいは互いに密接な関係にあるいくつかの集団が、初期には全高約三〇センチの小型品を、その後は全高約四五センチの大型品を、規格を揃えて集めたためであろう（難波一九九九）。また、加茂岩倉遺跡出土銅鐸が限られた製作工人集団の製品からなることも、この推定を指示する（難波一九九七・一九九九）。

松帆銅鐸についても、七個すべてが舌を伴うという地域性の強い特徴を有することを考えれば、加茂岩倉遺跡出土銅鐸と同様、この地の単独集団あるいは互いに密接な関係にあるいくつかの集団が集めた銅鐸である可能性が高いと考える（難波二〇一六）。

一〇　なぜ松帆周辺で青銅製祭器が集中出土するのか

弥生時代の松帆付近は、北から南へ砂堆が伸びており、その内側は潟湖あるいは湿地になっていたようである。この砂堆の北端付近の慶野中の御堂で一六八六年に銅鐸が八個、江戸時代末に同じ慶野中の御堂付近で銅鐸が一個、砂堆の南端の古津路で一九六六年に銅剣が一四本、それぞれ出土している。そして今回の七個の銅鐸の出土によって、この砂堆付近に弥生時代の青銅製祭器の埋納が集中していることが改めて注目されることとなった。

この地に青銅製祭器の埋納が集中することについては、海の祭祀と関係する聖地であったとする説、畿内の境界にあたるこの地に青銅製祭器を多数埋めたとする説などがある。これに対し私は、松帆周辺が内海交通の要衝の地であったことを重視している。

瀬戸内海は、中国や朝鮮半島の先進の文物や情報が西から東へ伝わり、その交換財が東から西へ運ばれる、当時の重要な東西交通路であり、淡路島西岸はその東端、畿内の入り口に位置し、畿内を避けてさらに紀伊水道・熊野灘を経て東海以東へと通ずる海路の始点でもあった。一方、この地は四国と摂津・播磨を結ぶ南北の海上交通路にも面しており、弥生時代中期には徳島県吉野川流域で作られた片岩製の高品質の柱状片刃石斧がこの交通路を経て播磨や摂津へ大量に運ばれた。

砂堆の南端に良港となる河口が開き、さらに奥に平野が広がる南あわじ市松帆付近が、このような東西と南北の海上交通路上の重要な港市となっていた可能性は充分ある。最近公表された南あわじ市入田稲荷前遺跡で出土した三枚の貨泉（図2）は、松帆銅鐸の時代よりやや後になっても、付近が海上交易の拠点であったことを示唆する重要な資料である。

図２　入田稲荷前遺跡出土の貨泉
（南あわじ市教育委員会提供）

＊

以上、松帆銅鐸の調査・研究の概要を述べたが、今後の調査の進展で一部改定する可能性があることを断っておく。

（註1）一六八六年に南あわじ市慶野中の御堂で八個の銅鐸が出土したとの記録があり、これが正しければ松帆よりも出土数の多い例となる。また、徳島市星河内出土銅鐸は破損が著しく個体数が明確でないが、三木文雄は松帆銅鐸と同数の七個とし（三木一九七七）、難波は少なくとも六個とする（難波二〇〇七）。

（註2）5号銅鐸は破損が著しく、3号銅鐸はA面中央に新しい痕がある。二個ともに埋納時に上面となっていたA面側から重機による打撃を受けているので、打撃は二次的な移動後に受けたものではなく、埋納壙内の原位置で受けた可能性が高い。この推定が正しければ、破損が著しい5号銅鐸は埋納壙の端に埋まっていた可能性が高くなる。

（註3）金関ほか二〇〇二の難波発言。徳島県矢野銅鐸は、銅鐸形に刳り抜いた木製容器に土を充填し、さらに身の中には木芯を入れて埋納したと推定されている。木棺では、天板の痕跡は側板の痕跡よりも土圧で薄くなるが、矢野銅鐸では木製容器の痕跡の厚みが、土圧のかかる上部とかからない側部でほぼ同じであるのは不自然であるとの教示を、渡邊貞幸氏より受けた。報告書で木製ケースの痕跡とされた土層については、金属イオンの溶出による着色やその影響による土中環境の差異などによる呈色の可能性を検討する必要があろう。兵庫県桜ヶ丘銅鐸の報告書には、付着した布や木の葉の痕跡についての検討結果が記されているが、その後のクリーニング処理時にはそれらはすでになかったようで、私は出土後に二次的に付いた痕跡であった可能性を考えている。古墳出土の銅鏡や中国の青銅器に普通にみられるように、布や木質が青銅器に密着していれば、それ自体やその痕跡が残るはずであるが、銅鐸や青銅製武器形祭器にそのような確実な例がないので、裸で埋納する約束があったのであろう。

（註4）外縁付鈕1式銅鐸に多く見られる鰭の下端面の凹について、鰭の下端が鋳型内に彫り込まれておらず裾小口面に開いていたことと関係付け、この部位がホットスポットとなったために生じた引けであると私が指摘した（難波二〇〇〇）のに対し、森田稔はこの部位がホットスポットとはなりえないとした（森田二〇〇三）。しかし、鰭は付け根に近いほど鋳造時に鋳型の内部に位置するので、熱が鋳型の外へ逃げにくく凝固が遅れる。また、鋳物の各部分の凝固時間は各断面における内接円の面積に比例するが、鰭の付け根のようなT字の交差部は内接円が大きくなるので、熱が逃げにくく凝固が遅れる（難波一九八六・一九八七）。さらに、鰭の付け根はいわば身と鰭に囲まれた位置にあり、両方から熱を受けるため、この点でも熱が逃げにくい。鰭の付け根はこれらの条件

を備えた、ホットスポットとなりやすい箇所なのである。そして、鰭の付け根に流入した熔銅は舞近くから下縁の方へと順次凝固をするので、凝固に伴う体積の減少は鋳型の外へ開いた鰭の下端面に引けの凹として現れる。銅剣の脊の下端面に時として見られる凹も、同様の原因で生じたものである。以上から、森田の指摘は当たっていないと考える。

（註5）鋳造後の型持の整形の有無は、同笵銅鐸では基本的に同じである。これは、同笵銅鐸の鋳造後の仕上げの加工が同一工人によってなされることが多かったことを示しているのであろう。この点からも、同笵銅鐸の製作期間がそれほど長くなかったことを推定できる。

（註6）南あわじ市慶野中の御堂銅鐸（外縁付鈕1式）とともに残っている舌、鳥取県泊銅鐸（外縁付鈕1式）に伴う二本の舌、大阪府東奈良遺跡出土小銅鐸の舌は、B類の鋳型で鋳造したようである。一方、高知県西見当出土の小銅鐸に伴う可能性のある舌、韓国の伝慶尚北道坪里洞出土の舌は、A類の鋳型で鋳造した可能性がある。

（註7）後述するICP分析の成果によれば、舌2の鉛濃度は一八・〇〇%と銅鐸では他に例のない高濃度である。これは、舌2が特殊な産地の鉛を含むことと関係するのかもしれない。

（註8）馬淵・平尾の銅鐸の型式比定は基本的に佐原分類に従っており、近年は不徹底であるが難波分類も参照しているようである。佐原と難波では、個々の銅鐸の型式比定が異なる場合が相当数あるので、馬淵・平尾の分析結果を使用するにあたっては、この点に注意が必要である。

（註9）なお、外縁付鈕1式ですでに複数の銅鐸製作工人集団が併存していたが、どの工人集団でも、ほぼ同時期に銅鐸の鉛は朝鮮半島系遺物タイプから前漢鏡タイプへと移行しているので、この段階では各地の銅鐸製作工人集団は同じネットワークを経て金属原料を入手していたと推定できる（難波二〇一一b）。

（註10）ただし、扁平鈕式新段階から突線鈕2式には高錫青銅製の銅鐸が稀にある。桜ヶ丘4・5号鐸型、加茂岩倉8号鐸型、加茂岩倉35号鐸型、兵庫県桜ヶ丘6号銅鐸、横帯分割型の兵庫県生駒銅鐸や出土地不明笹野家旧蔵1号銅鐸などがその例である。

（註11）松帆3・5号銅鐸が島根県出土銅鐸と同笵であることを重視して淡路と出雲の関係を強調する研究者もあるが、これは、加茂岩倉遺跡で一九個、荒神谷遺跡で四個と、外縁付鈕1式銅鐸が出雲でとくに多く出土しているため、新たに見つかった外縁付鈕1式銅鐸は必然的に出雲出土銅鐸に同笵品がある可能性が高くなることを反映しているにすぎない。

（註12）井向出土銅鐸については、明治大学所蔵の外縁付鈕2式流水文銅鐸を合わせて三個出土とする説がある。これが正しければ、松帆銅鐸が最古の型式の組み合わせ例となる。また、島根県荒神谷銅鐸六個については、1号銅鐸が北部九州製で、外縁付鈕2式あるいは扁平鈕式段階の製作と考えられるので、菱環鈕式と外縁付鈕1式を主体とするが、松帆よりも新しい型式を含む組み合わせである。

（註13）多段階埋納がなされていたとすれば、古い型式ほど古い時期に埋納されたものが多くなる。そして、古く埋納された銅鐸と新しく埋納された銅鐸で埋納姿勢などに差異があったとすれば、菱環鈕式銅鐸の埋納姿勢を明らかにすることが手がかりを与えてくれるはずである。難波による内外面の錆や土の付着状況の検討で、菱環鈕1式でも最古の特徴を持つ東京国立博物館所蔵の出土地不明銅鐸は左右の鰭を上下ほぼ垂直にして寝かせて、菱環鈕2式の出土地不明辰馬四二八銅鐸と出土地不明明治大学4号銅鐸は、松帆銅鐸と同様、左右の鰭を斜め上と斜め下にして寝かせて、それ

ぞれ埋納されていたと推定できた。

（註14）石野博信は、扁平鈕式になって武庫川以西の銅鐸保有数が圧倒的に増大することを指摘し、この時期になって畿内中央部に結びついた西部勢力が独自の態勢を強め、その中心が桜ヶ丘近辺にあったと推定した（石野一九六八）。これが摂津平野部と表六甲の銅鐸の型式構成の差異を指摘した嚆矢と思われる。

（註15）東奈良遺跡出土の大型壺の銅鐸絵画は、鈕に綾杉文CDを飾り、鈕頂とその左に二個一対の半円形の飾耳を描いている。鈕の綾杉文は、扁平鈕式以後の銅鐸の菱環文様帯の綾杉文を描いたと考えられる。また、鈕頂とその左右に飾耳があり、この土器の作られた中期末以前に製作が遡る銅鐸としては、扁平鈕式古段階の有本型B類、扁平鈕式新段階の渦森型・明石型・竹之内型があり、この土器に描かれた銅鐸は、そのいずれかを表わしているのであろう。

（註16）ほかに銅鐸が舌を伴って出土した可能性のある例として、和歌山県山地銅鐸、同県太田黒田銅鐸、推定奈良県大淀町出土銅鐸がある。山地銅鐸については不正確な略図しかないが全高約八尺の小型品で、中から中指大の青銅製の棒が出土したと伝える。太田黒田銅鐸については中から見つかった棒状の自然石を舌としているが、自然石を未加工のまま舌として使用する点が不自然で再検討の必要があろう。推定大淀町出土銅鐸は、鎖の付いた舌を伴って保管されていた。弥生時代にこのような鎖の類例は他にないので舌の製作年代や真贋について慎重な検討が必要であったが、残念ながら火災で焼失してしまった。

参考文献

新井　宏　二〇〇五「三角縁神獣鏡の微量成分問題　泉屋博古館の解析方法には重大な誤り―金属考古学の立場から―」『季刊　邪馬台国』八七

石野博信　一九六八「栄根銅鐸と西摂平野出土の銅鐸」『摂津加茂』関西大学文学部考古学研究第3冊

岩永省三　一九八七「伝世考」『東アジアの考古と歴史』中、岡崎敬先生退官記念論集

岩永省三　一九九八「青銅器祭祀とその終焉」『日本の信仰遺跡　奈良国立文化財研究所埋蔵文化財研修の記録』

金関　恕・佐原　真・勝部　昭・寺沢　薫・難波洋三・井上洋一・進藤　武・樋上　昇　二〇〇二「〔討論〕銅鐸から描く弥生時代」『銅鐸から描く弥生時代』学生社

川西宏幸　一九七五「銅鐸の埋蔵と鏡の伝世」『考古学雑誌』六一―二

定松佳重・和田晴吾・難波洋三・森岡秀人・福永伸哉・吉田　広　二〇一八「南あわじ市松帆銅鐸の放射性炭素年代測定成果について」『日本文化財科学会第35回大会研究発表要旨集』

佐原　真　一九七四「銅鐸の祭り」『古代史発掘』5　大陸文化と青銅器、講談社

田中　琢　一九七〇「「まつり」から「まつりごと」へ」『古代の日本』第5巻　近畿、角川書店

田辺昭三・佐原　真　一九六六「近畿」『日本の考古学』Ⅲ　弥生時代、河出書房新社

難波洋三　一九八六「銅鐸」『弥生文化の研究』第六巻　道具と技術Ⅱ、雄山閣出版

難波洋三　一九八七「銅鐸研究の現状と課題」『島根考古学会誌』四

難波洋三　一九九七「出土銅鐸の概要」『加茂岩倉遺跡発掘調査概報』Ⅰ、加茂町教育委員会

難波洋三　一九九九「近年の銅鐸研究の動向」『徹底討論　銅鐸と邪馬台国』サンライズ出版

難波洋三　二〇〇〇「同笵銅鐸の展開」『シルクロード学研究叢書』三、シルクロード学研究センター

難波洋三 二〇〇二「銅鐸」『八王子遺跡』考察編、愛知県埋蔵文化財センター調査報告書九二、愛知県埋蔵文化財センター

難波洋三 二〇〇三「井向1号銅鐸の位置づけ」『辰馬考古資料館考古学研究紀要』五、辰馬考古資料館

難波洋三 二〇〇五「銅鐸の埋納と破壊」『西側遺跡（I）』豊橋市埋蔵文化財調査報告書八二、豊橋市教育委員会

難波洋三 二〇〇六「朝日遺跡出土の銅鐸鋳型と菱環鈕式銅鐸」『朝日遺跡（第13・14・15次）』名古屋市文化財調査報告六九・埋蔵文化財調査報告書五四

難波洋三 二〇〇七『難波分類に基づく銅鐸出土地名表の作成』平成一五年度〜一八年度科学研究費補助金 基盤研究（C）研究成果報告書

難波洋三 二〇〇九a「柳沢遺跡出土の銅鐸と銅戈」『山を越え川に沿う―信州弥生文化の確立―』長野県立歴史館平成21年度秋季企画展図録

難波洋三 二〇〇九b「銅鐸の鋳造」『銅鐸―弥生時代の青銅器生産―』奈良県立橿原考古学研究所附属博物館特別展図録七二

難波洋三 二〇一一a「扁平鈕式以後の銅鐸」『大岩山銅鐸から見えてくるもの』滋賀県立安土城考古博物館平成23年度春季特別展図録

難波洋三 二〇一一b「銅鐸群の変遷」『豊饒をもたらす響き　銅鐸』大阪府立弥生文化博物館図録四五

難波洋三 二〇一二「柳沢遺跡出土銅鐸の位置づけ」『中野市柳沢遺跡』長野県埋蔵文化財センター発掘調査報告書一〇〇

難波洋三 二〇一六「銅鐸研究における松帆銅鐸発見の意義」『平成27年度　弥生フェスティバル連続講演会　奇跡の発見！松帆銅鐸講演資料集』大阪府立弥生文化博物館

難波洋三 二〇一七a「公開講座「摂津の弥生文化」の記録〈講演1〉山の鐸、里の鐸―銅鐸埋納と摂津の青銅器文化―」『大手前大学史学研究所紀要』一一

難波洋三 二〇一七b「国宝桜ヶ丘銅鐸・銅戈発見50周年記念事業の概要2 基調報告②「桜ヶ丘銅鐸の位置づけ」」『神戸市立博物館研究紀要』三三

難波洋三 二〇一九「弥生時代の青銅器の鉛同位体比分析とICP分析」『保存科学研究集会　同位体比分析と産地推定に関する最近の動向』埋蔵文化財ニュース一七四、奈良文化財研究所埋蔵文化財センター

難波洋三・篠宮　正・高妻洋成 二〇一五「兵庫県加古川市望塚出土銅鐸の研究」『兵庫県立考古博物館研究紀要』八

難波洋三・樋上　昇 二〇〇二「銅鐸」『八王子遺跡』報告編　愛知県埋蔵文化財センター調査報告書九二、愛知県埋蔵文化財センター

春成秀爾 一九八二「銅鐸の時代」『国立歴史民俗博物館研究報告』一

平尾良光・早川泰弘・鈴木浩子 二〇〇三「辰馬考古資料館が所蔵する銅鐸の鉛同位体比」『辰馬考古資料館考古学研究紀要』五、辰馬考古資料館

福永伸哉 一九九八「銅鐸から銅鏡へ」『古代国家はこうして生まれた』角川書店

馬淵久夫・平尾良光 一九八二「鉛同位体比からみた銅鐸の原料」『考古学雑誌』六八―一

三木文雄 一九七七「終末期の扁平小形銅鐸に就いて」『國學院雑誌』七八―九

森岡秀人 一九七五「銅鐸と高地性集落」『芦の芽』二七

森岡秀人 一九八〇「土器からみた高地性集落会下山の生活様式」『藤井祐介君追悼記念　考古学論叢』

森田　稔 二〇〇三「鋳型と鋳造技術」『考古資料大観』第六巻　弥生・古墳時代　青銅・ガラス製品、小学館

淡路島の青銅器

鐵　英記

淡路島内で出土している弥生時代の青銅器としては、銅鐸、銅剣、銅戈、銅鏡などがある。ここではそれらの概要を述べるとともに、分布状況についても考えてみたい（英数字は図・表1参照）。

一　銅　鐸

銅鐸については、難波洋三による集成や定松佳重による整理がある。淡路島は、松帆銅鐸の出土により、兵庫県下でも銅鐸の集中する地域とはなったが、不明な点も多い。その理由としては、地誌などに記載があっても、実物が残されていないものがあり、出土数や型式について明確でないからである。次に型式分類上で古いもの、出土地が明らかなものから概要を述べていきたい。

（一）中川原銅鐸（1）

菱環鈕1式に分類される横帯文銅鐸である。江戸時代後期の地誌『淡路草』に出土地の記載があり、掲載された図と隆泉寺所蔵のものが一致したため、出土地が洲本市中川原であることが確認されている。

（二）慶野中《けいのなか》の御堂《みどう》銅鐸（2）

外縁付鈕1式に分類される四区袈裟襷文銅鐸である、青銅製の舌を伴う。松帆2号銅鐸、松帆4号銅鐸と同笵である。この銅鐸に関しては、添付されている文書（『寶鐸御届写』）に、「唐金鋳物数八つ」とあり、現存するのは一点であるが、松帆銅鐸と同じような、総数七～八点の多数埋納であった可能性がある。

（三）慶野銅鐸（3）

外縁付鈕1式に分類される四区袈裟襷文銅鐸である。文様の特徴から、東大阪市鬼虎川遺跡出土の鋳型と近縁性があり、河内で製作された可能性が高い。

（四）松帆銅鐸（4）

南あわじ市内の土砂集積場で不時発見された。七点という多量発見であることに加え、5号銅鐸以外の六点が入れ子状態で埋納されていたと考えられること、すべての銅鐸に青銅製舌が伴っていた点が特徴的である。

4号銅鐸内部の堆積物から得られた放射性炭素年代値が紀元前四世紀半ばから二世紀半ばであり、埋納時期に関連する年代としては、従来の想定よりさかのぼるもので、注目される。

1号銅鐸　菱環鈕2式に分類される横帯文銅鐸である。淡路島内における菱環鈕式の出土は本例で二例目となる。

2号銅鐸　外縁付鈕1式に分類される四区袈裟襷文である、松帆4号銅鐸、慶野中の御堂銅鐸と同笵であり、複数の銅鐸を近接した時期に入手していると考えられる。

3号銅鐸　外縁付鈕1式に分類される四区袈裟襷文である、加茂岩倉27号銅鐸（島根県雲南市）と同笵である。3号銅鐸の内側に4号銅鐸がおさめられていた。

4号銅鐸　外縁付鈕1式に分類される四区袈裟襷文である。前述のように松帆2号銅鐸、慶野中の御堂銅鐸と同笵である。

5号銅鐸　外縁付鈕1式に分類される四区袈裟襷文銅鐸である、荒神谷6号銅鐸（島根県出雲市）と同笵である。松帆銅鐸の中

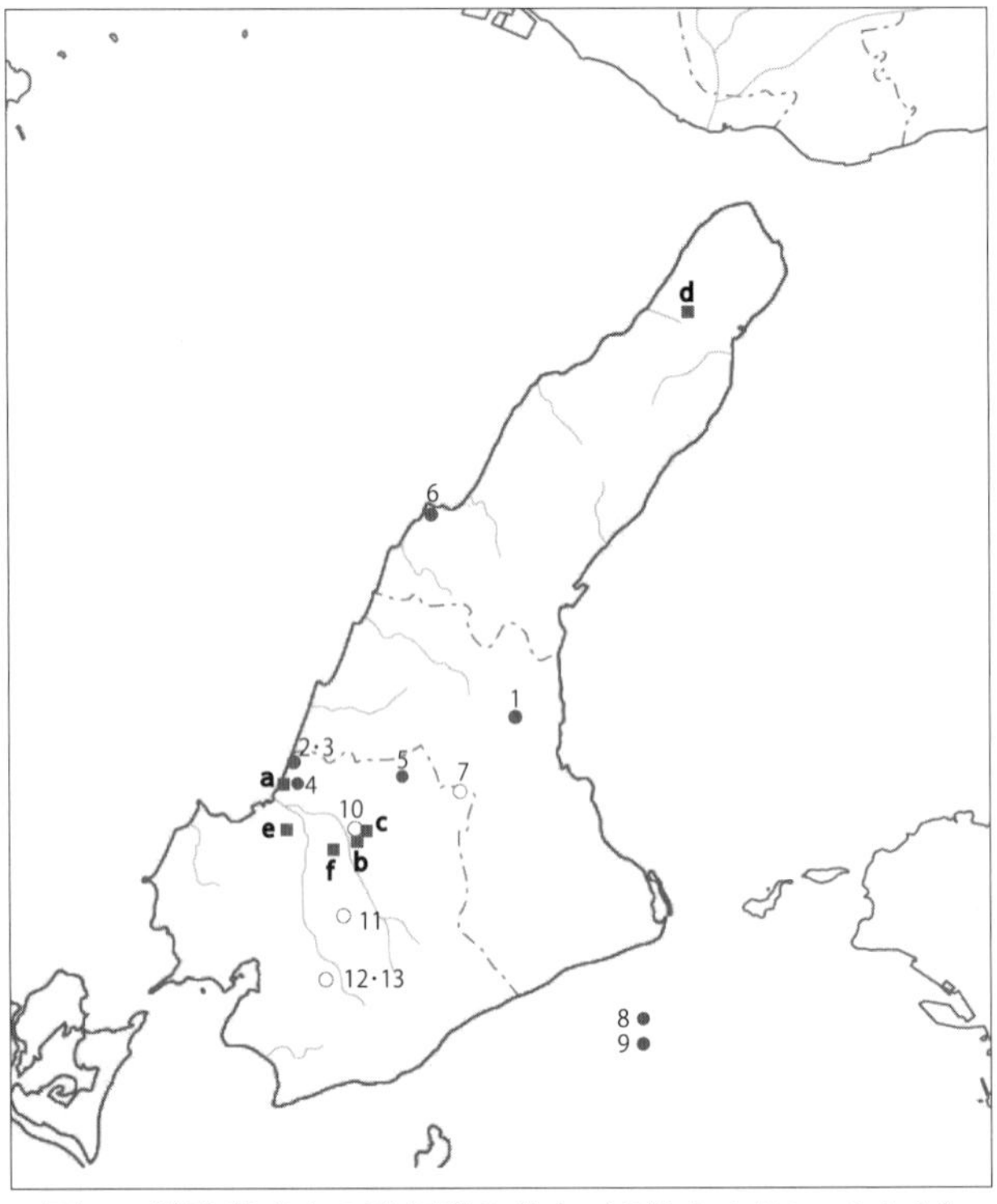

図1　淡路島出土の青銅器の分布（英数字は表1のとおり）

表1　淡路島出土の青銅器一覧

番号	銅鐸・遺跡名	出土地・所在地	内容・型式	備　考
1	中川原銅鐸	洲本市中川原町清水二ツ石	菱環紐1式	
2	慶野中の御堂銅鐸	南あわじ市松帆慶野中の御堂	外縁付紐1式	他に銅鐸七点が同時に出土か？
3	慶野銅鐸	南あわじ市松帆慶野北原	外縁付紐1式	
4	松帆銅鐸	南あわじ市松帆	菱環紐2式1点 外縁付紐1式6点	入れ子
5	倭文銅鐸	南あわじ市倭文庄田笹尾	外縁付紐2式	
6	伝淡路国出土銅鐸	淡路市江井桃川	扁平紐式古段階	本興寺銅鐸
7	中條銅鐸	南あわじ市広田中条堂丸	扁平紐式新段階？	堂丸銅鐸・所在不明
8	伝淡路川出土銅鐸	洲本市？	扁平紐式新段階	
9	伝淡路国出土銅鐸	不明	突線紐1式	出土後に鈕を切断
10	榎列上幡多銅鐸	南あわじ市榎列上幡多	不明	所在不明
11	神代地頭方銅鐸	南あわじ市神代地頭方	不明	所在不明
12	賀集福井銅鐸	南あわじ市賀集福井大日堂	不明	所在不明・13と同一か？
13	新田南銅鐸	南あわじ市新田南	不明	所在不明・12と同一か？
a	古津路銅剣	南あわじ市松帆古津路	細形銅剣Ⅱ式1点 中細形銅剣13点	
b	幡多遺跡行当地地区	南あわじ市榎列上幡多	大阪湾型銅戈Ⅱ式・Ⅲ式	破砕、3個体以上、弥生時代中期末
c	入田稲荷前遺跡	南あわじ市八木養宜	貨泉	3枚・後漢
d	舟木遺跡	淡路市舟木	後漢鏡	鈕のみ
e	鈩田遺跡	南あわじ市志知鈩	仿製内行花文鏡	
f	立石遺跡	南あわじ市市三條	銅鏃	

※難波2007、定松2009）に基づき、作成。

で、本銅鐸のみが破砕された状況で発見されている。また、舌のうち、1～4号舌および6号・7号舌については、それぞれ銅鐸と共伴したことが確認されていると共に、銅鐸のサイズと舌のサイズが相関しているが、5号舌は5号銅鐸のサイズとは相関しておらず、本銅鐸に伴うものかは不明である。

6号銅鐸　外縁付鈕1式に分類される四区袈裟襷文銅鐸である。6号銅鐸の内側に7号銅鐸がおさめられていた。

7号銅鐸　外縁付鈕1式に分類される四区袈裟襷文銅鐸である。

（五）倭文銅鐸（5）

外縁付鈕2式に分類される縦型流水文銅鐸である。恩智垣内山銅鐸（大阪府八尾市）、伝大和国銅鐸、神戸銅鐸（三重県津市）と同笵である。

（六）伝淡路国出土銅鐸（本興寺銅鐸）（6）

現在、尼崎市の本興寺に所蔵されているが、江戸時代の地誌『淡路堅磐草』によれば桃川江井崎（淡路市）で出土したものが、地元寺院から本山である本興寺に収められたようである。扁平鈕式古段階に分類され、横型流水文銅鐸である。加茂岩倉遺跡15号銅鐸と同笵である。

（七）中條銅鐸（堂丸銅鐸）（7）

実物は行方不明であるが、地誌である『淡路草』に図が掲載されており、扁平鈕式新段階とされる六区袈裟襷文銅鐸である。

（八）伝淡路国出土銅鐸（8）

突線鈕1式に分類される流水文銅鐸である。鈕は出土後に切断されている。淡路国出土とされているものの、その根拠は明白ではない。

（九）淡路川出土銅鐸（9）

扁平鈕式新段階に分類される六区袈裟襷文銅鐸である。洲本川と淡路川の合流地点で出土したとされるが、「淡路川」が実在しないため、出土地点については不明である。

（一〇）その他

このほかにも『淡路草』に記載されたものとして、幡多《はた》銅鐸（10）、地頭方銅鐸（11）、賀集福井銅鐸（12）、新田南銅鐸（13）が挙げられるが、同じ銅鐸を重複記載した（12・13）と考えられるものもあり、形態や出土数については不明な点が多い。

島内で出土した銅鐸を型式別に再度確認してみると、

菱環鈕1式（一点）　中川原銅鐸
菱環鈕2式（一点）　松帆1号銅鐸
外縁付鈕1式（八点）　慶野中の御堂銅鐸、松帆2～7号銅鐸、慶野銅鐸
外縁付鈕2式（一点）　倭文銅鐸
扁平鈕式古段階（一点）　伝淡路国出土銅鐸（本興寺銅鐸）

となり、現存しない中條銅鐸（堂丸銅鐸）と出土地不明の淡路川出土銅鐸という扁平鈕式新段階のもの二点、突線鈕1式の伝淡路国出土銅鐸一点を加えても、いわゆる「聞く銅鐸」段階の銅鐸、その中でも石製鋳型によって鋳造された古式のものが大多数を占めている。また、明確な金属舌を伴って埋納された銅鐸のほとんどが淡路島出土である点も注目される。

二　武器形青銅器・鏡・その他

（一）古津路《こつろ》銅剣（a）

一九六六（昭和四一）年に不時発見された銅剣に加え、一九六九年に調査で出土したものも含め、少なくとも銅剣一四本が一括で埋納されていたと考えられる。埋納地点は北から南に伸びる砂嘴の一角である。ただし、埋納状況については不明である。

1号銅剣から13号銅剣の一三本は中細形銅剣に分類されるものである。ただし、中細形銅剣でも中細形銅剣B類一一本とB'類二本に細分され、後者に含まれる1号銅剣には陽刻による文様が認められる。残る14号銅剣は形態や研ぎの型式から細形銅剣Ⅱ式に分類される。ただし、剣身長が三四・八センチと細形銅剣としては例外的な長さとなっている。

（二）幡多《はた》遺跡行当地地区出土銅戈（幡多銅戈）（b）

幡多遺跡（南あわじ市）は、成相川と三原川が形成した三角州上に立地する。弥生時代中期と奈良時代の遺構が確認されている。

銅戈は弥生時代中期後半の土器とともに、土坑内から出土した。総数二七点の破片が散在して出土し、いわゆる破砕された状態で検出されている。

破片は最低でも三個体分あると考えられ、大阪湾型銅戈Ⅱ式c類とⅢ式に分類される。

（三）舟木遺跡出土青銅器（淡路市）（d）

淡路島内陸部の平地から丘陵部に立地する遺跡である。後漢鏡の鈕および不明青銅製品破片が弥生時代後期の竪穴住居より出土している。最近の調査で弥生時代後期から終末期に属する多量の鉄器が出土し、鉄器工房と考えられる遺構が検出されており、淡路島の拠点的集落と考えられる遺跡である。

（四）鈩田《たたらだ》遺跡出土銅鏡（南あわじ市）（e）

三原平野の沖積地から台地縁辺にかけて立地する遺跡である。傍製内行花文鏡が、古墳時代以降に形成されたと考えられる溝の肩部から出土している。弥生土器・土師器を含む層と平安時代前期の土器を含む層に挟まれて出土しており、特別な埋納施設は検出されていない。

（五）入田稲荷前《いりたいなりまえ》遺跡出土貨泉（南あわじ市）（c）

養宜川右岸の河岸段丘面に立地する入田稲荷前遺跡から貨泉三点が重なった状態で出土している。径が小さく、重量が軽いタイプで後漢時代に鋳造されたものが持ち込まれたと考えられる。周辺に存在する弥生時代後期の遺構からの流れ込みと判断されている。

また、このほかにも弥生時代の遺構ではないが、北田遺跡（南あわじ市）から貨泉一点、宇山牧場一号墳（南あわじ市）から五銖銭が出土している。

（六）立石遺跡（南あわじ市）（f）

立石遺跡では、弥生時代後期から庄内期の遺構が検出されており、銅鏃が出土している。その他にも弥生時代前半の遺構・遺物が検出されている嫁ヶ渕遺跡からは木杭に器種不明青銅器片が刺さった状態で出土している。

三　青銅器の分布

次に青銅器の分布状況を概観してみよう。銅鐸では伝淡路国出土銅鐸（本興寺銅鐸）が伝承にあるように桃川で出土したとすれば、島北部で出土した唯一の例となる。そして、その他の例は、島南部、とくに南西部の三原平野に集中しており、地理的に偏在している。また、複数埋納の可能性が極めて高い慶野中の御堂銅鐸、複数埋納が確実な松帆銅鐸の二例が海を臨む海浜部に集中していることは注意が必要である。

さらに、前述したように菱環鈕式が二点、確認できるものだけでも外縁付鈕1式が八点と、古い段階の銅鐸が多数を占め、銅鐸による祭祀をその初期から採用していたと考えられる。こうした初期の銅鐸が多数を占めることに対して、突線鈕式以降の銅鐸が一点のみと、型式編年上でも偏りが認められ、銅鐸の入手自体が後期には低調であったことが考えられる。

武器形青銅器の出土地点については、古津路銅剣、幡多銅戈とも海浜部と段丘部との違いはあるが、いずれも三原平野で出土しており、銅鐸よりもさらに狭い範囲に集中している。

型式的な点では、古津路銅剣は細形銅剣Ⅱ式、中細形銅剣B類・B'類から構成される。中細形銅剣B'類の存在から考えて、入手は中期末葉をさかのぼると考えられる。埋納については、時期を直接推定する証拠がないが、後述する幡多銅戈に準ずるとすれば、中期末葉に埋納された可能性がある。

幡多銅戈については、大阪湾型銅戈Ⅱ式c類・Ⅲ式という型式的にも新しいものであり、中期末葉に入手し、前述のように共伴している土器から、入手してからあまり時間経過を経ずに、中期末に破砕・廃棄されたと考えられる。

そうした考古学的情報とは別に、松帆4号銅鐸内面に残された植物遺体の放射性炭素年代測定値が紀元前四世紀半ば～二世紀半ばを示すとの発表があった。この数字の評価については、積極的にとらえて銅鐸埋納の最古例と解釈する意見があり、その場合、入手から埋納までの時間幅がこれまで考えられていた以上に短くなる。また、近接箇所に松帆銅鐸との同笵鐸であり、同程度の多数埋納の可能性を持つ中の御堂銅鐸も存在し、同一地域内での複数回にわたる多数埋納が想定される点も今後論議を呼ぶところであろう。

また、銅鐸と武器形青銅器との関係では、型式的にみれば、銅鐸の導入が先行すると考えられる。両者とも近接地で複数埋納されているが、現時点では荒神谷遺跡、桜ヶ丘遺跡（神戸市）のような共伴例は確認されていない。

ただ、後期に下ることが確実な銅鐸が発見されていないこと、幡多銅戈が明確に破砕されたものであることを考え合わせると。淡路島における青銅器祭祀については、幡多銅戈の埋納時期である中期末で終焉を迎えていた可能性がある。

この青銅器祭器の偏在性が島内における集落動向とどの程度関連するかについては、明確に判断できる状況ではない。ただ、中期末に集落の形成が始まり、後期前半には鉄器工房としての専業性が強くなる五斗長垣内《ごっさかいと》遺跡（淡路市）、後期を通じて集落が継続し、中国鏡を保有すると共に鉄器工房としての性格を持つ拠点集落とされる舟木遺跡など、島内における拠点が南部から北部へ遷移する可能性があり、そうした事象の画期と青銅器祭祀の状況が関連していたことは充分考えられる。

ただ、青銅器祭祀が中期のうちに終焉を迎えたと考えるとそれに代わる後期の祭祀はどのようなものであるのかを考える必要があるだろう。

参考文献

井上洋一・森田　稔編　二〇〇三『考古資料大観　第6巻　弥生時代　青銅・ガラス製品』小学館

井上洋一　二〇一一「銅鐸」『講座日本の考古学6　弥生時代〈下〉』青木書店

岩永省三　一九八〇「弥生時代青銅器型式分類編年再考―剣矛戈を中心として―」『九州考古学』五五、九州考古学会

大平　茂・種定淳介　二〇〇九「昭和44年度発掘調査出土の古津路銅剣について」『兵庫県立考古博物館研究紀要』二、兵庫県立考古博物館

定松佳重　二〇〇九「淡路島出土の青銅祭器について―大阪湾型銅戈の出土を通して―」『兵庫発信の考古学』

定松佳重・和田晴吾・難波洋三・森岡秀人・福永伸哉・吉田　広　二〇一八「南あわじ市松帆銅鐸の放射性炭素年代測定調査結果について」『日本文化財科学会大35回大会研究発表要旨集』日本文化財科学会

島根県埋蔵文化財調査センター・島根県古代文化センター　二〇〇二『青銅器埋納地報告書Ⅰ（銅鐸編）』

島根県埋蔵文化財調査センター・島根県古代文化センター　二〇〇六『青銅器埋納地報告書Ⅱ（武器形青銅器編）』

田中　琢　一九七〇「「まつり」から「まつりごと」へ」『古代の日本5　近畿』角川書店

難波洋三　一九九一「同笵鐸2例」『辰馬考古資料館考古学研究紀要』二、財団法人辰馬考古資料館

難波洋三　二〇〇〇「同笵銅鐸の展開」『シルクロード学研究叢書3』シルクロード学研究センター

難波洋三　二〇〇六「朝日遺跡出土の銅鐸鋳型と菱環鈕式銅鐸」『朝日遺跡（第13・14・15次）』埋蔵文化財調査報告書五四、名古屋市教育委員会

難波洋三　二〇〇七『難波分類に基づく銅鐸出土地名表の作成』平成15年度～18年度科学研究費補助金基盤研究（C）研究成果報告書

難波洋三　二〇〇九「柳沢遺跡出土の銅鐸と銅戈」『山を越え川に沿う―信州弥生文化の確立―』長野県立歴史館

難波洋三　二〇一一「銅鐸群の変遷」『豊穣をもたらす響き　銅鐸』大阪府立弥生文化博物館

難波洋三　二〇一二「扁平鈕式以後の銅鐸」『大岩山銅鐸から見えてくるもの』滋賀県立安土城考古博物館

服部信博　二〇〇二「銅鐸に伴う「舌」について」『愛知県埋蔵文化財センター研究紀要』三、愛知県埋蔵文化財センター

松本岩雄　二〇〇一「弥生時代青銅器の生産と流通―出雲地域出土青銅器を中心として―」『古代文化』五三―四、財団法人古代学協会

三原郡広域事務組合　二〇〇一『三原郡埋蔵文化財発掘調査年報Ⅰ』

吉田　広　二〇〇八「日本列島における武器形青銅器の鋳造開始年代」『新弥生時代の始まり第3巻　東アジア青銅器の系譜』雄山閣

吉田　広　二〇〇九「青銅器の形態と技術」『弥生時代の考古学6　弥生社会のハードウェア』同成社

吉田　広　二〇一一「武器形祭器」『講座日本の考古学6　弥生時代〈下〉』青木書店

吉田　広　二〇一四「弥生青銅器祭祀の展開と特質」『国立歴史民俗博物館研究報告』一八五集

吉田　広・増田浩太・山口欧志　二〇〇八「青銅祭器の対立構造」『弥生時代の考古学7　儀礼と権力』同成社

淡路・三原平野周辺の弥生時代遺跡の動向

定松佳重・的崎 薫

一　はじめに

兵庫県の淡路島は瀬戸内海東部に位置し、北は明石海峡、南東は紀淡海峡、南西は鳴門海峡によって隔てられている。地形的には大きく北部の津名丘陵と南部の諭鶴羽《ゆづるは》山地に分けられ、中央部には東に大阪湾を臨む洲本平野、西に播磨灘を臨む島内最大の三原平野が広がっている。現在、北から淡路市・洲本市・南あわじ市の三市に行政区分されている。

南あわじ市に位置する三原平野は、諭鶴羽山地を源として、東から成相《なりあい》川・三原川・大日川が北西部の播磨灘へと注ぎ、これらの河川によって形成された低位段丘化した扇状地が広がっている。また同じ諭鶴羽山地を源とした本庄川や鴨路川が南西部の太平洋へと流れ込み、阿万地域に狭い平野部を形成している。

南あわじ市には一一五の弥生時代の遺跡が包蔵されているが、時期が明確になっている遺跡は約半数程度であり、残りの半数は未発掘の散布地である。なお、拙文中の時期区分として、前期＝Ⅰ様式、中期前葉・中葉・後葉＝Ⅱ・Ⅲ・Ⅳ様式、後期＝Ⅴ様式、弥生時代終末期＝庄内式併行期、古墳時代前期＝布留式併行期とする。

二　三原平野を中心とした弥生時代の集落

南あわじ市で確認されている縄文時代晩期の遺跡は大野遺跡と九蔵《ぐぞう》遺跡（52）の二遺跡だけであり、いずれも弥生時代前期前半の遺物が出土していないため、縄文時代から継続する遺跡は見られない（数字は図表1参照）。

（一）弥生時代前期

弥生時代前期の遺跡は一一遺跡確認されているが、前期後半に出現している遺跡が多い。遺跡の分布は三原平野西部の大日川流域から阿万の平野部の沖積地上に偏在し、低平地に農耕適地が南北のベルト状となって存在していたと考えられる。主な遺跡として、雨流《うりゅう》遺跡（20）では前期前半～後期まで続く水田跡が見つかり、三原平野における稲作伝播・水田開発がこの時期まで遡ることができる。播磨灘が臨める平石遺跡（17）は、現段階で松帆銅鐸埋納推定地に一番近い集落であり、前期中葉の竪穴住居と前期中葉～中期中葉の遺物を含む溝や土坑などを確認している。この竪穴住居は楕円形を呈し、周溝からの復元であるが、長径約四・〇メートル、短径約三・四メートルで中央土坑の両側に離れて二本の柱を配置する検丹里タイプの松菊里型住居から長径約四・九メートル、短径約四・五メートルの規模の四本柱の住居に建替えを行なっている。おそらく三原平野で確認されている最も古い竪穴住居と考えられる。溝からは前期中葉の遠賀川式土器広口壺をはじめとして、中期前葉〜中葉にかけての紀伊型甕が複数点含まれ、石包丁・環状石斧・石棒・石槍・石鏃などの石器類が出土している。阿万の平野部の奥に位置する井手田遺跡（50）では前期後半〜中期前葉までの竪穴住居が建替えを含めて三二棟（四棟は松菊里型住居）と水田跡などを確認している。また、阿万の海岸にほど近い九蔵遺跡でも前期後半の直径五・二メートルの松菊里型の竪穴住居一棟と前期後半〜中期初頭の溝を確認し、溝の遺物には逆L字状口縁の瀬戸内型甕が多く含まれていた。

（二）弥生時代中期前葉

中期前葉の遺跡は一一遺跡を数え、紀伊型甕が搬入品として含まれる遺跡が多い。前期の分布範囲とあまり変化はないが、三原平野北東部に位置する入田稲荷前《いりたいなりまえ》遺跡（5）では復元すると直径約三・二メートルとなる円形の竪穴住居の一部を確認調査で検出している。成相川流域で中期前葉の遺構はこの竪穴住居のみで、入田稲荷前遺跡におけるこの時期の遺構の広がりは狭い範囲と考えられる。嫁ヶ渕遺跡（37）では、円形竪穴住居一棟と木製農耕具を含んだ自然流路などを確認している。自然流路から出土した土器には瀬戸内型甕が多く含まれ、紀伊型甕も出土している。別の遺構からは河内産の土器も見られた。また、杭状の木製品に青銅器が差し込まれた使途不明品が地山に突き刺さった状態で出土している。杭の部分は、長径三・二センチ、短径二・〇センチ、残存長九・三センチで、青銅器は平面形が逆三角形に近く、底部一・六五センチ、高さ二・四センチで断面の先は鋭利ではなく、厚さ〇・六センチの平らな状態で差し込まれ、差し込み口周辺には樹皮状の繊維が巻き付いていた。何らかの青銅器の再利用と考えられる。

（三）弥生時代中期中葉

中期中葉も分布範囲に大きな変化がなく、一二遺跡存在しているが、明確な遺構が確認された遺跡は少ない。前期から続く遺跡は、この時期に一旦衰退することが多い。三原平野南部に位置する神子曽《みこそ》遺跡（42）では、中期中葉〜後葉にかけての円形と方形の周溝墓が淡路島最大数の一八基見つかっている。そして、周溝墓に先行する中期中葉の直径約五・五メートルの円形竪穴住居が一棟確認されていることから、集落の中で居住域が墓域へと変化し、周溝墓の形態が円形から方形へと移行した状況が認められた。

（四）弥生時代中期後葉

この時期から遺跡数は増加して二九遺跡を数え、遺跡の分布範囲も三原平野全域の扇状地〜段丘上に広がる。成相川流域に出現した布留式併行期まで継続する幡多《はた》遺跡（2）は広い範囲に広がる遺跡である。円形の竪穴住居六棟、四隅が切れた陸橋状を呈する方形周溝墓八基などが見つかっている。長径一・五メートル×短径〇・九メートルの楕円形の土坑からは、中期後葉後半の土器に伴って二〇点以上の破片となった近畿型銅戈が出土している。また、このほかに三メートル×一メートルの範囲には突帯で過剰に加飾された大型壺が集積し、祭祀跡と考えられる。海棠子《かいどうじ》遺跡（14）・平石遺跡・経所遺跡（29）・喜来《きらい》遺跡（31）・北田《きたんだ》遺跡（51）

表1　弥生時代の遺跡の消長表

No.	遺跡名	晩	Ⅰ	Ⅱ	Ⅲ	Ⅳ	Ⅴ	庄	布	備　考
1	おのころ島					■	■			
2	幡多					■	■	■	■	近畿型銅戈・周溝墓（方・円）
3	生ヶ坂						■	■		
4	姥畑						■	■	■	
5	入田稲荷前			■		■	■	■		貨泉
6	喜平前						■	■		
7	南畑						■	▒		
8	戒壇寺跡						■	■	■	
9	大土居中						▒			
10	荒目					■	■	■		
11	森ノ腰					■				
12	国分					■				
13	戎添						■			
14	海棠子					■	■			周溝墓（方）
15	次郎谷		▒							
16	叶堂		▒							
17	平石		■	■	■	■	■	■	▒	
18	里原田						▒	■	▒	
19	カマス						▒			
20	雨流		■	■	■	■	■			水田跡
21	志知川沖田南		■	▒		▒	■	■		水田跡
22	辻ノ内					■	■			
23	志知松本						▒			
24	釿田		▒	▒	▒	▒	■	■	■	
25	谷町筋						■	■	■	
26	円座						■	■		
27	木戸原				▒	■	■	■	■	
28	立石						■	■		銅鏃
29	経所					■				
30	汁谷					■	▒			
31	喜来				▒	■				
32	鐘原						■	■		
33	上久保					▒	▒	▒		
34	長手					■				
35	国衙廃寺跡			■	■		■	■		
36	木辺		■	■		■	▒	■	■	周溝墓（方・円）
37	嫁ヶ渕		■	■	▒					青銅器付木製品
38	石ヶ坪					▒				
39	岸ノ上		▒					■	■	
40	護国寺東							■		
41	西山					▒				
42	神子曽			■	■	■	■	■		周溝墓（方・円）
43	久保ノカチ					■	■	■		
44	高萩				▒	■	■	▒		
45	祢つノ木							■		
46	西ノ開地						■			
47	佐古谷						▒			
48	河内				▒	▒	▒	■		
49	初田						▒			
50	井手田		■	■	▒	■	■	■	■	水田跡・周溝墓（方）
51	北田				■	■	▒	▒		
52	九蔵	■	■	■			■	▒		
53	玉造					▒				
54	岩谷					▒				
55	伊毘						▒			
56	伊加利沖田						▒			
57	素川						▒			
A	慶野中の御堂									銅鐸出土地
B	慶野									銅鐸出土地
C	西原北松原									銅鏃出土地
D	古津路									銅剣出土地
E	松帆									銅鐸出土地
F	倭文									銅鐸出土地
G	幡多									銅鐸出土伝承地
H	地頭方									銅鐸出土伝承地
I	賀集福井									銅鐸出土伝承地
J	新田南									銅鐸出土伝承地

1～57：遺跡名　　A～J：青銅器出土地名　　■ 遺構を確認　　▒ 遺物のみを確認

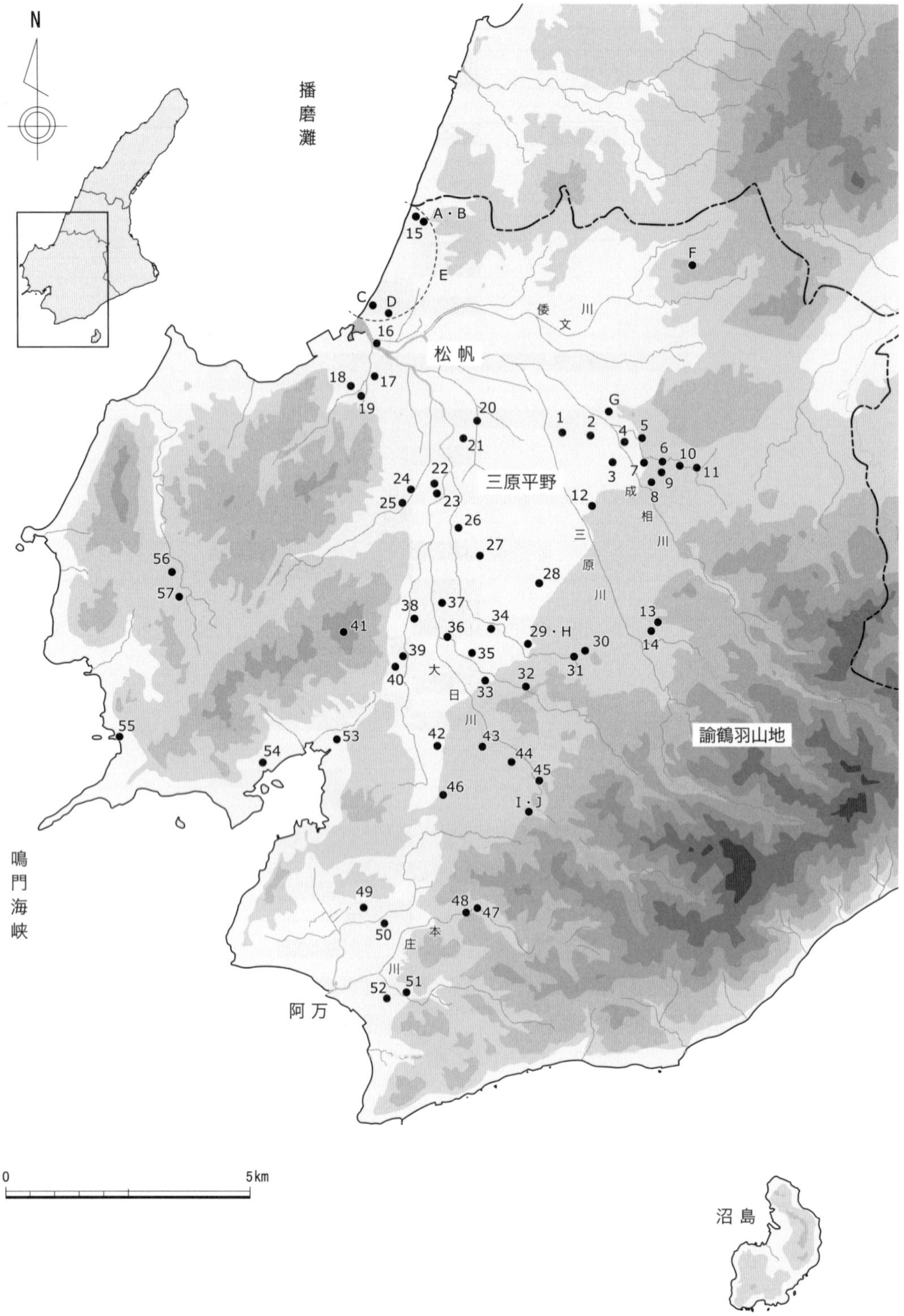

図1　弥生時代の遺跡位置図

でも竪穴住居を確認し、海棠子遺跡では方形周溝墓四基も見つかっている。阿万の平野部に位置する北田遺跡の竪穴住居は、長径九・三メートル×短径八・四メートルのやや大型の住居で中期中葉～後葉の土器が含まれる。出土したサヌカイト製の石器石材の産地には二上山北麓地域と金山・五色台地域を確認し、二上山北麓地域の方が多い。また、河内地域の土器が搬入品として含まれる遺跡が散見されることから、この地域との交流が活発であったと考えられる。このほか、中期中葉に一度衰退、もしくは調査地周辺に集落の中心を移していた井手田遺跡で四隅が切れた方形周溝墓を七基確認している。

（五）弥生時代後期

淡路島北部では山間部に遺跡が爆発的に増える時期である。南部でも遺跡数は増加して四二遺跡を数えるものの、北部のような山間部への増加現象は見られない。また、後期を通して継続している遺跡は少ない。幡多遺跡も後期には断続的になるが、周辺の遺跡でこの時期の遺構が見つかっている。木戸原遺跡（27）や鐘原遺跡（32）では直径一〇メートルを超える大型の竪穴住居を中心とした数棟の建物群が確認されている。木戸原遺跡では直径一一メートルの大型の竪穴住居床面に焼土痕跡（Ⅳ型）が数ヵ所見られ、鉄器も出土していることから、鉄器製作の鍛冶遺構の蓋然性が高い。後期は中規模程度の遺跡が多い。

（六）庄内式併行期

後期から継続する遺跡が多く、三〇遺跡を数える。竪穴住居は幡多遺跡で約一〇棟確認されたほか、姥畑遺跡（4）・戒壇寺跡（8）・鈩《たたら》田《だ》遺跡（24）・谷町筋遺跡（25）・立石遺跡（28）・護国寺東遺跡（40）・河内遺跡（48）・井手田遺跡でも見られる。竪穴住居の形態は幡多遺跡や谷町筋遺跡で隅丸方形の住居が確認されているが、この段階でも円形の住居が多く残り、本格的な方形プランへの移行は布留式併行期に入ってからである。この時期で衰退する遺跡が多く、庄内式併行期から継続する布留式併行期の遺跡は一一遺跡であり、古墳時代中期まで継続する遺跡は更に少ない。

三　三原平野の拠点集落

三原平野における前期～中期前葉の遺跡分布は、前述のとおり三原平野西部の大日川流域から阿万の平野部の沖積地上に偏在し、その中で拠点的な集落は南部に位置する井手田遺跡と考えられる。松菊里型住居や紀伊型甕が多く出土していることから紀伊地方との交流が盛んであったと推測される。中期中葉になると井手田遺跡から三・七キロ北に位置する神子曽遺跡へと移る。神子曽遺跡では主に墓域部分が見つかっているが、県道に伴う道路部分のみの調査であったことから、周辺には居住域が展開していたものと思われる。三原平野全域に遺跡が広がる中期後葉になると神子曽遺跡・井手田遺跡に加えて、三原平野北東部に突如出現した幡多遺跡が拠点的な集落となる。後期になると幡多遺跡は断続的であることから、幡多遺跡をこの時期の拠点集落とするのは難しい。しかし、幡多遺跡周辺には貨泉三点が出土した入田稲荷前遺跡をはじめとする中期後葉～布留式併行期古段階の遺跡が密集していることから、幡多遺跡とその周辺の遺跡を広域展開の遺跡群と捉えて、布留式併行期古段階までの拠点集落としたい。

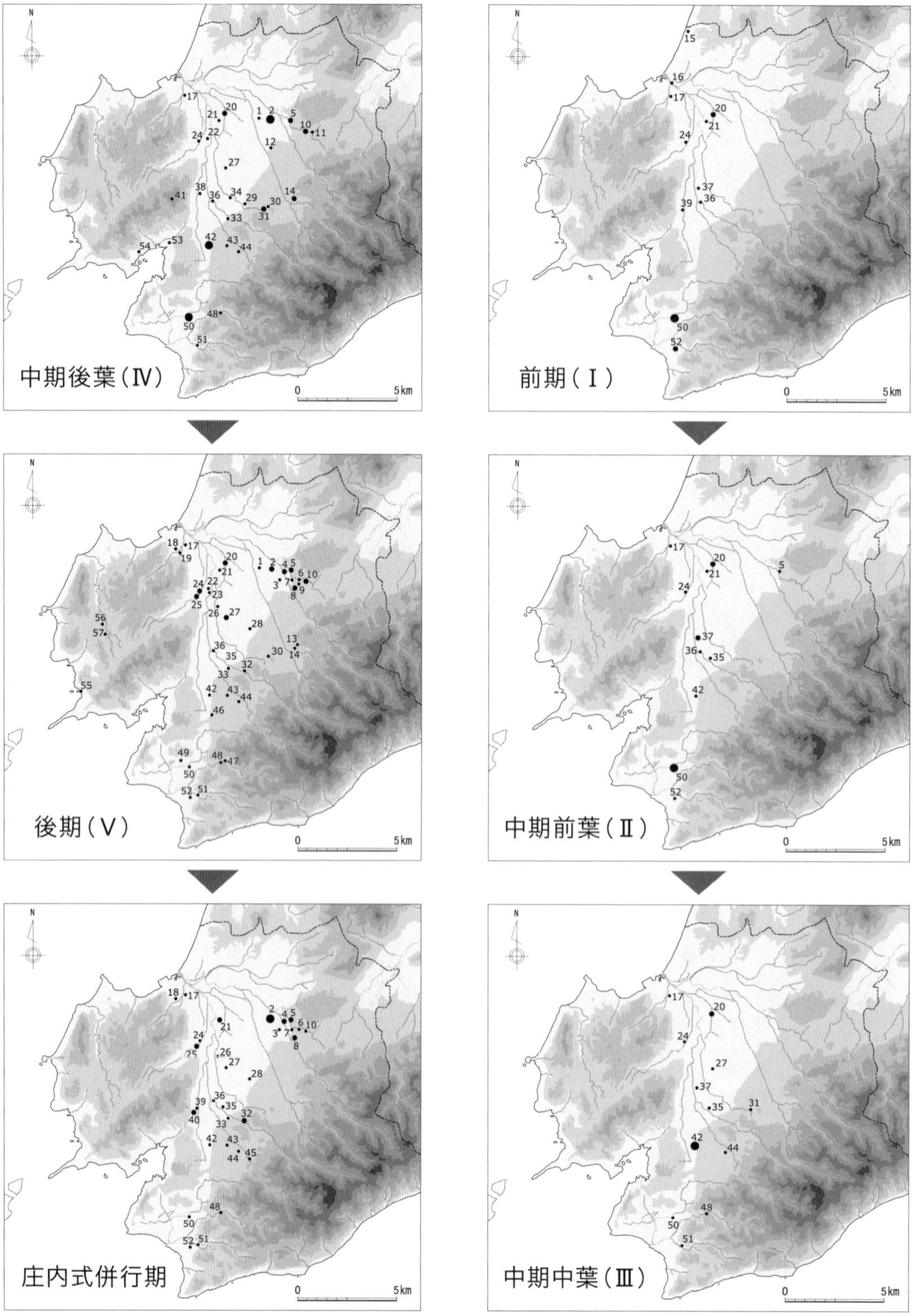

図２　時期別の遺跡変遷図

四　淡路島南部の土器様相

淡路島の土器様式区分は資料点数など問題が多いため、ここでは淡路島南部の時期区分基準の概要を提示したい（数字は図3～7参照）。

Ⅰ様式（1～9）は遠賀川式土器と共通の要素を持ち、ヘラ描沈線の多用を基準とする。器種は壺・甕である。甕1・2は逆L字口縁、甕3～5は如意形口縁である。ほかに、逆L字をなす口縁端部に刻み目を持ち、体部ハケ調整のあとに口縁下に数条の沈線を施す瀬戸内型も多い。雨流遺跡では体部外面の下半部をヘラ削りする紀伊型甕が認められる。壺7はやや短く開きの少ない口頸部で、頸部に粘土接合による段が認められる。壺8は口径が大きく開く。壺9は壺棺墓の身である。頸部と胴部の境に段が認められるが、一部沈線状になっているところがある。

Ⅱ様式（10～17）は櫛描文の多用を基準とする。器種はⅠ様式と大きく変わらず、甕口縁下や壺頸部の沈線が多条化する。壺10は頸部に付加状沈線が施され、和泉地域の影響が考えられる。壺11は頸部に櫛描文が入る。甕15は沈線の間に半裁竹管による山形文が施され、播磨型甕の影響がうかがえる。瀬戸内型甕13や紀伊型甕17は、引き続き認められる。

Ⅲ様式（18～29）は、紀伊の影響を受けた突帯文の出現と櫛描文の多用を基準とする。この時期は遺構が確認されている遺跡は少ない上、神子曽遺跡は調査範囲がほぼ墓域であったため、器種は周溝墓から出土した甕・壺が大半を占める。壺は頸部付近に櫛描文・波状文・刺突文を施す。壺21は体部頂部に刺突文のある播磨地域の特徴を持つ。また、摂津地域の特徴である頸部に断面三角形の貼り付け突帯や押圧突帯のある壺20・23も確認される。壺24は体部が球体の直口壺で、体部下半はタテ方向、体部頂部はヨコ方向のヘラ磨きが施され、紀伊との共通点がうかがえる。国衙廃寺跡では図化できていないが、逆L字状口縁甕や紀伊型甕が出土している。

Ⅳ様式（30～53）は凹線文の盛行を基準とする。ほとんどが後半の遺物である。口縁端部や口縁下に凹線文を施し、頸部に押圧突帯も残る。壺30～34は口縁端部が上方に面をなし、内側に肥厚する。壺39・40は極端に突出する突帯や波状文など非常に加飾され、紀伊の影響が考えられる。甕は水差のような把手を付けた小型甕44や、ひょうたんの形に似た小型台付壺45などが見られる。甕46は体部上半はハケ目調整で、下半はヘラ削りで底部は薄い。三原平野東部（荒目遺跡）や阿万の平野部北部（河内《こうち》遺跡）では、搬入品である河内系の土器が出土している。高坏51～53は屈曲して口縁が立ち上がり、外面に凹線文をめぐらす。

Ⅴ様式（54～68）は、凹線文の衰退と分割成形技法の導入を基準とする。この時期を通して継続する遺跡はなく、後半になると淡路型甕（58～62）と呼称される口縁外面に未調整による粘土紐の接合痕が明瞭に残り、口縁端部にタタキ原体による調整を持つ甕が出現する。壺65は口縁外面に直線的な波状文に円形浮文の貼り付け、頸部に刺突文を持つ二重口縁壺である。淡路島北部地域では淡路型器台と呼称される精製と粗製の器台が出現するが、淡路島南部では一般的な器台も含めて器台の出土数は非常に少ない。

庄内式併行期（69～90）は、口縁に対して器高が低くなり体部の球形化を基準とする。前半の遺物が多い。高坏69は口縁が大きく外反し、稜は下がる。高坏70は受部高は低く、短い脚柱部から裾に拡

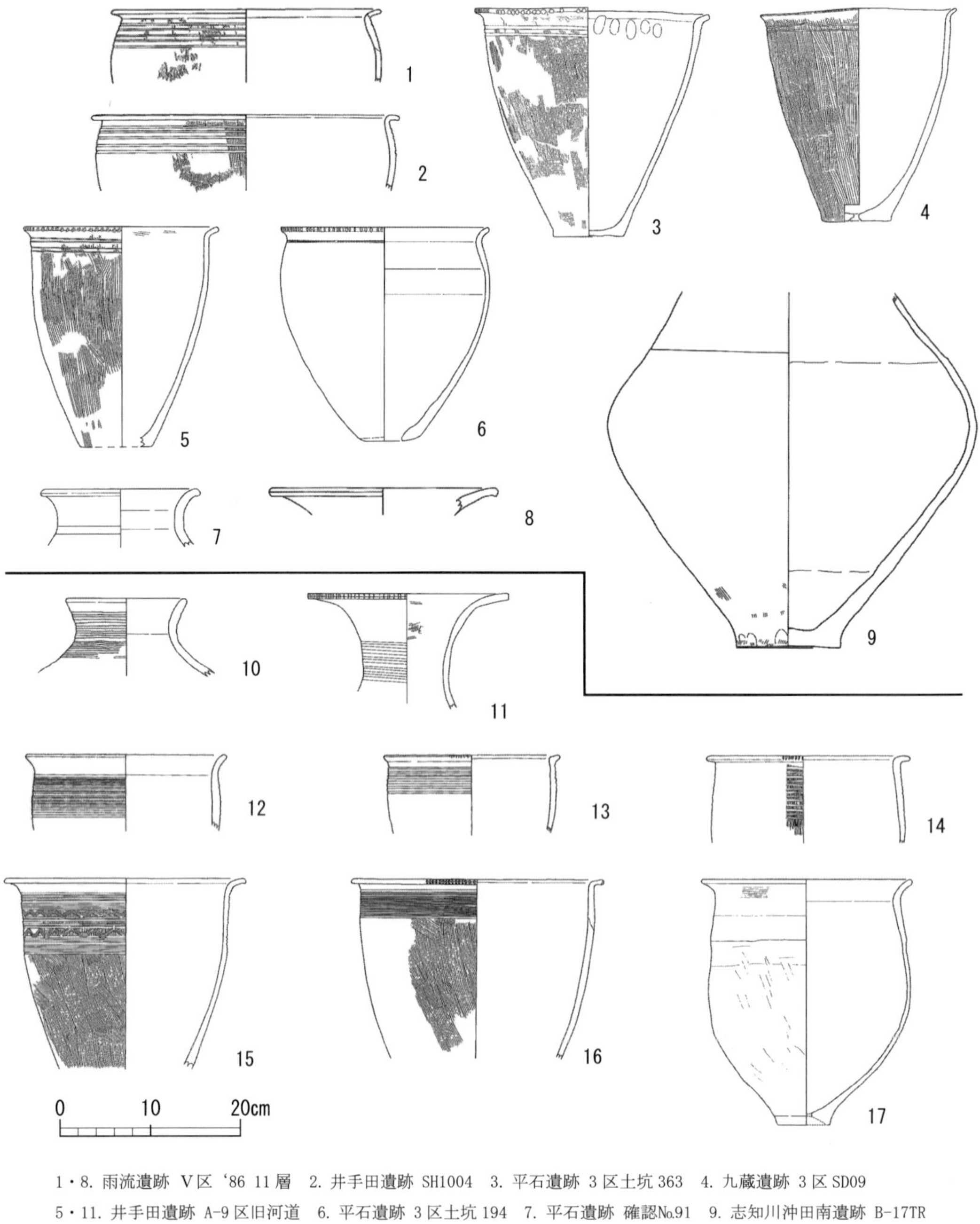

1・8. 雨流遺跡 Ⅴ区 '86 11 層　2. 井手田遺跡 SH1004　3. 平石遺跡 3 区土坑 363　4. 九蔵遺跡 3 区 SD09
5・11. 井手田遺跡 A-9 区旧河道　6. 平石遺跡 3 区土坑 194　7. 平石遺跡 確認№91　9. 志知川沖田南遺跡 B-17TR
10. 平石遺跡 3 区土坑 174　12 ～ 14. 嫁ヶ渕遺跡 溝 5　15・16. 九蔵遺跡 3 区 SD06　17. 平石遺跡 3 区溝 241

図３　Ⅰ・Ⅱ様式

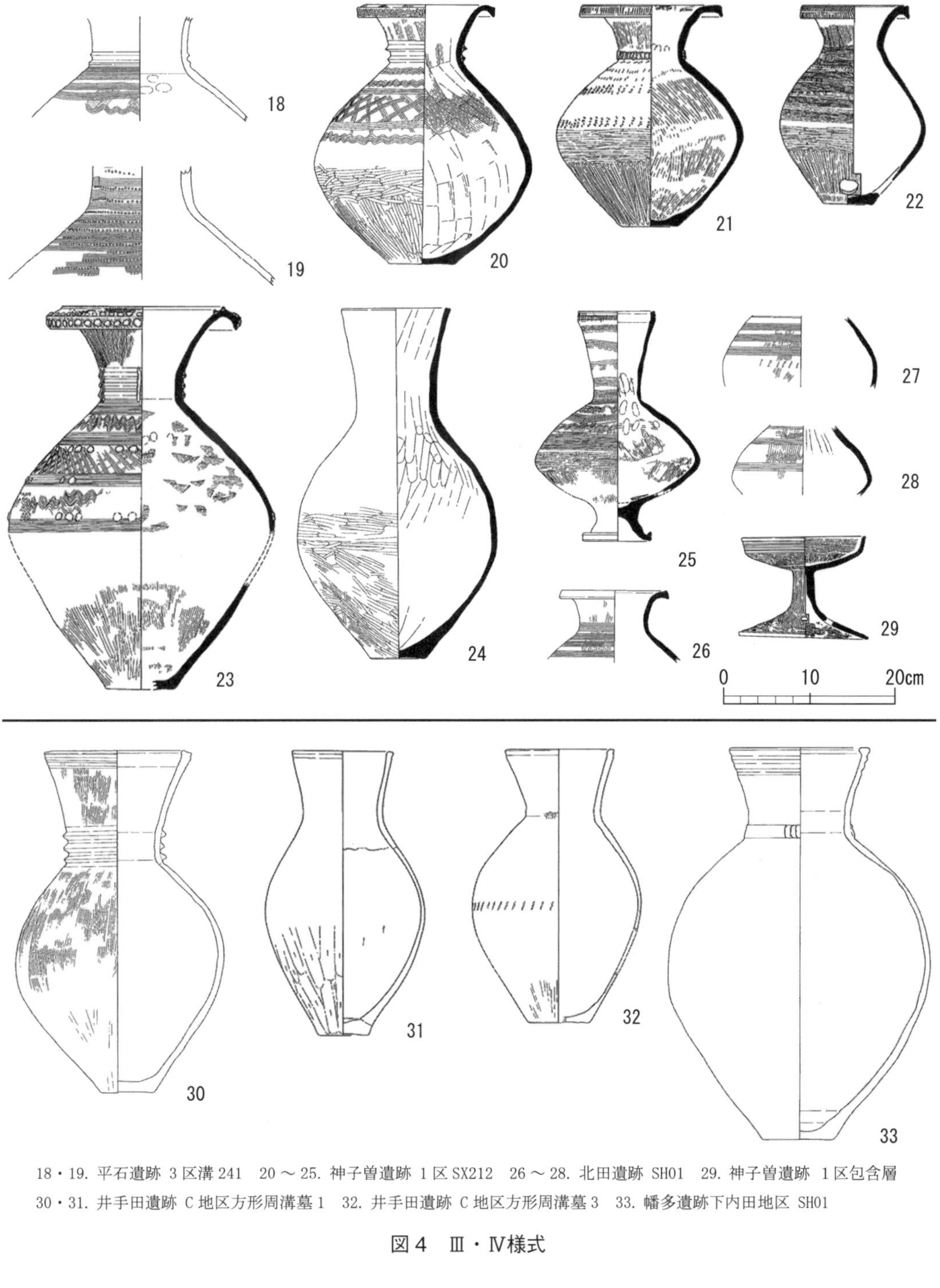

18・19. 平石遺跡 3区溝241　20～25. 神子曽遺跡 1区SX212　26～28. 北田遺跡 SH01　29. 神子曽遺跡 1区包含層
30・31. 井手田遺跡 C地区方形周溝墓1　32. 井手田遺跡 C地区方形周溝墓3　33. 幡多遺跡下内田地区 SH01

図4　Ⅲ・Ⅳ様式

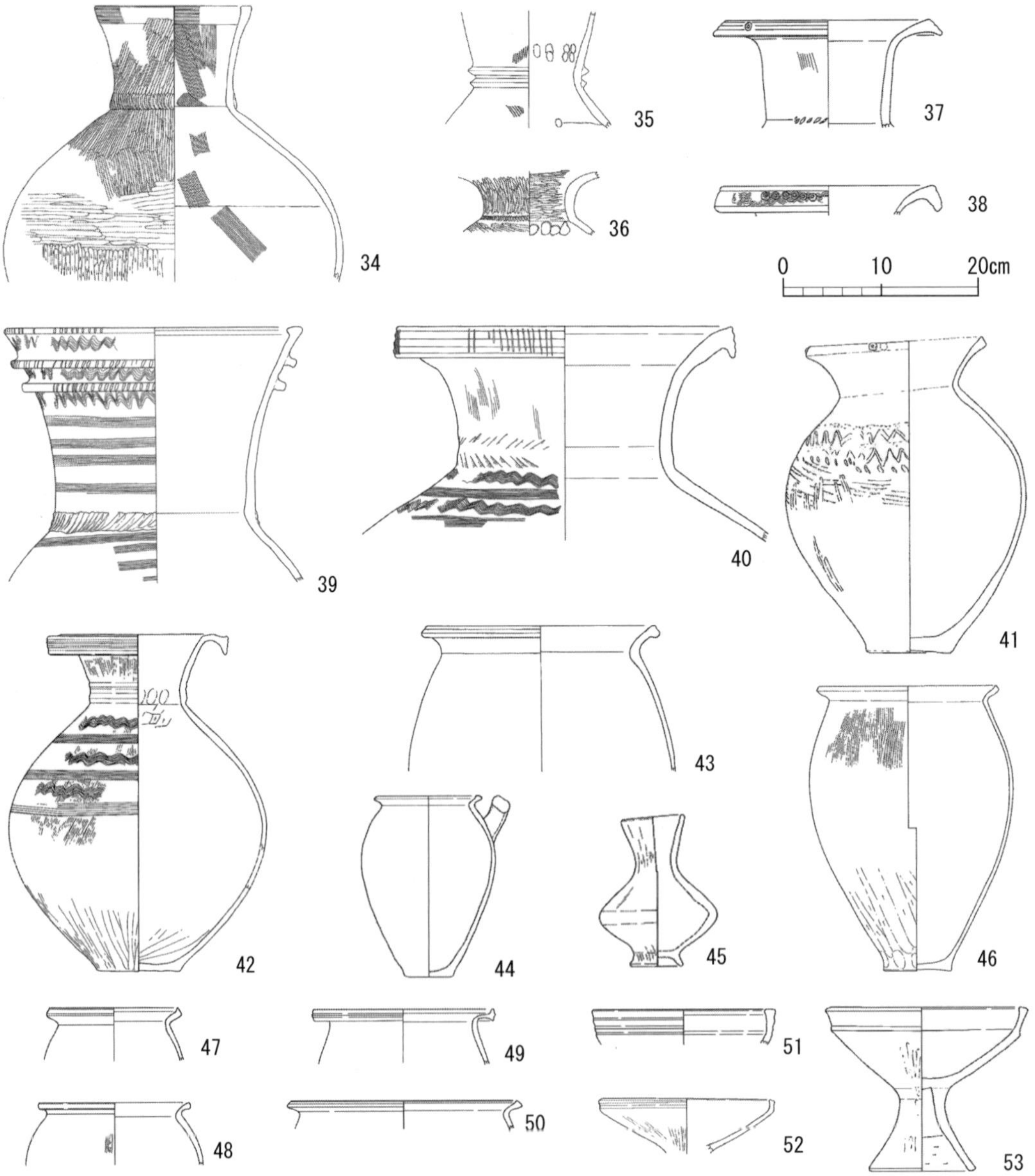

34. 雨流遺跡 Ⅵ区 SD401　35・36. 雨流遺跡‘88 14・15 層　37. 木戸原遺跡 14 区遺構 31　38・43. 木戸原遺跡 14 区遺構 26
39・40. 幡多遺跡行当地地区 H 地区　41・44・53. 幡多遺跡若宮地区 S 地区 SD79　42. 井手田遺跡 C 地区方形周溝墓 7
45. 井手田遺跡 C 地区方形周溝墓 3　46. 井手田遺跡 C 地区方形周溝墓 1　47. 海棠子遺跡 D 地区竪穴住居 2
48. 海棠子遺跡 G 地区溝 5　49. 海棠子遺跡 M 地区竪穴住居 5　50. おのころ島遺跡 A 地区 SK1
51. おのころ島遺跡 A 地区 SD171　52. 井手田遺跡 C 地区方形周溝墓 4

図５　Ⅳ様式

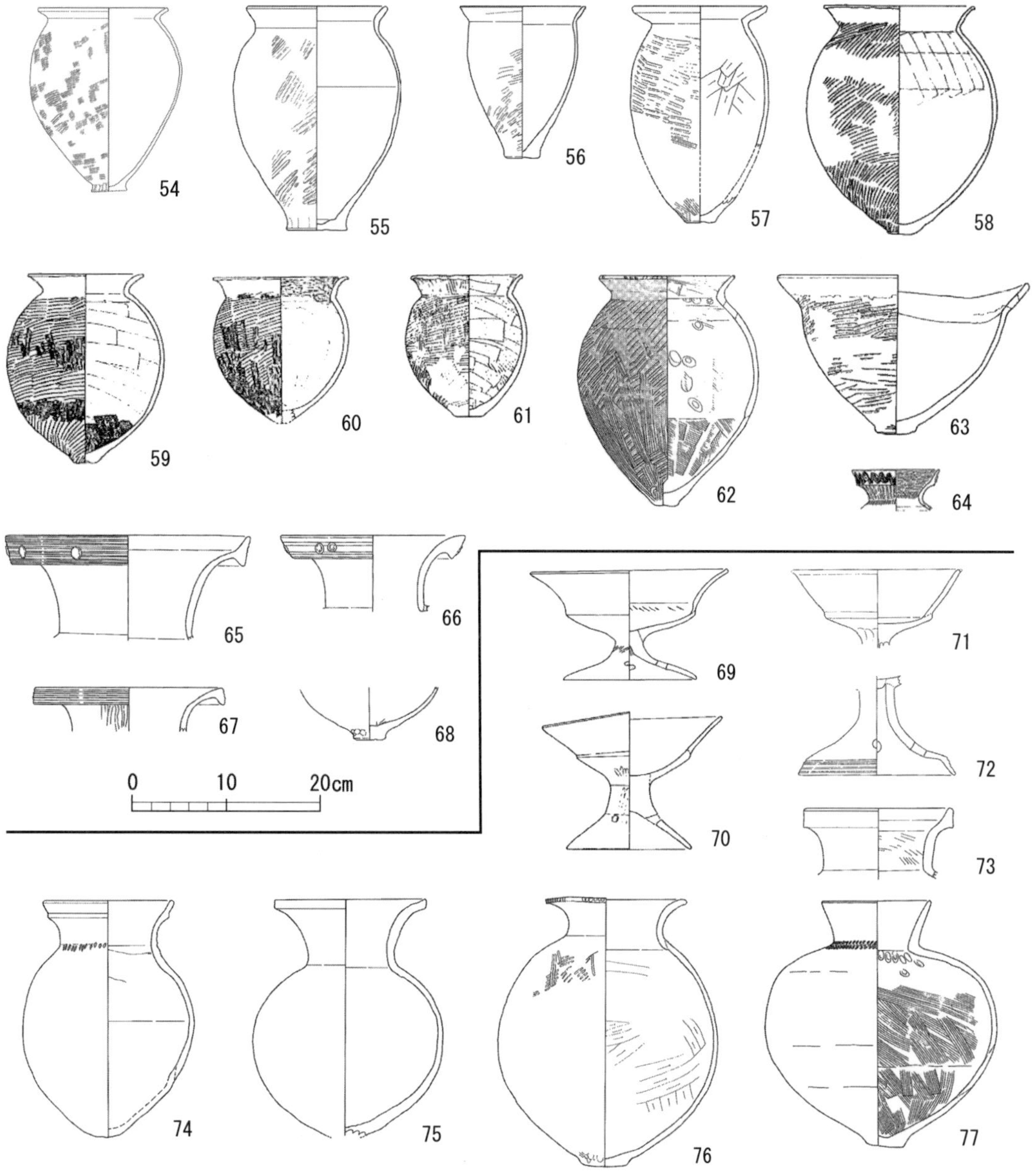

54. 平石遺跡 18区遺構2　55. 木戸原遺跡 26区溝129　56. 木戸原遺跡 26区竪穴住居2　57. 鐘原遺跡 4区SK404
58～61・63・64・70. 幡多遺跡若宮地区 F地区土器溜り　62・69・77. 志知川沖田南遺跡 旧河道
65・68. 木戸原遺跡 26区竪穴住居3　66・67. 木戸原遺跡 26区竪穴住居4　71. 円座遺跡 A地区　72. 円座遺跡 確認№28
73. 立石遺跡 竪穴住居　74. 立石遺跡 竪穴住居上層　75・76. 平石遺跡 2区溝10

図6　V様式・庄内式併行期

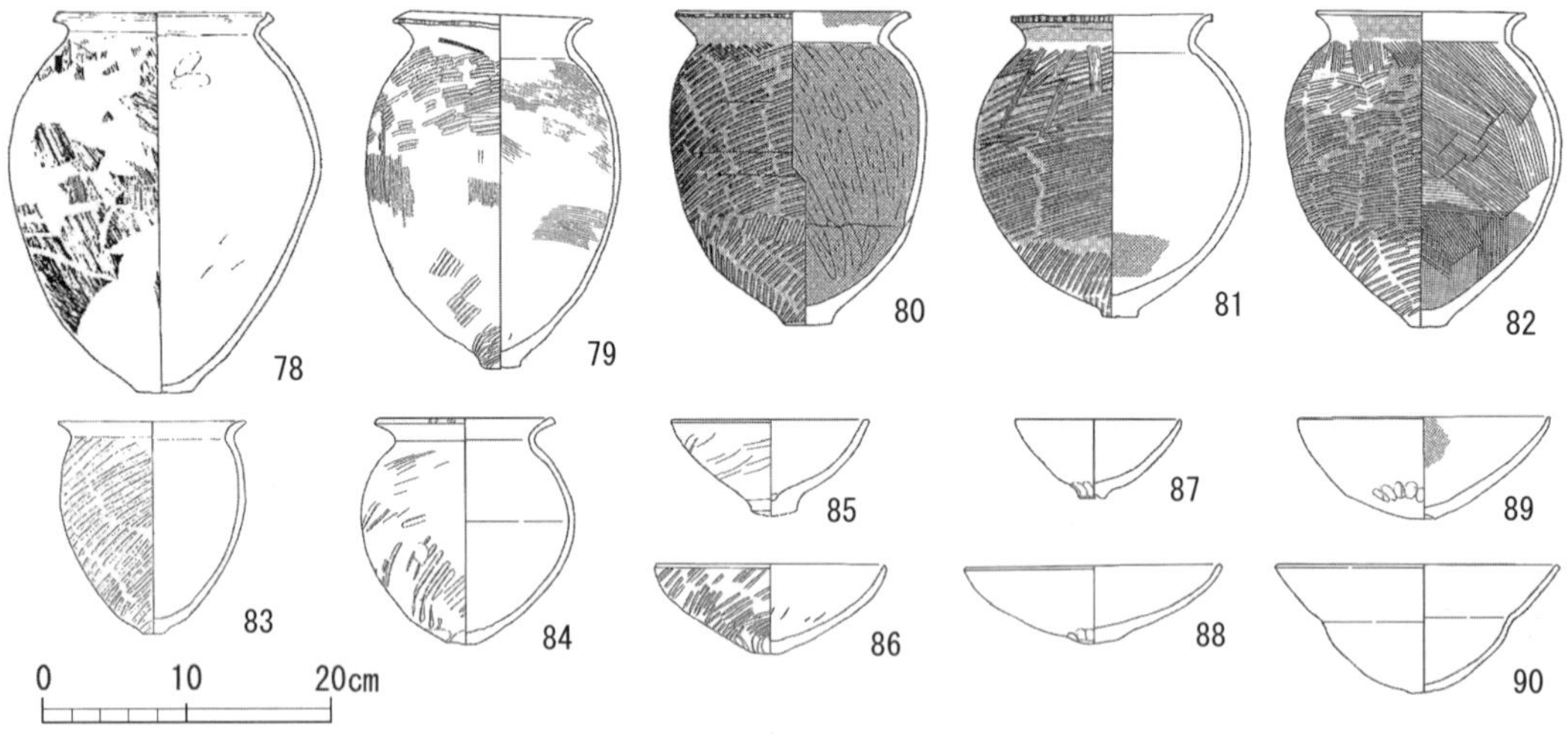

78. 幡多遺跡若宮地区 F 地区土器溜り　79・87・90. 平石遺跡 2 区溝 10　80～82・86・88・89. 志知川沖田南遺跡 旧河道
83. 円座遺跡 A 地区　84. 立石遺跡 竪穴住居　85. 立石遺跡 竪穴住居遺構 6

図 7　庄内式併行期

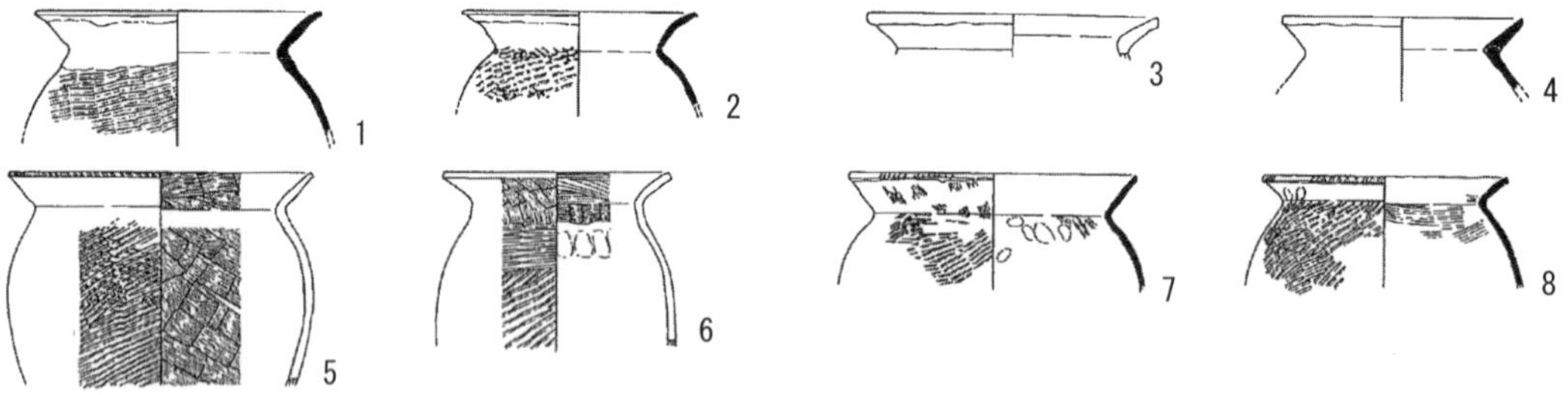

1・2・4. 下内膳遺跡 4 次　3. 円座遺跡 2 次　5・6. 本田谷遺跡　7・8. おぎわら遺跡 4 次

図 8　淡路島出土の淡路型甕

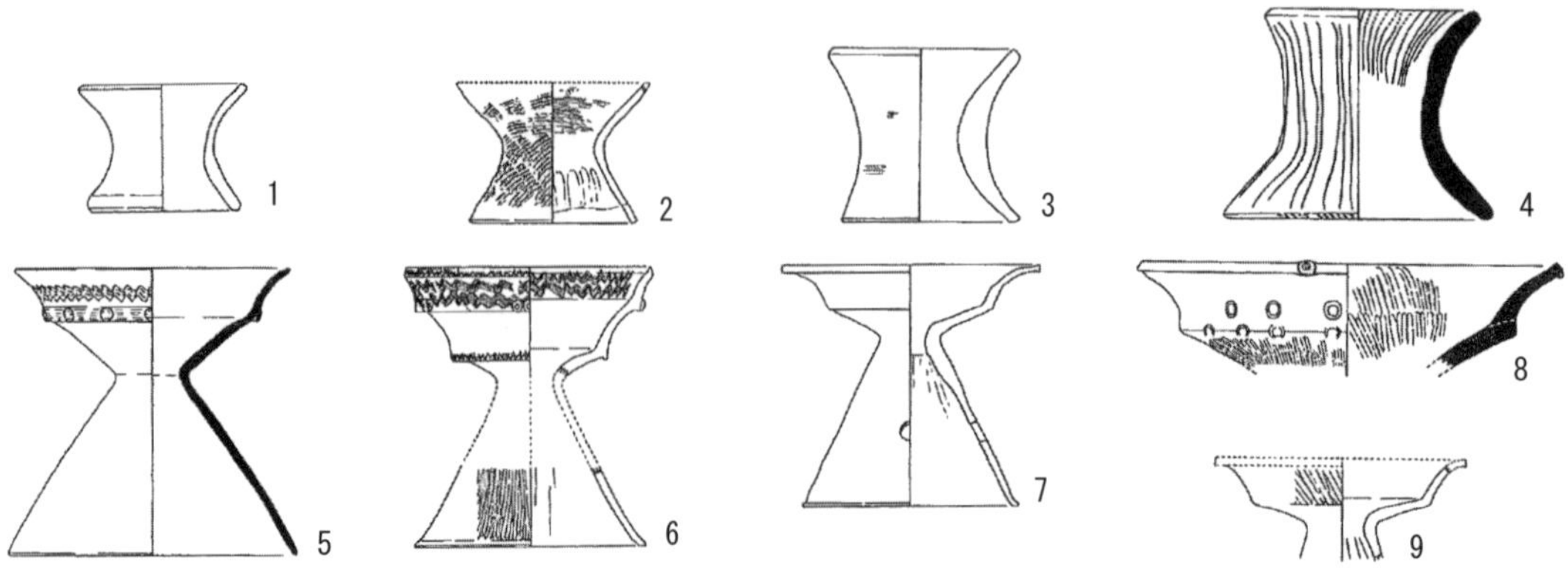

1. 禿山遺跡　2. 尼ヶ岡遺跡　3. 寺中遺跡　4・8. 下内膳遺跡 4 次　5. 木ノ下遺跡　6. 貴船神社遺跡 2 次　7. 今出川遺跡
9. 舟木遺跡 1 次

図 9　淡路島出土の淡路型器台（1 ～ 4：粗製の淡路型器台　5 ～ 9：精製の淡路型器台）

がり、阿波系と考えられる。高坏71は坏部が直線的に立ち上がり、69より新しい傾向にある。高坏72は屈曲した脚部裾に四条の凹線文が施され、北近畿の影響が考えられる。壺74は口縁に上方へ立ち上がりを付加し、頸部に刺突文を施す。紀伊系と考えられる。頸部に二列の刺突文のある壺77は、胴部が横に張り出す。甕78は東阿波型土器の甕である。甕79～81は淡路型甕であるが、志知川沖田南遺跡旧河道出土の甕は体部の球形化・器高の低下がみられるものとそうでないものがあり、後期末と庄内式併行期が混在する。甕80は分割成形で、口縁端部に刻み目を持つ。志知川沖田南遺跡にはこのタイプの甕が多い。鉢は外面タタキ調整（85・86）と、ナデ調整（88）が確認できる。鉢87はドーナッツ状上げ底を呈する。鉢90は小型有段鉢の祖形となる。

以上をふまえ、淡路島南部の土器様相を総括する。

Ⅰ～Ⅲ様式は三原平野西部の大日川流域から南部の阿万の平野部を流れる本庄川流域にかけて、ほぼ同一の遺跡が継続する。土器はそれぞれの時期の特徴から外れず、地域色は見当たらない。この時期の遺跡からは紀伊型甕と瀬戸内型甕が出土する。Ⅲ様式に簾状文はなく、紀伊との繋がりからか突帯文土器は散見される。Ⅳ様式になると遺跡の増加に伴い資料としての土器抽出量が増え、器種の変化に富む。紀伊型甕は大和盆地南部ではⅣ様式まで残るようであるが、淡路島南部ではⅢ様式までしか確認できていない。しかし幡多遺跡行当地地区では、Ⅳ様式後半の紀伊系と考えられる口縁下部に断面三角の貼り付け突帯に櫛描文・波状文を施した非常に加飾された大型壺が出土しており、紀伊とのつながりは残るようである。Ⅴ様式後半の様相はほとんどが庄内式併行期前半に継続し、両者の区分は難しい。地域色としてあげられる淡路型甕は、淡路地域内でもエリアや集落の違いによって、調整や手法の差異が認められる。また、淡路型甕は、吉備から紀伊にかけての東部瀬戸内～大阪湾沿岸の遺跡より、搬入品や搬入の可能性の高い土器が確認されている。しかし、太田・黒田遺跡（和歌山市）では口縁端部にタタキ調整を持つ甕に結晶片岩を含むものが確認されることから、大阪湾沿岸部における出現時期や地域性について検討の余地があると指摘されている。もう一つ、この時期の地域色としてあげられるのが、淡路型器台である。淡路型器台は二種あり、後期後半に出現する粗製タイプは、鼓形に上下に開き、タタキ調整やそれをナデ消すもの、ヘラ磨きが施されるものなどシンプルな形態である。庄内式併行期前半に出現する精製タイプは、丈高な脚部に二重口縁状の受け部がつき、波状文などで加飾される。どちらも淡路島北～東部に偏在するが、精製タイプは播磨・河内・和泉・大和でも確認されている。

庄内式併行期に入ると他地域と同様に甕の球胴化が始まり、底部が矮小化する。庄内甕の搬入や模倣品は確認されず、淡路島は庄内甕を受け入れなかった地域とこれまで考えられていたが、近年姥畑遺跡（表1－4）や入田稲荷前遺跡（表1－5）・木辺遺跡（表1－36）で河内型庄内甕の出土例が確認された。ほかに東阿波型土器の搬入品が多く、讃岐地域の土器もみられる。

提示できる土器数が均等ではなく、データとしてやや公平性に欠ける部分があることは否めないが、三原平野の大まかな傾向は見出せたように思う。次の段階としては、近年の調査で出土した土器の図化をさらに進め、細分化を図る。そして、淡路島全体の地域差を抽出した土器編年の確立が課題である。

参考文献

池田　毅　二〇〇三「揺籃期の象徴『淡路型器台』」『続文化財学論集』文化財学論集刊行会

池田　毅　二〇一三「淡路型甕の類型―調整手法の差異とその特殊性―」『みずほ別冊　弥生研究の群像―七田忠明・森岡秀人・松本岩雄・深澤芳樹さん還暦記念―』大和弥生文化の会

池田　毅　二〇一三「淡路系遺物の展開とその背景」古代学研究会二月例会資料

大平　茂　二〇〇三『北田遺跡』兵庫県教育委員会

鐵　英記編　二〇一四『神子曽遺跡・石田遺跡・才門遺跡・曽根遺跡』兵庫県教育委員会

坂口弘貢ほか　一九九七『河内遺跡』南淡町教育委員会

坂口弘貢編　二〇〇一『三原郡埋蔵文化財発掘調査年報Ⅰ』三原郡広域事務組合

定松佳重編　二〇一二『南あわじ市埋蔵文化財調査年報Ⅴ』南あわじ市教育委員会

定松佳重編　二〇一三『南あわじ市埋蔵文化財調査年報Ⅵ』南あわじ市教育委員会

長濱誠司　二〇一四『鐘原遺跡』兵庫県教育委員会

長谷川眞編　一九九〇『雨流遺跡』兵庫県教育委員会

菱田淳子編　二〇一八『井手田遺跡』兵庫県教育委員会

松下　勝・別府洋二　一九八七『淡路・志知川沖田南遺跡』兵庫県教育委員会

的崎　薫　二〇〇六「邪馬台国時代の淡路島」『邪馬台国時代の阿波・讃岐・播磨と大和』香芝市教育委員会・香芝市二上山博物館

的崎　薫編　二〇一〇『南あわじ市埋蔵文化財調査年報Ⅲ』南あわじ市教育委員会

的崎　薫編　二〇一一『南あわじ市埋蔵文化財調査年報Ⅳ』南あわじ市教育委員会

的崎　薫・定松佳重　二〇一二「淡路島南西部の弥生集落とその動態」『菟原Ⅱ―森岡秀人さん還暦記念論集―』菟原刊行会

的崎　薫編　二〇一七『南あわじ市埋蔵文化財調査年報Ⅸ』南あわじ市教育委員会

的崎　薫編　二〇一八『南あわじ市埋蔵文化財調査年報Ⅹ』南あわじ市教育委員会

森岡秀人　一九九九「摂津における土器交流拠点の性格―真正弥生時代と庄内式期を比べて―」『庄内式土器研究』二一、庄内式土器研究会

森岡秀人　二〇〇三「「淡路型タタキ甕」の提唱と摂津―環大阪湾をめぐる交流の一要素―」『初期古墳と大和の考古学』学生社

山崎裕司・坂口弘貢編　二〇〇八『南あわじ市埋蔵文化財調査年報Ⅰ』南あわじ市教育委員会

山崎裕司編　二〇〇九『南あわじ市埋蔵文化財調査年報Ⅱ』南あわじ市教育委員会

山崎裕司編　二〇一四『南あわじ市埋蔵文化財調査年報Ⅶ』南あわじ市教育委員会

山崎裕司編　二〇一五『南あわじ市埋蔵文化財調査年報Ⅷ』南あわじ市教育委員会

渡辺　昇編　二〇一五『九蔵遺跡』兵庫県教育委員会

第二章　青銅の鐸と武器からみる弥生社会

近畿弥生社会における銅鐸の役割

福永伸哉

一　埋納された松帆銅鐸

兵庫県南あわじ市で発見された松帆銅鐸は、菱環鈕2式一点、外縁付鈕1式六点、青銅舌七点からなる群であり、発見の経緯を踏まえると本来すべてが一括で土中に埋められていた可能性が高いものと判断される。弥生中期の扁平鈕式までの銅鐸は、「聞く銅鐸」とも別称されるように[註1]、農耕祭祀の中で実際に揺り鳴らして用いられたまつりのカネであった。松帆銅鐸の内面突帯にも、鳴らした際に舌と触れ合って生じた著しい摩滅痕が観察される。

「聞く銅鐸」の使用法の一端は、鳥取県稲吉角田遺跡出土の土器絵画から推定することができる（図1）。鳥装の漕ぎ手が漕ぐゴンドラ型の船で運ばれてきた穀霊をムラに迎える儀礼の場面で、樹木につり下げられた銅鐸が揺り鳴らされていると読み解いた春成秀爾の解釈は説得的である[註2]。松帆銅鐸の鈕や舌にヒモ状の繊維が残存していたのは驚くべき稀有の事例であり、まさにこうした使用法の推定を裏付けるものといえる。

銅鐸が埋められたままになる現象が生じる理由として考えられるのは、一つはまつりの時以外は地中に保管されていた銅鐸が、まつりが行なわれなくなったためにそのまま埋め置かれたというものである。いま一つは、まつりの終焉によって歴史的な役割を終えた銅鐸を丁重に埋納し、銅鐸に最終的な別れを告げる儀礼が行なわれたという理解である。松帆銅鐸の場合、数量が七セットと多いことから、複数の集落で共同保管されていたもの、または複数集落の関係者が共同で埋納したものが、二一世紀になってわれわれの眼前に現われたということになろうか。

二　「聞く銅鐸」の埋納時期

それぞれの集落で大切にされてきたであろう銅鐸が永久に埋められる事態は、ある意味で異常なことである。農耕の恵みを祈るまつりの聖なる道具であった「聞く銅鐸」が、土中に埋め置かれたまま二度と使われなくなる背景には、当然ながら相当な歴史的事情があったであろう。

「聞く銅鐸」が埋納されたのはいつ頃のことであろうか。複数個の銅鐸が一緒に出土した場合の型式組み合わせを見ると、扁平鈕式までのものと突線鈕式以後のものが共伴した例がきわめて少ないことがわかる（表1）。この点を重視して、扁平鈕式から突線鈕式に

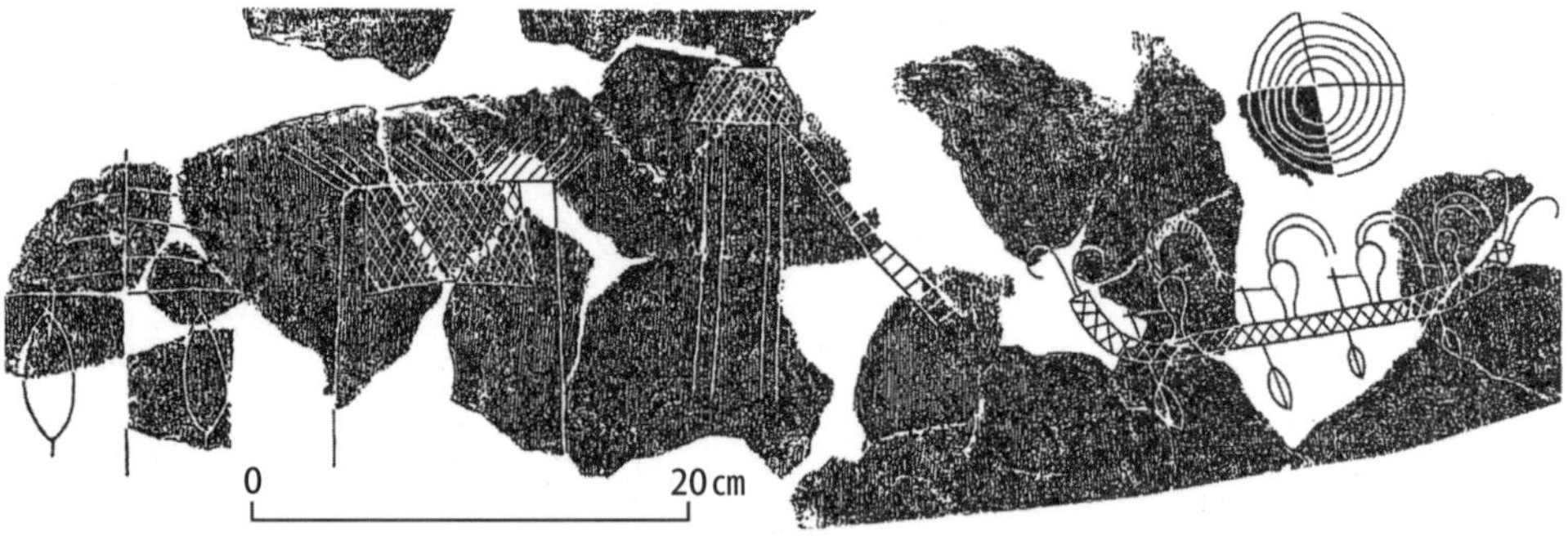

図１　鳥取県稲吉角田遺跡の土器絵画（註２文献、一部改変）

１号鐸（外縁付鈕式）　７号鐸（扁平鈕式）　６号鐸（扁平鈕式）

図２　神戸市桜ヶ丘銅鐸の内面突帯（註３福永文献）

移り変わる弥生中期末頃に、広範囲にわたって「聞く銅鐸」の埋納の大きなピークがあったのではないかととらえる説が提起されており、筆者もそうした立場に立つ一人である。[註3] 一九九六年に島根県加茂岩倉遺跡で同じ土坑に埋納された三九点もの銅鐸が、すべて外縁付鈕式と扁平鈕式で占められていた事実も、「聞く銅鐸」が弥生後期の突線鈕式銅鐸が普及する以前に地上から姿を消したことを傍証するものといえよう。

兵庫県では、一九六四年に神戸市桜ヶ丘遺跡から外縁付鈕式、扁平鈕式からなる一四点の銅鐸が一括出土している。それらの内面突帯を見ると、型式の古い外縁付鈕式のものはよくすり減っているのに対して、扁平鈕式のものにはほとんど摩滅が認められない（図2）。なかでも、一四点の中で製作時期がもっとも新しいグループに含まれる6号鐸は、内面突帯が摩滅していないだけでなく、銅鐸下端面に施されたキサゲ（仕上げの削り）の削痕が鮮やかに残されているなど、使用感がまったく認められない状態である。桜ヶ丘の事例は、扁平鈕式の最新のものが作られて間もなく、古い銅鐸も新しい銅鐸もあわせて使用が打ち切られ、一斉に埋納されるような事態が訪れたことを示唆している。

松帆銅鐸とほぼ同様の古い型式からなる組み合わせ、すなわち菱環鈕式と外縁付鈕1式で構成される島根県荒神谷遺跡例でさえ、共伴した北部九州系の中広形銅矛の存在によって、埋納時期自体は中期末～後期初頭と推定されている。そして、荒神谷遺跡の銅鐸の内面突帯は、その長期の使用を物語るようにやはり著しくすり減っているのである。

このような埋納銅鐸の諸例に照らすなら、製作時期が古い菱環鈕式鐸や外縁付鈕式鐸も、長く使用された末に、最新の扁平鈕式鐸とともに一斉にその役割を終え、中期末～後期初頭頃（前一世紀末～後一世紀前葉頃）に埋納に至ったと見る理解は一定の説得力を有しているように思われる。

三　松帆銅鐸の埋納年代をめぐって

松帆銅鐸では、本体の器壁面や舌、内部の堆積物中から埋納当時の植物遺体が検出されるという稀有な状況が認められたため、そのサンプルの^{14}C年代の測定が行なわれ、二〇一七年六月に結果が南あわじ市教育委員会から発表された。（註4）しかし、その数値は上述の理解とは齟齬をきたすものであり、筆者にとってはいささか予想外のものであった。

試料五点が測定された松帆4号鐸（外縁付鈕1式）では、そのうち四点の測定値（較正値）が前四世紀～前二世紀にまとまる状況が認められた。具体的には、四点すべてをカバーする2σ（約九五％の確率）の暦年代範囲が前三九一年～前一七八年の間に収まるというものである。埋納時期を直接に示す可能性が高い試料の年代測定が行なわれた例はかつてないため、その結果は大いに注目される。

表1　複数出土銅鐸の型式の組み合わせ

	菱環鈕式	外縁付鈕式	扁平鈕式	突線鈕式				
				1	2	3	4	5
島根・荒神谷	1	5						
福井・井向	1	1						
兵庫・松帆	**1**	**6**						
兵庫・中山		2						
京都・梅ヶ畑		4						
兵庫・気比		4						
奈良・秋篠		1	2					
島根・志谷奥		1	1					
岡山・百枝月			2					
島根・加茂岩倉		28	11					
兵庫・桜ヶ丘		4	10					
兵庫・野々間		1	1					
大阪・四条畷			2					
和歌山・石井谷			2					
滋賀・山面			2					
岐阜・上呂			2					
徳島・安都真			4					
徳島・長者ヶ原			2					
徳島・曲り			2					
大阪・星河内			6					
大阪・大和田			3					
和歌山・亀山			3					
徳島・源田			2	1				
島根・中野仮屋			1	1				
滋賀・大岩山Ⅱ				2	2	5		
三重・高茶屋					1	1		
静岡・船渡					1	1		
高知・韮生野						2		
和歌山・荊木						2		
京都・匂ヶ崎						2		
静岡・敷地						2		
静岡・荒神山						2		
静岡・木船						2		
愛知・豊橋						4		
愛知・伊奈						3		
滋賀・大岩山Ⅰ				1	3	7		1
愛知・椛								2
静岡・白須賀								2

前四世紀~前二世紀とすれば、近年の年代観では弥生中期前葉~中葉に相当する古さとなり、埋納の背景を検討するうえで織り込むべき重要な情報となる。

ただ、4号鐸のいま一点の試料（鐸内面器壁付着の植物葉）では前六世紀~前四世紀とさらに古い値が出ているほか、2号鐸（外縁付鈕1式）内面器壁付着の試料二点は、それぞれ前一四世紀~前一二世紀と前九世紀~前八世紀、7号鐸（外縁付鈕1式）の舌付着試料では前二三世紀~前二一世紀という結果であり、想定可能な年代からは明らかに外れている点が気になるところである。

こうしたばらつきが出た原因としては、試料中の炭素含有率が影響を及ぼしたことが想定されるとのことである。[註5] ただ今回、炭素含有率の低い試料が一様に古すぎる値となっていることを一つの「傾向」と見るなら、炭素含有率のより高い試料の場合ならどのような結果になるのか、興味のあるところである。ばらつきに未知の要因が介在することも含めて、測定値の取扱いについてはいましばらく慎重な立場を保っておきたいというのが、現時点での筆者の思いである。

松帆銅鐸の外縁付鈕1式鐸に見られる顕著な使用痕は、中期末頃に埋納されたと考えられる神戸市桜ヶ丘遺跡の同式鐸のそれとさほど違わないように見える。松帆では七点もの銅鐸が使用を中断して早々と埋納されたのに六〇キロほどしか離れていない桜ヶ丘では同じ製作段階の銅鐸がさらに二~三〇〇年も使用され続けていたという状況は、率直にいって合理的に理解できないのである。筆者にとって「松帆ショック」ともいうべき今回の^{14}C年代測定結果であるが、そのような理由でいますこし類例や情報の増加を待ちたいと思う。

四　「聞く銅鐸」埋納の背景

上述のように、筆者は「聞く銅鐸」が集中的に埋納されるピークが中期末頃にあったと見る立場に依然として魅力を感じている。もちろん、集落の廃絶による祭祀の停止や、分村や集村にあたって新しい銅鐸に「更新」したなどの理由で、中期末を待たずして埋納される例外的な事例を否定するものではない。しかし、「多段階埋納」という呼称をあてて、「聞く銅鐸」の埋納のピークがさらに幾段階も存在したととらえる理解にはまだ至っていない。

かき集めた余剰と交換して手に入れた貴重な青銅祭器を永久に埋納するには、相当の理由があったはずである。その背景を弥生時代史の中で説得的に説明することも、埋納の段階や実態を理解するうえで必要な手続きである。

筆者の立場でいうと、なぜ弥生中期末頃に、長らく使われてきた古い銅鐸や作られたばかりの最新の銅鐸が一斉に埋められて、二度と使われることのないような取扱いを受けることになったのかを考えることが必要である。

この問題に早くから取り組んだ寺澤薫は、銅鐸埋納は共同体の存亡にかかわる有事の際に大切な銅鐸と引き替えに危機を回避する最終手段であったと見て、この時期に「聞く銅鐸」の埋納がピークとなる現象について、「後漢王朝の威光を背景に勢力の拡充をはかっていた北部九州勢力」の軍事的圧力に危機感を抱いた東方弥生人の対応であったと推定する。[註6] 松帆銅鐸の出土推定地は西に播磨灘を望む沿岸であり、寺澤説も魅力的ではある。過去にも近隣の中の御堂、古津路から銅鐸や銅剣の複数出土が知られていることから、この付近が弥生時代においてある種の「聖地」であったことも疑いない。ただ埋納例を広く見渡せば、扁平鈕式以前の銅鐸が四点以上出土した例だけでも、西の荒神谷（島根）から東の梅ヶ畑（京都）まで八ヵ所に及んでいる。瀬戸内、日本海側を含めて地域的にも広範囲にわたるこれらの現象を「北部九州」という特定地域勢力からの圧力に対する反応で説明するのは、やや難しいように思われる。

銅鐸を埋納するということは、それまで農耕祭祀の重要な場面で使われてきた祭器がなくなるということである。農耕祭祀のあり方も大きく変質した可能性が高い。

筆者は、この弥生中期末頃に、西日本の多くの地域で伝統的な大集落や長らく営まれてきた共同墓地が廃絶したり縮小したりする現象が認められることから、社会構造の根本的な変化が生じたと見る理解を支持している。[註7] その後古墳時代に向かう歴史的な動きが加速することも勘案すれば、この時期を境に瀬戸内～東海にかけて、横並び意識の強い平等原理の社会から、少数の首長層が共同体を運営していくような階層的な社会への変化が急激に進行したと見ることが可能である。この変化の中で、共同体成員が等しくかかわる形で行なわれてきた農耕のまつりは、首長が専権的に執り行なう祭祀の中に組み込まれていったのではなかろうか。

こうして共同体の農耕祭器としての「聞く銅鐸」は歴史的役割を終えることとなった。日頃から銅鐸を「土中保管」していたと考えるなら、埋め置かれたまま二度と取り出されることのなかった姿を、今日私たちが「埋納」と呼んでいるケースもあるかもしれない。いっぽう、複数銅鐸が一括で発見されるような場合は、役割を終えた銅鐸を集めて決別を告げる意図的な処置がなされたと考えるべきであろう。長年にわたって村々に多大な恩恵をもたらした聖なる祭器である。現代の「お守り供養」「人形供養」などを持ち出すとやや卑近に過ぎるが、二千年前の列島においても、大切な器物への感謝を込めて銅鐸をそれぞれの「聖地」で丁寧に供養・埋納する儀礼が行なわれたのではないか。この「銅鐸供養」を主宰したのは、その後共同体のリーダーとして階層的、政治的な性格を強めていく首長層であったと考えるのが妥当である。

筆者のこのようなとらえ方は、弥生社会の大きな構造変化と共同体の農耕祭祀の変質とを関連づけて理解するという、理論的整合性を打ち出したものであった。多くの集落が大切にしてきた共同体の祭器である「聞く銅鐸」を捨て去る行為は、集落や葬制からうかがえる弥生中期末頃の大きな歴史的転換の中で生じたと見なすのである。

いっぽう、「多段階埋納」の立場を取る場合は、埋納により早くに銅鐸を失った集落がその後の農耕祭祀にどう対応したのかという点を含めて、弥生社会の推移の中で各段階の埋納背景を整合的に説明する論理が必要になろう。残念ながら、現在の筆者にはこれを説得的に提示できる見通しが得られていない。

五　新たに登場する突線鈕式銅鐸

さて、この弥生中期末頃をピークとする埋納により「聞く銅鐸」のほとんどが地上から姿を消した後、弥生後期になって再び登場するのが突線鈕式銅鐸である。過渡的な突線鈕1式を経て巨大化が顕著となる突線鈕2式以降のものは「見る銅鐸」とも呼ばれ、据え置いて見せることに大きな意味があったと考えられている。突線鈕式銅鐸の中でもとくに近畿式銅鐸では、内面突帯に舌の触れた使用痕跡の認められないものがほとんどである。

すでに多くの研究で明らかにされているように、突線鈕式銅鐸は、原料中の鉛同位体比のばらつきがきわめて少なく、[註8]デザインもほとんどが六区袈裟襷文に統一されることなどから、一定の管理下にある限られた工房で製作された可能性が高い。

突線鈕式銅鐸は同時期の北部九州を中心に分布する巨大な広形銅矛と競い合うかのように大型化へ向かうとともに、畿内地域と東海西部地域を中心とする分布域が明確になる。この時期、吉備地域は有力集団の墳墓で用いる特殊器台・特殊壺によって強烈な地域性を発揮し、山陰地域も同様に四隅突出型墳丘墓という独自の有力者の墳墓形式を発達させる。

こうした状況から、弥生後期には西日本のいくつかの地域で、特徴的な青銅器や墳墓要素を共有することで有力者間の政治的まとまりを形成する動きが進行したと推定することができよう。突線鈕式銅鐸は、中期までの共同体の農耕祭器としての役割を脱して、畿内および東海地域の政治連合のシンボルへとその性格を変えていったのではなかろうか。

その突線鈕式銅鐸も、細分型式の突線鈕3式以前（古相鐸）と突線鈕4式以後（新相鐸）の間で製作や流通のあり方に差異が認められる。

たとえば製作面では、突線鈕4式の大きな特徴としてあげられる横軸突線は近畿式の突線鈕3式まではまったく認められない要素である。三遠式の最終段階である三遠4式を近畿式の突線鈕3Ⅱ式に併行するととらえる難波洋三の立場に立てば、[註9]突線鈕4式以降は近畿式のみが製作されたという理解になり、畿内政治連合のシンボルとしての意味合いがより強まったと見ることもできる。

また、表1にあげた複数出土銅鐸の型式の組み合わせを見ると、突線鈕3式以前と4式以降の共伴は滋賀県大岩山遺跡Ⅰ地点のわずか一例のみであることがわかる。共伴する銅鐸群が同じ集団あるいは関連の深い集団によって集積されたものと理解してよければ、このあり方は3式までの古相鐸を所持した集団が引き続いて4式以降の新相鐸を入手するという場合の少なかったことを示唆しているようである。4式、5式になると、共伴例も急減していることから、同じ集団のもとに複数の銅鐸がもたらされること自体が例外的なものになった可能性が高い。

分布の点でも興味深い現象が認められる。たとえば、太平洋側で突線鈕式銅鐸の出土が顕著な土佐、阿波、紀伊を比較してみると、土佐では突線鈕式古相鐸が卓越するのに対して、阿波・紀伊では新相鐸が多数を占めるという対照的な様相を指摘することができるのである（図3）。土佐では出土が伝えられるものも含めて八例（西分増井遺跡の破片例を含める）の突線鈕式銅鐸が知られるが、突線鈕4式以降の新相鐸は安芸市切畑の一例だけであり、ほかは古相鐸の突線鈕2式～3式で占められている。これに対して、阿波では型式のわかるもののうちでは、突線鈕5Ⅰ式の埋納例として知られる徳島市矢野鐸を含めて新相鐸三例、古相鐸二例と比率が逆転している。さらに紀伊では、最終段階の突線鈕5Ⅱ式を含めて新相鐸九例、古相鐸六例というように、阿波で見られた比率の傾向がいっそう強まっているように思われる。つまり、新相鐸段階になると分布圏が畿内中心部側へと縮小するとともに、分布圏内においては数量がむ

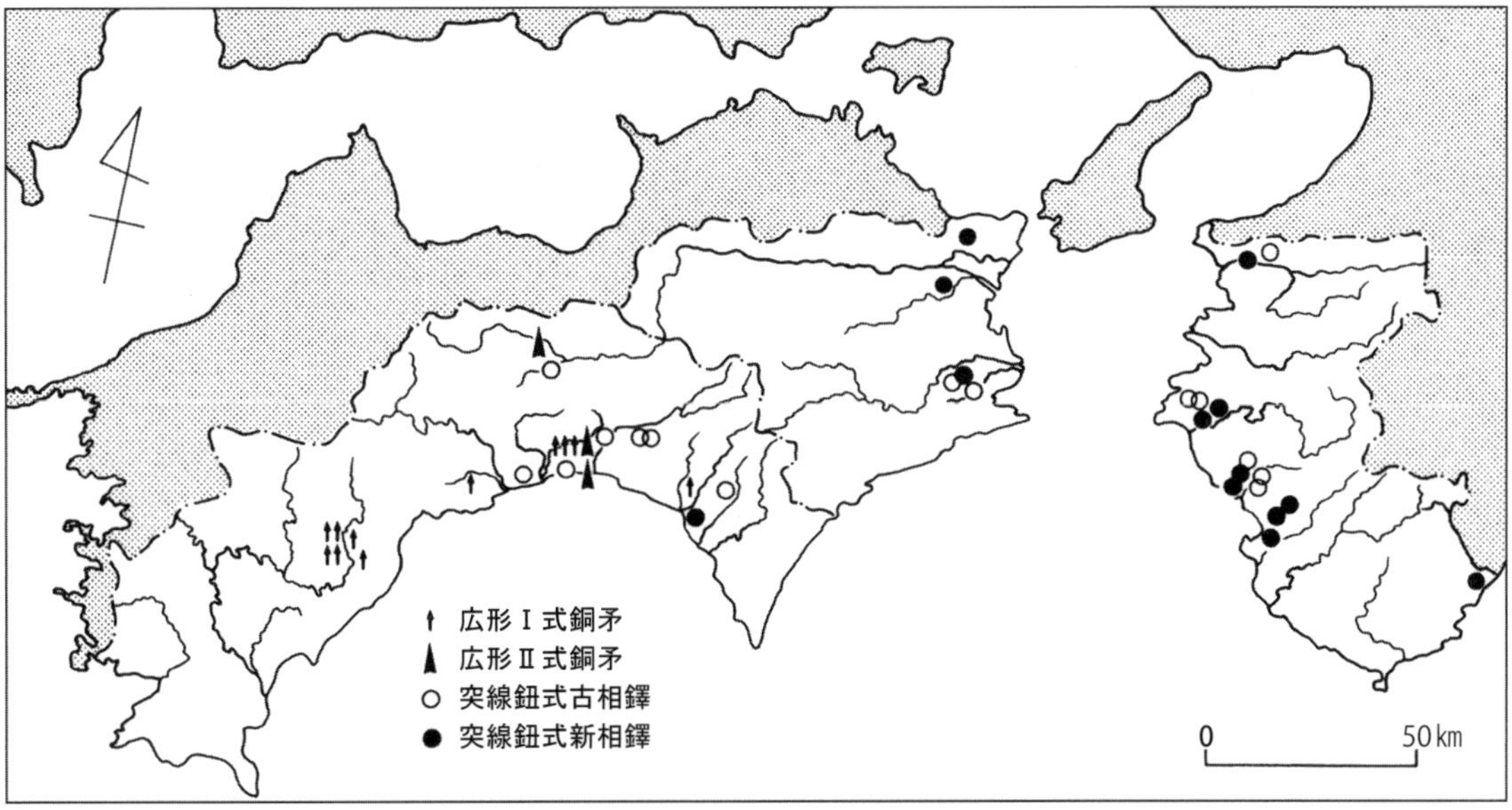

図3　西日本太平洋地域の弥生後期大型青銅器の分布

しろ増えていく状況がうかがえるのである。突線鈕式銅鐸をシンボルとする地域政治連合の内部で結束の強化をはかった結果と考えればこの状況を理解しやすい。

同様の現象は、瀬戸内地域でも指摘できる。表2は吉備から摂津に至る地域の突線鈕式銅鐸の出土事例を示したものである。[註10]これを見ると、吉備出土の突線鈕式銅鐸はすべて突線鈕2～3式のもので占められている点が注目される。突線鈕式銅鐸の細分型式それぞれの製作時期を確定させることは現在の資料的状況においては困難であるが、突線鈕式銅鐸の成立過程や、その最終段階に近い突線鈕5Ⅰ式鐸が弥生後期後半の集落外縁に埋納されていた徳島市矢野遺跡の事例などを勘案すると、突線鈕2～3式鐸の製作時期は後期中頃までの中にある可能性が高い。この理解が妥当なら、突線鈕式銅鐸が吉備地域へもたらされたのは後期中頃までのこととなり、後期後半の吉備地域は畿内地域からのはたらきかけを受けなかったか、あるいはそれを受け入れないような独自性を高める方向へ向かったという評価が可能になる。吉備地域のシンボルである特殊器台・特殊壺の発達が始まる時期がこれと符合していることは、きわめて示唆的といえよう。

これに対して、東隣の播磨では吉備とは対照的に突線鈕式銅鐸としては4～5式の新相鐸が大半を占める。後期後半になると播磨を西限とする畿内政治連合の「領域意識」が明確になり、その最前線の境界付近に新相鐸を手厚く分配し始めた結果とも思われるのである。

多数の突線鈕式銅鐸が分布する東海西部地域でも、その大部分は突線鈕3式までの古相鐸であり、新相鐸になると出土数は激減し、結果として新相鐸のコアな分布域は畿内中心の側に後退していく。

筆者は、こうした突線鈕式銅鐸の分布推移には、弥生中期以来の伝統的な地域性のエリア内でみずからの政治連合の強化をはかり、その内部に新相鐸をさかんに供給することによって政治的結束をはかろうとする畿内政治連合の戦略があらわれていると解釈したい。弥生後期後半とは、そういう時期であった。その動態から地域内の政治的結合や地域間の合従連衡の動きを読み取ることができる突線鈕式銅鐸は、形こそ中期までの農耕祭器と共通するものの、その歴史的意義は大きく異なるものであったといえるのである。

六　エピローグ―役割を終える銅鐸―

西の広形銅矛と競うように大型化を遂げた突線鈕式銅鐸も、弥生後期後半のうちには製作を停止し、役割を終えてゆく。かつては、銅鐸終焉の直後に広く古墳が成立するという理解が一般的であったが、現在ではその間に弥生終末期（庄内式期）という時期が介在したことが認められるようになっている。

表２　吉備～摂津出土の突線鈕式銅鐸

国	銅鐸の通称	出土地	型式
備中	妹	倉敷市真備町呉妹蓮池尻	突線鈕２式
備中	高塚	岡山市高塚遺跡フロヤ地区	突線鈕２式
備中	高塚	岡山市高塚遺跡角田地区	突線鈕２～３式
備前	和気	和気郡和気町和気寺屋敷	突線鈕２～３式
備前	玉野市沖海底	玉野市	突線鈕３式
（伝）備前	西庄	岡山市吉原西庄付近	突線鈕式
（伝）備前	邑久町	邑久郡邑久町付近	突線鈕２式
（伝）美作	鏡野	苫田郡鏡野町	突線鈕式？
（伝）美作	鏡野	苫田郡鏡野町	突線鈕式？
播磨	播磨	播磨国	突線鈕４～５式？
播磨	須賀沢	宍粟市山崎町須賀沢	突線鈕４式
播磨	下本郷	佐用郡佐用町下本郷	突線鈕４式
播磨	穴尾	宍粟市千種町岩野辺穴尾	突線鈕４～５式
播磨	大井川	姫路市安田４丁目	突線鈕３式？
摂津	満願寺	川西市満願寺	突線鈕２式
摂津	栄根	川西市栄根	突線鈕５式
摂津	如意谷	箕面市如意谷	突線鈕３式
摂津	利倉	豊中市利倉	突線鈕２～３式
摂津	利倉南	豊中市利倉	突線鈕２～３式
摂津	天神山	高槻市天神山	突線鈕２式
（伝）摂津	天神山	高槻市天神山	突線鈕４式
摂津	長柄	大阪市北区長柄	突線鈕２式

突線鈕式銅鐸の終焉は特徴的である。農耕祭器であった扁平鈕式までと同じように丁重に地中に埋置されるものがあるいっぽう、近年とくに目立つようになっているのが細片となって出土する事例である。破片銅鐸の出土例はすでに六〇例を超えるが、八割以上は突線鈕式銅鐸であり、さらにその大半が近畿式のもので占められている。(註11)また奈良県脇本遺跡、大福遺跡などのように破片銅鐸の出土遺跡において鋳造関係遺物が発見される場合は、地金として再利用するために銅鐸の破砕が意図的に行なわれたと見ることができる。(註12)突線鈕式銅鐸の終焉時には、その地域政治連合のシンボルとしての意義が急激に失われた状況がうかがえるのである。

突線鈕式銅鐸とともに大型化を遂げた西の広形銅矛も弥生後期のうちに同様に消滅していくことを勘案すれば、両青銅器の終焉はそれを使う習俗の自然な衰微というより意図的な「廃絶」であった可能性が高く、その背景に後期の地域政治連合の枠を越えたさらに大きな倭人社会の連合が形成された状況を想定することも許されるのではないか。倭人社会の大統合のシンボルには、古い地域性を帯びた器物は不向きだったということである。

このような変化が、二世紀末の「卑弥呼共立」と近い時期に生じたと考えられることは、きわめて示唆的である。奈良県ホケノ山墳墓をはじめ、庄内式期の有力墳墓の副葬品として登場する画文帯神獣鏡は、銅鐸に替わる倭人社会の新たなシンボルの最有力候補である。前代までのいずれの地域性とも無縁の新来の中国鏡は、諸勢力が共立した女王卑弥呼を核とする倭人初の中央政権の統合シンボルとしてふさわしいものだったといえよう。

弥生社会の安定的な営みが始まる前期末～中期初頭頃に農耕祭器として登場した「聞く銅鐸」は、中期末頃の弥生社会の大変革の中で役割を終え、あるものは単独で、あるものは他集落の銅鐸ととりまとめられて、丁重に埋納された。松帆銅鐸もそうした「聞く銅鐸」の仲間であり、前述のような^{14}C年代の測定結果は示されたものの、小稿ではやや慎重な立場で筆者の従来の理解を述べてみた。

「聞く銅鐸」は中期末頃に姿を消したが、続く後期には「銅鐸形青銅器」とも呼ぶべき地域シンボルとして突線鈕式銅鐸が発達し、地域の政治連合が分立する倭人社会の統合前夜において畿内地域の政治的結束を高める役割を担ったのであった。大阪湾の入口に位置し、畿内地域連合にとっても要衝となる淡路島に、現時点では未確認の「見る銅鐸」がもたらされていたかどうかは筆者にとって大きな関心事であり、今後の同島における考古学情報の蓄積を期待しておきたい。

畿内地域と不可分に結びついたその突線鈕式銅鐸が倭人社会の統合という局面で存在意義を失っていくことは、ある意味では避けがたい事態であった。畿内地域連合は銅鐸を捨て去ることによって倭人社会初の中央政権のリーダーシップを手にすることができたともいえよう。こうして最終的な役割を終えた銅鐸は、列島の歴史から永久に姿を消していったのである。

その後、弥生終末期としてとらえられる邪馬台国の数十年を経て、倭人社会はヤマト政権を核とする前方後円墳の時代へと進むことになる。ヤマト政権の核となったのは、かつて突線鈕式銅鐸をシンボルとしてつながった畿内政治連合であったと推定される。

ただ、銅鏡や前期古墳の濃密な分布から見て、その過程で重要な役割を担ったと思われる摂津西部の六甲南麓地域に突線鈕式銅鐸が見つからないのは、大きな謎である。松帆銅鐸が埋められ、桜ヶ丘銅鐸も埋められた後の、大阪湾岸一帯の弥生後期から古墳時代への道のりをどのように描くのか。この地域にとって多くの解明すべき課題がまだ残されている。

（註1）田中　琢　一九七〇「「まつり」から「まつりごと」へ」『古代の日本』五、角川書店

（註2）春成秀爾　一九八七「銅鐸のまつり」『国立歴史民俗博物館研究報告』一二

（註3）春成秀爾　一九八二「銅鐸の時代」『国立歴史民俗博物館研究報告』一、寺澤　薫　一九九一「弥生時代の青銅器とそのマツリ」『考古学　その見方と解釈』上、筑摩書房、福永伸哉　一九九八「銅鐸から銅鏡へ」『古代国家はこうして生まれた』角川書店、など。

（註4）南あわじ市教育委員会　二〇一七「南あわじ市松帆銅鐸の放射性炭素年代測定調査成果について」記者発表資料

（註5）埋納年代を正しく示している可能性が高いと判断された4号鐸の四試料中の炭素含有率がほぼ三〇％台であるのに対して、「異常値」となったほかの四試料では一五％未満であった。

（註6）前掲註3寺澤一九九一文献、一八二頁

（註7）都出比呂志　一九八三「環濠集落の成立と解体」『考古学研究』二九―四

（註8）馬淵久夫・平尾良光　一九八二「鉛同位体比からみた銅鐸の原料」『考古学雑誌』六八―一

（註9）難波洋三　一九八六「銅鐸」『弥生文化の研究』6道具と技術Ⅱ、雄山閣

（註10）近年、突線鈕式銅鐸の破片出土例が増えているが、出土地域にもたらされた完形鐸が存在意義を失い、改鋳用の地金に回される過程などで生じた破片である可能性があり、表に加えている。

（註11）福永伸哉・近藤勝義　二〇一四「突線鈕式銅鐸破砕プロセスの金属工学的検討とその考古学的意義」『纒向学研究』二、桜井市纒向学研究センター

破片銅鐸に三遠式のものが僅少である点は、近畿式との扱いの違いを示唆しており興味深い。三遠式鐸には内面突帯の摩滅したものがまま見られ、扁平鈕式までと同様に聖なる祭器として扱われていた可能性や、破砕して地金に転用する扱いがおもに近畿式の分布圏の中で広まったものであった可能性などが考えられる。

（註12）銅鐸を細片にするには、摂氏七〇〇度以上に加熱して金属組織の構造を変えることが効果的であるという実験結果が註11文献で示されている。銅鐸の細片化が偶発的なアクシデントによるものでなく、明確な意図のもとに行なわれたことがうかがえる。

紀元前の弥生社会における最古の銅鐸埋納

森岡秀人

一　松帆銅鐸が投げかけるもの

松帆銅鐸の出現は、銅鐸自体の研究と弥生時代社会の理解をめぐる問題に新旋風を巻き起こした。発見よりすでに四年近くの歳月が流れたが、発見の第一報の入った翌日に淡路島に向かって実見した直後から、その埋納時期については、さまざまな推考を巡らせてきた。紀元前の弥生社会に遡ることを即座に予測し、全国で最も古い銅鐸埋納になると考える危うい仮説を早々と立てた。二〇一七年六月に発表された放射性炭素を用いた自然科学的年代の測定結果は、その立証の一つになったと判断するし、鉛同位体比分析による鉛産地の同定成果もそれを裏切るものではなかった。銅鐸の埋められた年代が自然科学の方法で初めて解明できたことは、日本考古学史上、画期的なことと言える。今までにない初めての試みであり、松帆銅鐸の年代に関するデータは考古学界に波紋を呼んだ。すなわち、淡路島が銅鐸のマツリを早々と終え、最初に埋納に至ったとする仮説の真偽をめぐって、色々と考える大きな契機となるだろう。

今後、より多くの出土例で検証が積み上げられ、大量銅鐸の多段階埋納の問題が裏付けられることに期待を寄せるとともに、現状においてどのように考えればよいかについて二、三立項し、述べたい。過去、銅鐸の埋納祭儀が始まる年代については、定説がみられる。弥生時代中期末〜後期初頭と同後期末という二段階埋納説が最有力学説であり、多くの考古学者が今なお唱えている。[註1] この説は私自体が一九七〇年代に早々と提唱したので、[註2] 後押しされる形となった。当時の年代観に則するなら、紀元二世紀末（倭国乱後）と同三世紀末（古墳時代開始期の直前）と考えたが、その後動いてきた現今汎用の実年代観に照らせば、紀元一世紀初頭と同二世紀後半〜末頃に相当しようか。この二段階埋納説は多くの賛同を得て今日根強い見解となっている。したがって、発表された「松帆年代」は銅鐸埋納の古さに関わる新たな議論を生み出し、その時期と場所と背景となる社会変化をめぐって大きな論争となる気配である。銅鐸が年代論争の俎上にのぼり、日本列島における紀元前の弥生社会の体質も根本から見直される必要がある。

以下では、銅鐸埋納年代遡上論の立場での私見を展開しつつ、紀元前の弥生時代像について二、三言及する。

二　推測通りとなった松帆銅鐸の埋納年代

(一) 銅鐸二段階埋納説の流布

銅鐸の埋納は少量の土器が伴い、埋納坑基盤層に含まれる土器や埋納坑を覆う遺物包含層の土器を頼りに相対的な時期が推定できる場合がある。しかし、わずかな資料であり、本来年代が不詳であるため、決定的な時期については拠り所がきわめて少なかった。四〇数年前に多数まとまる埋納が二段階（弥生時代中期末と後期末）にわたるケースを考えたが、それは銅鐸そのものからよりも、銅鐸発見地周辺の遺跡の時期や消長（とりわけ高地性集落）、物資交流ルート、銅鐸保有集団（大規模農耕母集落、大型環濠集落）の解体現象、低地性遺跡出土土器の高所遠隔地移動範囲に便乗する動きをはじめ、すべて銅鐸自体とはかけ離れた考古学上の状況証拠が論拠となっていた。

当時は弥生時代末の一括埋納をもって新しい国の建設、古墳時代の開幕を唱えた小林行雄説[註3]よりも複雑な銅鐸埋納を予察したことになり、二段階埋納説はその後、数名の研究者が強く主張している。し、銅鐸発達型式の組合い方、頻度のセリエーション分析もその有効性を如実に示していた。多数埋納銅鐸を通覧しても、大きくは古いグループと新しいグループに分かれ、社会変化の大画期と合致している。かつてそれを「桜ヶ丘型」と「大岩山型」と名付けていた。[註4]松帆銅鐸の埋納年代測定値により、安定度の高い定説となっていた二段階埋納説が大きく瓦解し、急遽変化して撤廃すべきものではない。提示をみた松帆の科学年代値が紀元前に活動していた銅鐸を埋納する事案すべてに影響しているわけではない。現状では、むしろ孤立しているとみるべきであろう。しかし、考古学的にみても松帆銅鐸はこれまでにない古い埋納のありようを示唆しており、自然科学的分析を俟つまでもなく、これまでの銅鐸の多数埋納より先行する様相をいくつも見せていた。不測の発見とは言え、銅鐸にはその古さを思わせる観察を加えていた。

(二) 紀元前埋納を予見した理由の二、三

松帆銅鐸の埋納坑に関わる証左はきわめて乏しい。位置や大きさなどはもとより配列や弥生土器の共伴関係など謎のままである。しかし、私は銅鐸理解の従来説に抵触が多々あると出土時に直感した。考古学的な現有諸情報を整理しただけでも、今までとは異質な古い要素をいくつも発信していると考えたからである。「多段階埋納」を想定し、その第一段階埋納の蓋然性高い「初発」の実例が松帆銅鐸とみたわけである。つまり、一括に多数埋納される場合も二つの段階だけでなく、多くの段階があり、松帆の銅鐸群は最も古い様相が看取されると予測した。

根拠を再掲すると、以下のごとくである。①埋納場所の特異性（砂地の海浜部、浜堤）、②銅鐸の型式、組み合わせ（最古、古段階鐸）、③その予測される埋納姿勢（平置き姿勢か?）、④仕来り的な銅舌の伴い方、古式の埋め方（使用状態をよく保つ）、⑤鈕や舌と関わる紐などの実用的存在、⑥近畿圏でも北部九州に最も近い地理的位置（近畿西辺、近畿へのゲート）、⑦鉛同位体比分析値の朝鮮鉱山産系「ラインD」への集中、非中国華北産前漢鏡系などであり、大半の属性はこれまでの銅鐸埋納に比し、イレギュラーが多い点として整理できる。

考古学上、長期間にわたって消長を遂げる器物や遺構、文化様相

には、最初期に異質な要素・部分が短期間なれども姿をみせ、その後、大きく変化して安定するような変遷を示すケースがしばしばある。例えば、陶質土器と須恵器の日本化との関係や初期前方後円墳と定型的な前方後円墳の関係などがその一例である。銅鐸もその初現的な兆候を持つものがこの松帆例だと思われた。ただし、それらの事象は年代そのものを積極的には語ってはいない。あくまで埋納の属性として古いと解釈しているだけである。炭素年代はそれを裏付ける成果となった。

三　青銅器生産体制モデルの推移と紀元前の近畿弥生社会

(一) 水田稲作の近畿圏到達と年代の古さ

松帆銅鐸の埋納が紀元前三世紀頃に果たされたと考えた時、その使用期間の短さがまず問題となるであろう。その必然性が一体どこにあるのか。ここでは、その前提として前後する時期の近畿弥生社会の動きと青銅器の生産動向について少し整理を加え、銅鐸多段階埋納を想定する社会背景をみておきたい。

近畿の初期農耕集落は、大阪湾北岸や河内潟沿岸部に根を下ろした。神戸市本山遺跡や東大阪市若江北遺跡、四条畷市讃良郡条里遺跡などが近畿最古の遠賀川式土器の存在を示しており、AMS法炭素年代は、紀元前六〜七世紀を示している。現状では環濠が認められず、水田稲作やキビ・アワなどの雑穀を導入した段階は、「無環濠着床期」として括ることができる（図1）。径一〇〇メートル前後の環濠が居住域を囲む大開遺跡（摂津）・田井中遺跡（河内）・安満遺跡（摂津）・雲宮遺跡（山城）・堅田遺跡（紀伊）などはすべて後出する初期農耕集落であり、一線を画する（図2）。こうした前期集落が発達してそのまま環濠を肥大化させたわけではない。多くは弥生中期に入って微妙に立地点を変えており、大規模環濠に肥大する環濠集落が出現する時期は、凹線文土器が出現する時期（Ⅳ様式―第一小様式、以下では四―一と略す）であり（佐原真によるおおむねⅢ様式新段階）、近畿弥生社会の再編の動きが紀元前のこの頃にも大きくあった点に注意を促したい（図3）。この画期こそ第一段階に最古的様相の銅鐸の一群が先行埋納されたとみたのである。凹線文段階の土器の経過時間は最近のAMS法炭素年代ではおよそ二五〇年に及ぶこと、前期末、中期初頭の時期区分年代値が樹木セルロースを用いた酸素同位体比測定値でもAMS炭素年代でも紀元前三八〇年前後になること[註5]を勘案すれば、凹線文使用期間の間延び自体も銅鐸の初めての埋納年代の連動を促すため、遡ることになる。松帆のような最初期の銅鐸埋納が行なわれてから、近畿は本格的な凹線文盛行期の弥生社会へと向かい、初期鉄器定着社会に突入すると考えられる。

公表された松帆4号鐸の安定した部分の科学的年代は、主唱してきた銅鐸の紀元前埋納と非常に馴染むものであり、私見との擦り合わせからは違和感はほとんどない。弥生中期中頃の埋納を考えてよいであろう。紀元前の四〇〇年問題もクリアーできる年代位置にある。大局的には松帆銅鐸の推定埋納年代を前提として、今後は紀元前の早い時期に銅鐸を早々と埋めることを考慮すべきことを教えている。従来、単体埋納では予測してきたことであるが[註6]、弥生社会の構造変動や画期を詳細にみる研究は日々進化を遂げており、土器研究や年代研究、銅鐸研究などが互いに親和性を強め、より調和が採れる段階に達したと理解する方が至極自然と言えよう。

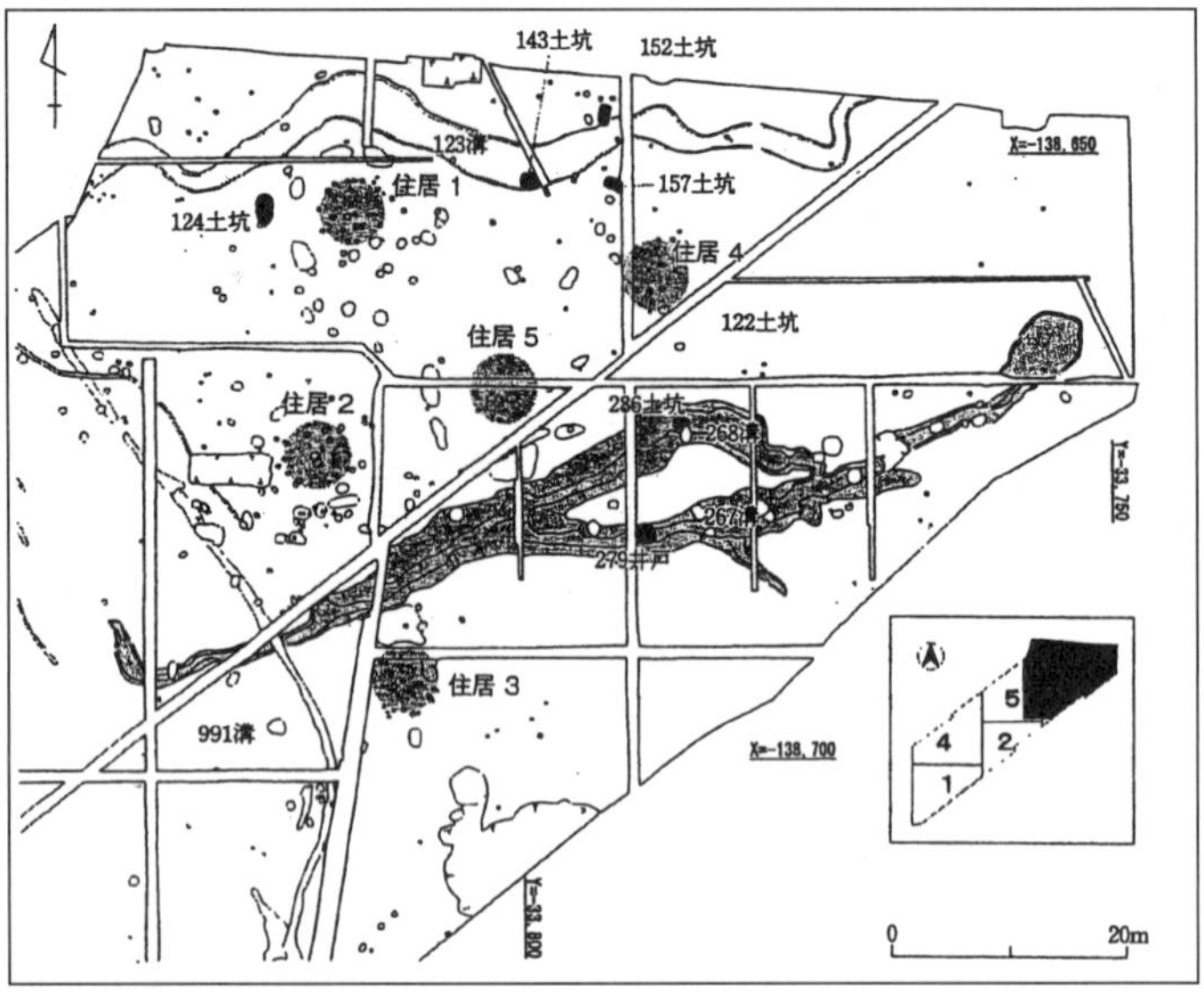

図１　無環濠着床期の集落構造
（大阪府寝屋川市讃良郡条里遺跡）

紀元前６〜７世紀、東伝してきた初期稲作農耕は、大阪湾北岸から河内潟沿岸部に定着する。最初期の農耕集落は環濠を造らない時期がしばらく続き、最古の遠賀川式土器が出土する。（前期前半）

（中尾智行・山根　航 編 2009『讃良郡条里遺跡』Ⅷ、財団法人大阪府文化財センターから）

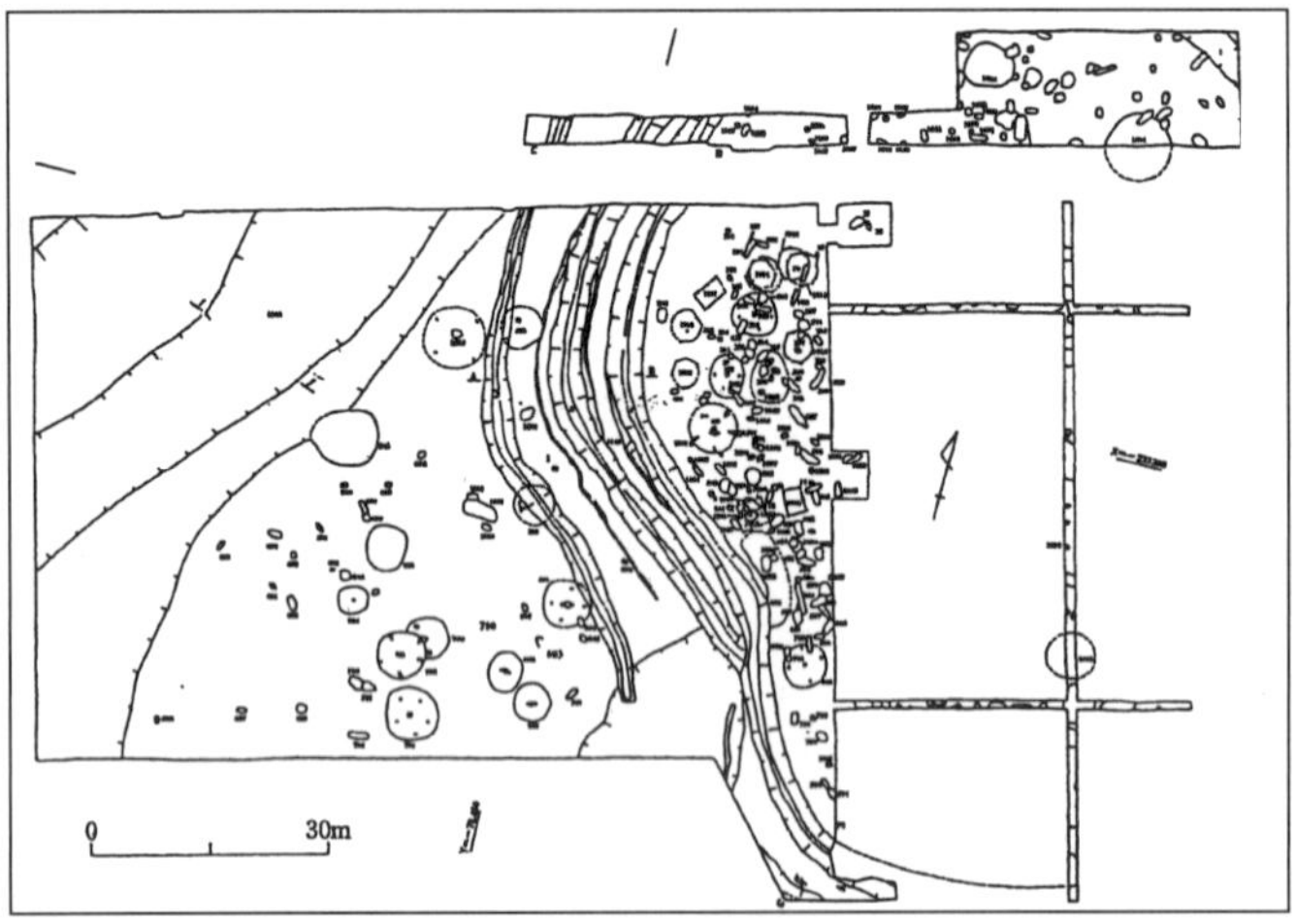

図２　単純環濠点在期の集落構造
（和歌山県御坊市堅田遺跡）

近畿周辺部でも中央部でも前期中頃〜後半には、環濠が居住域をめぐる基本的構造の農耕集落が増加する。堅田遺跡では、それに先行する松菊里型竪穴住居を中心とする初期集落が定着する。

（川崎雅史ほか 2002『堅田遺跡』御坊市教育委員会・御坊市文化財調査会から）

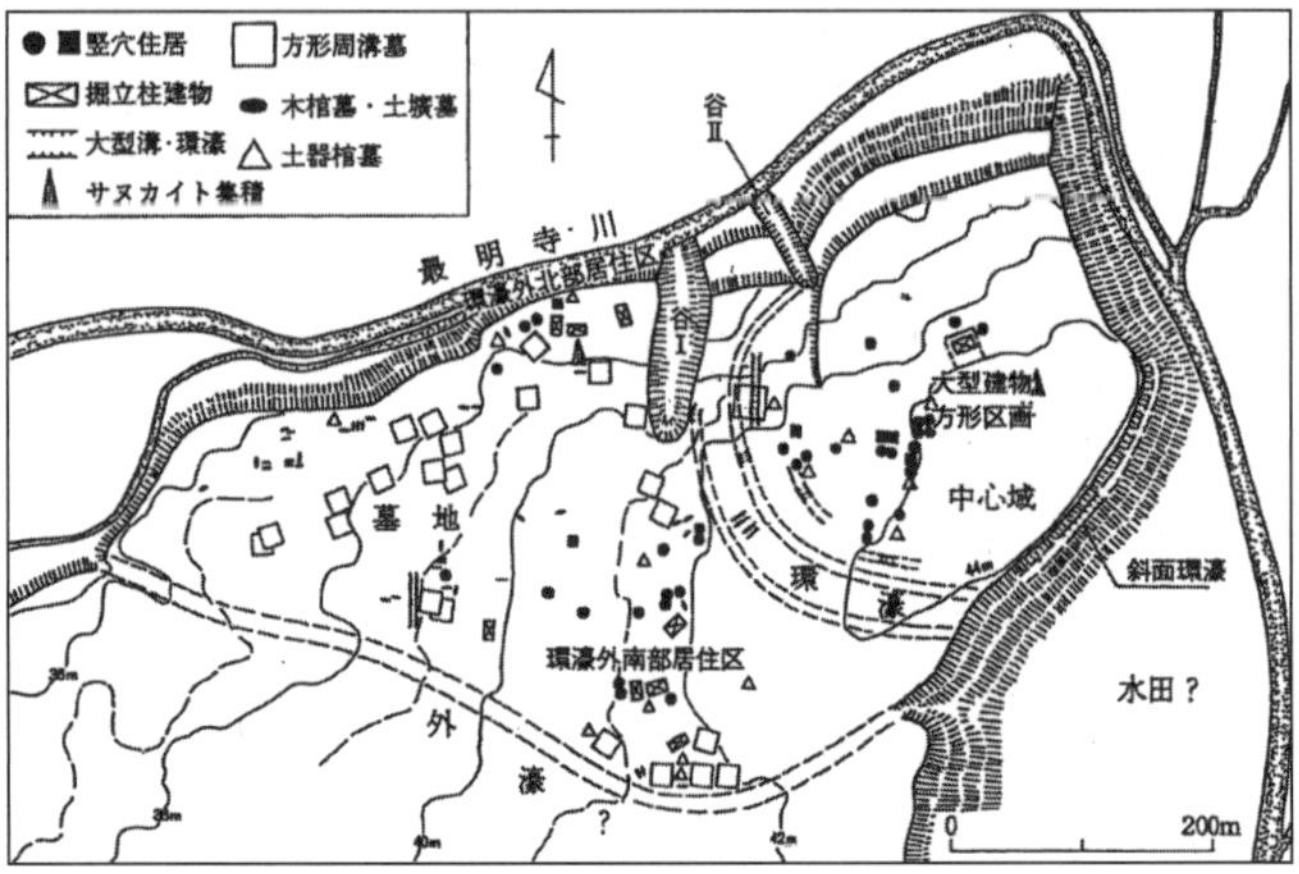

図３　肥大環濠成立期の集落構造
（兵庫県川西市加茂遺跡）

中期中頃〜後半、近畿の環濠集落は拡大し、長径数 100m 以上のものが目立ってくる。居住域・墓域と生産域を区分し、中央や高所には大型掘立柱建物などの施設群も構築される。

（岡野慶隆 2006『日本の遺跡８　加茂遺跡』同成社から）

（二）環濠集落の発達を基軸とした社会変化と青銅器生産構造の画期

紀元前の段階、近畿地方の最古の弥生集落の性格について少し触れたが、その後の流れをみておくと、①無環濠稲作着床期→②小環濠点在定着期→③小環濠複数集住期→④肥大多重環濠発達期といった変遷モデルを示すことができ、周辺集落が連関しながら多様な展開を示す。近畿北部の凹線文という高速回転技術によって製作された土器は、おおむね肥大多重環濠発達期と重なる。奈良県唐古・鍵遺跡や大阪府池上曽根遺跡、兵庫県加茂遺跡、滋賀県下之郷遺跡などの集落動向の挙動は④の時期にそれをよく反映しており、紀元前の終わり頃の弥生社会が拠点的集落の集住性と巨大性を柱に、物資流通構造を整え、生産構造の相互補完を行なっていた。この共栄していた姿を中期段階での完成形とみなすことが可能である。その段階に活躍した銅鐸は、扁平鈕式古・新段階が中心であったとみられる。併行期の大阪府茨木市東奈良遺跡や唐古・鍵遺跡などでは、銅鐸やほかの青銅器の鋳型が石製から土型への移行を示し、突線鈕1式までの製品を限界として、製作工房を解体させ、集落本体とともに衰退傾向をみせる。東奈良遺跡でみつかっている銅鐸を描いた絵画土器（大型の壺）は凹線文盛行期でも文様解体の起る末期のものであり、初期突線鈕式鐸を画題としているように見える（図4）。

続いて後期に入ると、近畿各地で小型品の個別分散的な生産集団が新たに成立する。銅鐸生産とは別に銅鏃や小形仿製鏡・小銅鐸など小形製品を中心に自家供給的に作りはじめたのだろう。短期間の消長をみせる遺跡が多いように思われる。大阪府古曽部・芝谷遺跡、楠遺跡、芝生遺跡、郡遺跡、兵庫県玉津・田中遺跡などでは、低地や高地で小規模な青銅器工人を集落の一隅に確保していたようだ。紀元後の社会状況に入るため、小稿では細かく触れないが、銅鐸の生産集団は近畿式の生産を目指し、山城・近江など近畿北部に移り、三遠式銅鐸なども近江から美濃、そして尾張へと製作工人が東の世界に移動、展開したものととらえている。中・南河内・大和など近畿中枢部を外す注意すべき動きと考えており、大和川水系より淀川流域の果たした役割が大きいとみている。最近確認された大阪府摂津市明和池遺跡の後期中頃～後半の青銅器鋳造工房の存在は看過できない証左が明るみに出たというべきだろう（註7）。銅鐸生産に関与したことも窺わせており、東奈良とは異なる摂津系工人がその後の銅鐸生産では重要な役割を果たすことになるかもしれない（図5）。清水邦彦の近年の研究・関心は、銅鐸鋳造の道具の一つである送風管の形態比較やガラス勾玉作り鋳型の分布状況から、

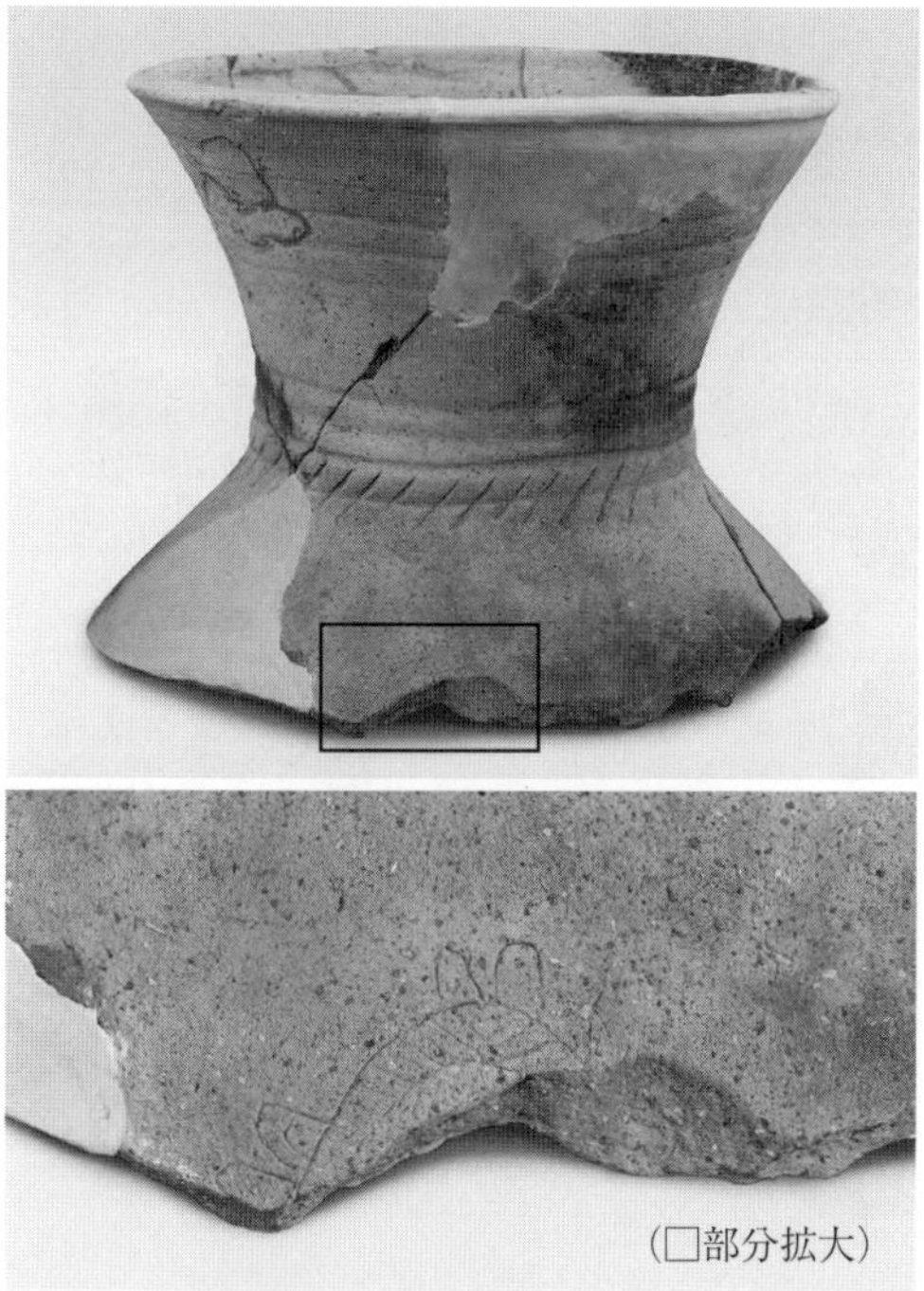

図4　東奈良遺跡出土の銅鐸を描いた絵画土器
（茨木市立文化財資料館所蔵）

東奈良遺跡の青銅器工人を起点とした東海方面への繋がりを実証しつつあり(註8)、早晩、後期新段階鐸の生産基盤が難波洋三の銅鐸群製作系譜研究(註9)や私の土器流通、集落消長の研究とドッキングし、近畿南部とは別格の近畿北部→東海西部→同東部の後期主幹線の銅鐸生産グループの流れが復元できる見通しが立ってきた。大和・中・南河内は古墳時代前期以降、古代国家形成に向けて重要な働きを示すが、こと弥生時代後期のステージで考えれば、青銅器生産や鉄器生産の上で他地域を完全凌駕するような躍動性や進化を窺うことはできない。

後世、大型前方後円墳や都城の集中地になる近畿中枢部の他の追随を許さない一貫した発展史観(註10)は、青銅器生産の不連続など、弥生後期の社会情勢を検討すれば、勢い危うい所論となるだろう。この問題は、鉄器に関しても同様であり、とくに大和では前期古墳の莫大な副葬鉄器量に比し、弥生後期の集落出土鉄器の貧困さは雲泥の格差を見せつける。

(三) 青銅器生産諸階梯における松帆銅鐸の生産と埋納

以上概括した近畿弥生社会において、青銅器生産体制はどのように整合が取れるのであろうか。大阪湾岸を要とする集落動向①～④の段階発展に沿いながら、分析を加えてみたい(図6)。

まず、①の段階は本山遺跡、讃良郡条里遺跡、若江北遺跡などの遺跡で検証できるが、最古相の遠賀川式土器が示す時期(紀元前六～七世紀)で、弥生時代前期初頭～前半に属する。青銅器や鉄器の生産活動はまったく認められず、当然銅鐸も出現していない。前期中頃・後半を中心に広範にみられる②の態様は、田井中遺跡や大開遺跡、雲宮遺跡の存在に明瞭だが、やはり近畿弥生人は金属器の生産活動は始めていない。ただし、長岡京市雲宮遺跡では、注目すべき焼土塊などが検出されており、和歌山県御坊市堅田遺跡と並ん

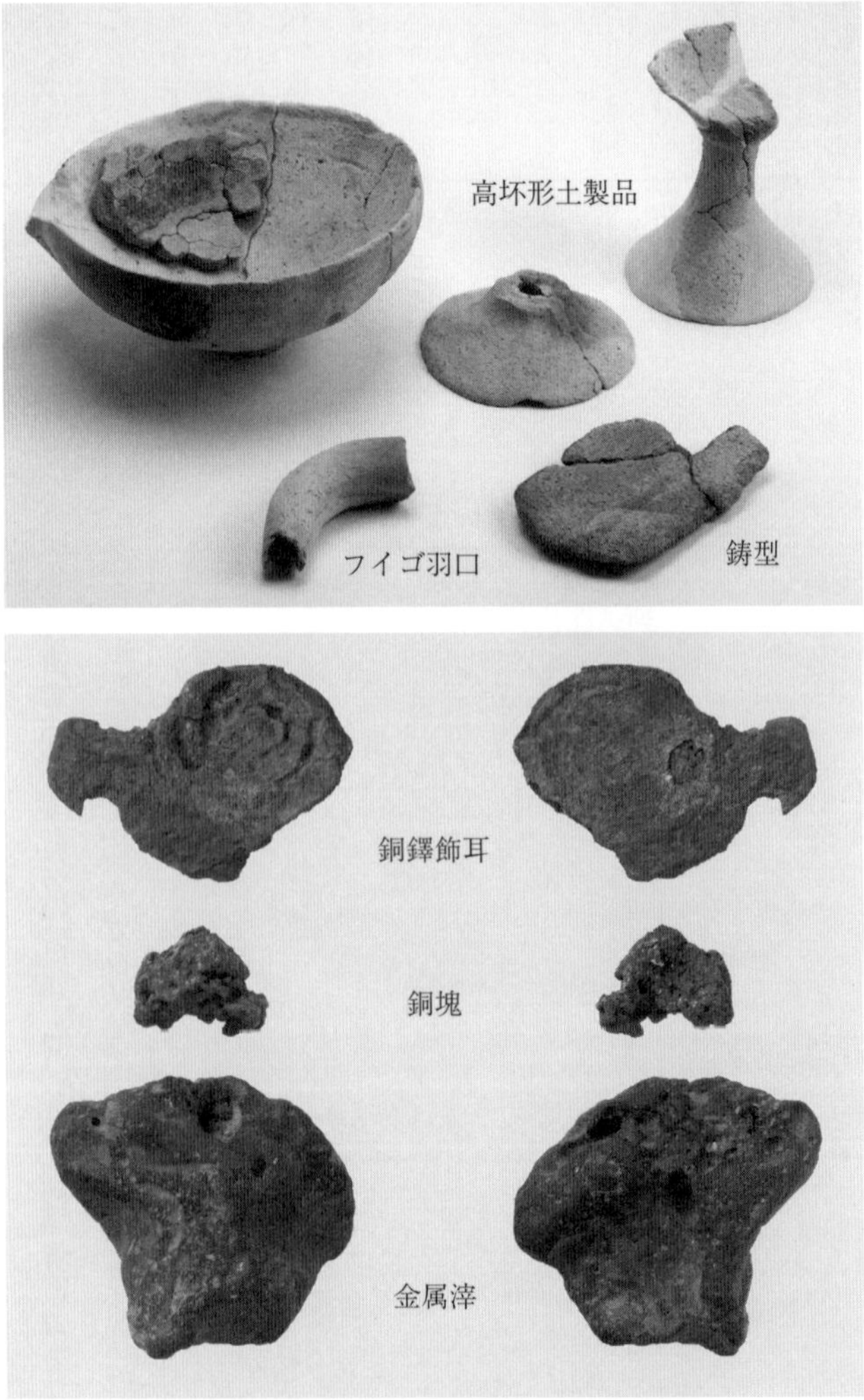

図５　明和池遺跡出土の青銅器生産に関連するとみられる遺物(摂津市教育委員会提供)

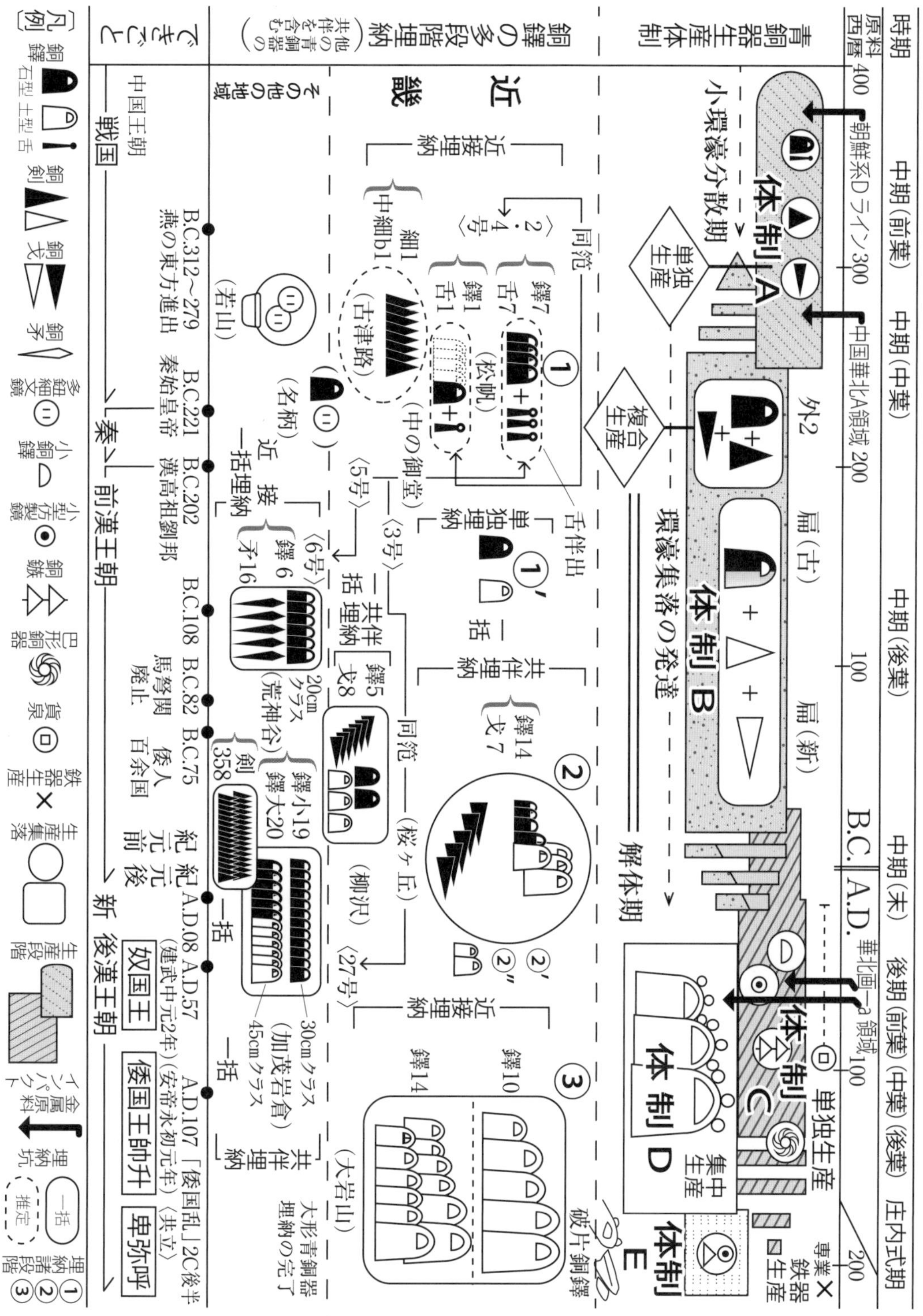

図6　近畿地方の弥生時代青銅器生産体制モデルと大量銅鐸の多段階埋納時期の推定

で、該期については今後も検討が必要である。紀元前四～五世紀のことであろう。③は問題になる時期で、前期末～中期前半の集落動態が反映する。[註11]国立歴史民俗博物館研究グループ提示の年代観は、弥生前期末～中期初頭の上限を紀元前三八〇年頃に置いており、樹木セルロースを用いた酸素同位体比年輪年代でもそれを前後する年代データが出ているから（奈良県中西遺跡）[註12]、銅鐸の製作が始まったのはそれ以降の頃とみたい。③期後半に併行する兵庫県田能遺跡（銅剣）、雲井遺跡（銅戈か、未使用）などでは石製鋳型が凹線文出現以前の中期前半土器を伴って出土しており、銅鐸以外の青銅器の単品生産体制が知られる。京都府鶏冠井遺跡なども本期に該当しよう。実態を説明するだけの資料はまだまだ乏しいけれど、③期併行段階の青銅器生産は集落規模に見合った製作種類に制約のみられる姿で、近畿が武器形青銅器を創出しつつあった段階ととらえることができる。銅鐸も菱環鈕式段階と外縁付鈕1式段階のもの（全部ではない）が基本的なもので、難波によれば、鋳掛け修理などはかえって少なく、製品を溶解させ、丸ごとやり直したことも考え得るという。[註13]銅鐸生産が軌道に乗り、各地の需要が増えて量産される段階以前とも判断され、古い段階では、急ぎのない丁寧な製作方法が採られていたのかもしれない。ちなみにこの初期段階鐸は鉛同位体比分析法では朝鮮鉱山系ラインD付近に落ち着くデータとなり、淡路の松帆銅鐸もこの③段階の製作品になる成果を得ていることを付記しておく。[註14]

紀元前三～一世紀が中心となる④の階梯は、近畿の弥生集落が膨張し、酒井龍一の巨大環濠を要とする同心円構造モデルや近年、若林邦彦が主張する密度の高い基礎集団（単位集団概念とは異なる生産域を伴う二〇棟近い居住集団）の集合体（複合型集落）に相当する。[註15]〔銅鐸＋銅剣（銅戈）＋銅鏃＋（銅釧）＋ガラス玉ほか〕といった品目組成の小異はあっても複合生産体制が確立したモデルが描け、拡大した居住域における生産の場は固定的、限定的（居住域端部専有が多い）であったにせよ、より専業度の高い分業生産が志向されたと推定される。当然、生産用具（坩堝・取瓶など高坏形土製品、鞴の羽口ほか）も明確に、かつ多数伴う傾向が認められ、青銅器生産の中枢が大型集落の内に安定的な姿で形成され、自家供給品に限らず、他集落や遠隔地運搬の余剰銅鐸までも生産し、一定のストックも生み出していたと考えられる。茨木市東奈良遺跡、田原本町唐古・鍵遺跡、東大阪市鬼虎川遺跡などを典型的なものととらえ、大阪府長原遺跡東部地区なども性格の検討が必要だろう。その反面、兵庫県加茂遺跡や大阪府安満遺跡のように、④の段階の大規模集落でも打製石器や磨製石器の生産に比重を置いた例が散見され、材質や目的に応じた器物生産活動の複雑な互恵社会が展開する。長い新石器時代の終焉的で活発な石器生産活動を示す弥生文化と金属器文化が始動しはじめて青銅器生産が多面化する弥生文化が複合する紀元前の社会の二つの姿態が並存する状況を投影していよう。

ただし、前述したように、④の時期の本格的な弥生大形青銅器の生産モデルは、金属器社会の全面的開花の容姿を示すものの後期にはいったん途絶するので、古墳時代にはそのまま継続しない。青銅器工人集団の組織編成や技能継承問題など生産工程の隘路がボトルネックのようにあったのかもしれない。近畿南部と近畿北部の弥生社会の思惑は、紀元後に舵取りが大きく変わっており、かなり注意が必要と思われる。前述したように、青銅器生産の主導力や牽引力は近畿南部から近畿北部に比重を移し変えており、紀元後に突入する後期社会での様変わりは著しい（図6）。

四　ほかの銅鐸多数埋納も紀元前の年代が与えられるのか

瞥見した近畿の分析を踏まえ、松帆銅鐸は先にみた近畿弥生集落が抱えた青銅器生産体制のうち、③の段階に入って製作され、おそらくは③と④の過渡期に丁寧に埋められたと想定される。近畿中央部の各所に巨大な環濠集落が成立する弥生集落の再編期に該当し、多くのムラムラに離合集散の動きがあったと考えられる。この時期に規模を縮小したり、煙滅したりする集落も実は多く、一定の整理が古い銅鐸群にも加えられた蓋然性は大きい。松帆銅鐸は③の期間に限り活躍したと考えるのが私の仮説的な解釈である。

とはいえ、松帆の評価に準じて、柳沢（長野県）・神岡桜ヶ丘（兵庫県）・加茂岩倉（島根県）・荒神谷（島根県）の大量青銅器出土地の埋納年代全体もスライドして上昇するのであろうか。答えは否である。それは古相のグループに見える荒神谷（島根県）の場合でも、伴出武器形青銅器の銅矛の型式と一部銅鐸に中国原料が加わってくることから考えて、松帆とは同一視できないだろう。その点では、松帆銅鐸の意味する埋納年代は現状では類例なき存在と言え、先に指摘した考古学的様相からも、紀元前という古い部分で孤立化を招いている。すなわち、銅鐸の埋納は何段階もあったのであり、生産年代と大きな時間差を生じない早期消費の一形態（埋納）を証するのが松帆銅鐸という受け止め方をしている。「多段階埋納」が大量銅鐸出土の場合に適合されると、単数埋納や二個および二個以上の埋納についても、埋納時期が複雑化することが予想されてよい。現実に私は、埋納姿勢・作法の伝承には、こうした少数埋納行為が各地で実修されたとみている。銅鐸の埋納姿勢のうち、鐸身左右の鰭を上下の関係にして狭い土坑の中に納める方法は、占める比率も非常に高く、遠隔の地同士でも貫徹されており、互いに酷似している。また、その埋納姿勢の年代も四〇〇年以上続いている可能性がある。そんな作法は意識的に伝えていかなければ、時間空間を大きく乗り超えての実現は不可能であろう。単発にその仕来たりといったものを伝承するための単独単数の銅鐸埋納儀礼が各所できっとあったに違いない。そう察するのである。

五　紀元前の弥生社会に存在した銅鐸埋納と淡路島における銅鐸生産の可能性

以上のように、松帆銅鐸の埋納時期にはすこぶる親近感を持ち、科学年代の値もやはり支持するものとなった私自体は、測定数値が公表されたこの成果を大きく評価している。ただし、一言加えれば、私の想定した時期は科学的な年代とは異なる「考古年代」の提示であったため、秦末～前漢初頭期に併行する時期を限界としていた。また、紀元前六〇〇年頃に縄文晩期突帯文土器（長原式後半期）にかぶる遠賀川式土器の誕生、紀元前三〇〇年前後に弥生前期・中期の界線を引く近畿年代観の私見によっているのが実情だ。さらに、大陸側の中国前漢文物・金属原料との直接接触の有無なども注視していた。したがって、昨今、近畿地方の凹線文土器段階の土器研究が進んで六型式の推移も見込まれるようになってきた地域があるので、Ⅳ―1期までの銅鐸埋納初発段階を肯定するなら、科学年代と考古年代の齟齬はより縮まることも考えられてよく、弥生社会の変質のピッチや土器の小様式幅、時期区分の年代学的枠組み編成作業とも協働して銅鐸埋納を考えていかねばならない調査・研究段階に入ったことを実感する。今後の進展を待つ必要があるが、歴博年代の最近の実年代割り振りに目をやれば、凹線文土器使用段階の年代が二八〇年ぐらいに伸長しており[註16]、少なくとも紀元前三世紀の中頃にその発現を上昇させることも不可能ではない。先にみた集落変遷④の段階が引き伸ばされ、③の時間幅が短縮する。松帆銅鐸の生命も俄然短くなり、島内外からこの目的の場所に集められた速さがあらためて問われるのである。

菱環鈕1式・同2式鐸は、中川原出土隆泉寺所蔵鐸および松帆銅鐸と淡路島内に完形品の系譜的出土があり、銅鐸の始まりを考える上でこの島がきわめて重要な位置を占めると考える。日本列島では、出雲・播磨・山城・越前・伊勢・尾張と近畿外周部に散発的に当該期関係資料の出土が確認される状況にあっては、松帆銅鐸の分布地図上の増加はやはり注目すべき傾向を帯びていよう。菱環鈕式鐸の生産から埋納までを予測できる地域の一つでもあり、銅鐸初期生産において各地で多元的な生産活動が開始されていたにせよ、淡路を特別視しておく要件が整ってきた年代観と判断している。疑心暗鬼に思っていたことがらが一気に氷解してきた感がする。

隆泉寺所蔵鐸については、南あわじ市教育委員会の依頼で二〇〇二年に原寸大実測図を作成したが、その時の感触を頼りに、松帆1号鐸は、一世代か二世代後の同系統の工房で製作された二区横帯文鐸と想定している。ロールモデル（規範となる人）がすでに島内に存在し、最古の銅鐸作りが始まっていたと考えられる。難波洋三の優れた研究により、わずか一二例程しかない菱環鈕式鐸関係資料も数型式に分けられるが[註17]、その数がそのまま年代的に縦連鎖するものではなさそうだ。先に触れた関係資料の分布は、後世「畿内」となる地域の中枢部とも言える大和・河内や摂津を外して遠隔地に点在しており、淡路島南部における二例も大阪湾を隔てた場所にあり、かつて評価されてきた「畿内」弥生社会の一統的な創造的発展[註18]の産物ではない。近畿中心部に位置する「畿内」における生産と広範囲な流通を説く向きもあろうが、この時期（弥生時代中期初頭前後）の社会統合が初期銅鐸の生産と流布を容認し得る程度にまで進化を遂げていたとは思い難い。銅鐸作りを覚えた工人による稲作伝播と歩調を合わせての移動製作、出張生産のようなこともあり得ぬことではない。また、初期農耕技術の定着地の候補もいくつか含まれる。近畿の中核地域が関与しなくてもよいと考える。

中・南河内や大和の地域の重視は弥生時代後期でも難しいと考えており、古墳時代前期・中期の巨大古墳の築造と分布など、すこぶる政治色の強い記念物の存在状況に短絡的に絡ませて理解する点で、紀元前の弥生社会の発達レベルの観測には馴染みにくい。やはり、最初期の銅鐸製作は、青銅器工人自体がまだ系列的ではなく、山陰・北陸など日本海地域や播磨・淡路・淀川水系など瀬戸内地域、それに伊勢湾岸地域を加えた程度に細切れ、分散的な生産活動に従事していた公算が高く、海域を重視して、西方からの青銅器工人の流入ルートや定着地、渡り的な製作なども反映しているのではなかろうか。つまり根底には、水田稲作の東伝、遠賀川式土器の複数の伝播影響、近畿外周部への拡散などが絡んでおり、その定着の証しの一つが時間的ずれでもって出現したのが銅鐸である。淡路島

南部の三原平野一帯にも、そのような性格が与えられる注目すべき農耕「核」の展開が考えられる。(註19)

六　同笵銅鐸の確認とその評価をめぐって

(一) 淡路と山陰二遺跡の銅鐸埋納に時差はあるのか

難波洋三の観察と分析により同笵鐸の検証が進み、紀元前の弥生社会の地域間関係を考えるための素材も整ってきた。大半が外縁付鈕1式に属する松帆銅鐸には、島内資料や島根県の荒神谷銅鐸・加茂岩倉銅鐸などと同笵鐸がみられ、新たな注目点となった。具体的には、松帆2号鐸―松帆4号鐸―慶野中の御堂鐸（日光寺所蔵）の外縁付鈕1式四区袈裟襷文鐸、松帆3号鐸―加茂岩倉27号鐸の外縁付鈕1式四区袈裟襷文鐸、松帆5号鐸―荒神谷6号鐸の外縁付鈕1式四区袈裟襷文鐸の三グループが同笵銅鐸として確認されている。慶野中の御堂鐸はやはり二〇〇二年段階に実測調査をしている関係から、松帆2・4号鐸との同笵関係は了解でき、松帆3号鐸と加茂岩倉27号鐸は発見段階から写真の比較などで酷似点があったので、これも理解しやすいものとなったが、松帆5号鐸と荒神谷6号鐸との同笵認定は前者が変形を被っているだけに驚きがあった。この三つの同笵関係鐸の存在について、便宜の必要から記述してきた順に同笵Aグループ、同笵Bグループ、同笵Cグループと呼称する。

この同笵鐸のネットワークは各群の形成が同時性の一部を示すと仮定すれば、松帆銅鐸の埋納年代にも少なからず影響を及ぼす。また、紀元前の近畿弥生社会と他地域、とくに山陰地域との関係性を探る上に見過ごせない成果と言える。しかし、同笵関係は埋納地同士の関係を島内（Aグループ）、淡路―出雲（B・Cグループ）を直截には示すが、生産地（銅鐸工房）や使用（祭祀場）が第三の地域・場所に存在する蓋然性も大きく、銅鐸を同じ鋳型（石型）で製作した近畿某所がどこであるかは想定の域外のことである。ただ、Aグループの三鐸については淡路島三原平野周辺の在地生産を考えてみる余地はあるだろう。また、B・Cグループの存在は、使用地から遠隔地への送り先として選ばれた存在とみて、なにゆえ淡路と出雲なのかという問題が浮上する。BグループとCグループの形成は、埋納時期を中期後半～中期末までの期間で、荒神谷鐸→加茂岩倉鐸という順の小時間差を考える私などは、CグループのB松帆5号鐸（鐸身高二三・五センチ）とBグループの松帆3号鐸（鐸身高二一・五センチ）の大きさの明瞭な違いに、供給先である荒神谷と加茂岩倉の埋納目的の銅鐸に対して意識的な選択が働いている証左に映る。すなわち、二〇センチクラスにまとまる荒神谷と三〇センチクラスと四五センチクラスを揃えた加茂岩倉といった集められた銅鐸の大きさの統一感、調達規模が偶発的ではなく、明白に企図されたものと理解できる点が重要だ。加えてBグループは、互いの埋納地においても入れ子の出土状態をみる点で共通しており、このことも興味深い。大小の銅鐸が明確に群をなす場合、こうした入れ子の組み合わせが生じていることは、銅鐸埋納の全期間を通して緩やかに貫徹されている（基本は古い要素とみる）。ただし、同笵銅鐸の構成はすべて外縁付鈕1式であるので、加茂岩倉鐸は扁平鈕式新段階～突線鈕1式の型式まで包括する点が銅鐸群全体の年代を下げており、Bグループの検証自体が松帆銅鐸全体の年代を下降させることはできない。つまり、同笵鐸が生産の時間的接近関係を示唆したところで、埋納の同時性まで暗示することはなく、松帆→荒神谷→加茂岩倉といった埋納の段階差を考えることを妨げないであろう。無論、桜ヶ丘と松帆は地理的に他より近い位置関係にあるが、桜ヶ丘鐸は中期末まで下がる銅鐸組成となっている。先にみた④時期の近畿の紀元前社会を通過しての埋納であったと思われる。

(二) 山陰の埋納地との結びつき

淡路島の銅鐸は推定地まで含めると、伝淡路国出土鐸（尼崎市本興寺所蔵、外縁付鈕2式二区流水文鐸）が加茂岩倉15号鐸と同笵を示し、出雲との関係を窺わせる。倭文鐸は伊勢・神戸鐸、伝大和国出土鐸、河内・恩智垣内山鐸と同笵関係にあり、東の地域、近畿中央部や伊勢湾岸との世界と繋がる。山陰との関係では、摂津と因幡との同笵関係が桜ヶ丘1・2号鐸―泊鐸、摂津と因幡・出雲との同笵関係が桜ヶ丘3号鐸―上屋敷鐸、加茂岩倉31・32・34号鐸に認められ、中国山地越えのルートが低所を選びつつ設定されたようである。すでに東奈良遺跡出土の第3号流水文銅鐸鋳型で製作された銅鐸が豊岡市気比3号鐸として運ばれているので、山陰ルートはかなり前から知られていた。その銅鐸は東奈良から使用地という中継地を経て、気比の地へと向かった。経由の場が一ヵ所とは限らない。弥生中期を通して段階的に山陰に運搬されたものと考えている。大阪湾岸地域と淡路島の銅鐸は、紀元前の弥生社会において、山陽道より山陰道とより強く結びついているようにみられるが、弥生土器など日常土器の交流に反映しているわけではなく、同笵関係のない銅鐸を含めて考えれば、なお続考を要する問題であろう。

七　青銅器文化の伝来、定着と紀元前の近畿弥生社会

(一) 遠隔埋納ととらえる視点

以前に、銅鐸の生産・使用・埋納については、同じ土地での連続的な展開を考えない方がよいとする見解を出し、その個数を旧郡単位などで比較することの難しさを指摘した。[註20] 生産地を離れて使用され（農耕祭祀地）、さらに遠隔の場所に埋納されるケース（非農耕適地）を多分に考慮したわけだが、同笵鐸の存在については、生産の一点のみが時間的共有関係を持つということに過ぎない。荒神谷や加茂岩倉、さらに長野県中野市の柳沢などの出土地は、紀元前に生産・使用された銅鐸が遠距離移動した例と言える。神戸市桜ヶ丘例は近畿型銅戈を多数伴っている点で柳沢例に類似するが、柳沢からは九州系銅戈まで出土しており、青銅器の運搬距離としては異常なほど長い。また、桜ヶ丘より少しは先行する埋納の可能性も高い。近畿式銅鐸、三遠式銅鐸の段階では、金属原料の流通に諒解関係の保てる地域までは移動目的を達成することができたかもしれないが、紀元前の弥生社会を前提に考えれば、埋納現象の広がりに驚かざるを得ない。中距離型にみえる桜ヶ丘の場合、製作系統・型式に相当乱れが認められ、寄せ集め的とも指摘される状況が認められる点は、[註21] その集結の緊急度が思料されよう。淡路西海岸と同じ意味合い、あるいは追補する形で表六甲の地が選ばれた可能性は考えられてよい。近畿中央部の弥生社会からみて、淡路・西摂への銅鐸運搬と埋納は少なくとも二つの段階差、日常的でない複数の有事的変動を有していたと言える。しかし、一括埋納で共通するもののその性格には明らかに懸隔の様相をみせる。

（二）埋納地におけるほかの青銅器との共存関係

外縁付鈕1式鐸は、紀元前三世紀頃に北部九州に伝来してきた多鈕細文鏡（第Ⅱ型式）と奈良県御所市名柄遺跡で共伴関係が推測される。朝鮮半島伝来の鏡は墓の副葬品ではなく、近畿では埋納品に転化している。この組み合わせは、銅鏡が組成するものの、松帆銅鐸の埋納年代を紀元前三世紀あたりまで引き上げることを可能とさせる考古資料として再認識すべきである。名柄鏡は北部九州の若山1・2号鏡に類似する。従来、これも中期末に下げての東伝青銅器と目されることが多かったが、埋納年代に関しては再度の検討が促されよう。多鈕鏡の近畿への早期伝来も銅鐸の埋納年代を古くする方に導く。現在のところ、近畿では前漢鏡が確実に弥生時代中期末に遡って伝来した形跡をとどめていない。紀元前の近畿弥生社会に初めて東伝を果たした銅鏡はおそらく凹面鏡の多鈕細文鏡であり、それは後期初頭～前半に流入してきた前漢末の四虺文鏡（和歌山県滝ヶ峯遺跡、愛知県名古屋市高蔵遺跡など）にかなり先行するものであったろう。参考までに付言するが、近畿弥生人は擬銘帯を持つ神戸市青谷鏡を時間的トップに近畿系譜の重圏文日光鏡系小形仿製鏡を作りはじめている（註22）。近畿圏で銅鏡への能動的な関心と普及を明らかにする資料だ。紀元直後を上限とするが、一世紀前半頃のものであろう。これを遡る近畿型の創出資料は未だない。

銅鐸の埋納は、一時的隠匿や恒久的な秘蔵は考えにくい。墓の副葬品にもなり得なかった。オーソドックスに考えれば、紀元前の銅鐸の埋納地点は複数の集落や一つの集落の民の総意の下、埋められたものであり、遠隔地ほど関わった集団の規模は広かったと考えている。また、海人集団など操船技術に長けたグループが関わることも多く、稲作農耕民に海民の伝導活動が加わっていたことも関係するのだろう。一次的な保管の例も少なく、物としては首長や族長に帰するものではなく集団社会から放棄されたものであるが、選び抜かれた場所への供献的意味合いが強かったと思われる。そして、剣・戈・矛などのほかの青銅器との共伴例や近接埋納例を勘案すれば、紀元前社会では、武器形青銅器との排他関係は少なく、先にみた複合生産体制下では、集落内部の工人もガラス玉生産などを含めて、一定の結合力と連携を保ち、近しい関係にあったと推察される。

八　再び松帆銅鐸の埋納年代を問う

（一）炭素年代と傍証ともなった鉛産地の同定

最後に、実際の測定値、グラフなどについて一言しておく。データ一・三・四・五のよく調和しているCalibrated dateには、高い信頼度を持っているが、2σの暦年代幅でも信頼限界の高い暦年代較正年代範囲で満足しておくべきだろう。年代範囲ピークも複数認められ、いくつかの微差的流動性が絡むからである。すなわち、松帆銅鐸の紀元前埋納が高くなった部分で、考古学側がなお泳がしてとらえるのが穏当な見方ということであり、考古年代の究明も同時に進展向上させるべきである。私は紀元前にデータ全体が収まっている事態こそがきわめて貴重な測定成果とみなしている。今後のさらなる調査・研究の進捗を祈念するが、紀元前埋納を頭から疑ってかかる余地はなくなったと言えよう。それは銅鐸の研究のみならず、弥生社会の研究にも多大な影響を与える成果である。別の視角から言えば、鉛同位体比分析の結果、中国産鉛を混在させない朝鮮産鉛のデータが発表されたことも、松帆銅鐸の生産年代自体の古さを物語る。荒神谷銅鐸と比較してみるに、違いは明瞭であり、荒神谷の六個の銅鐸中、一個は中国華北産鉛が入っており、金属原料からみて、松帆銅鐸が先行して鋳造されたことはほぼ自明となった。弥生大形青銅器の含有鉛が朝鮮半島産から中国産への移行を示すことは多くの実証例があり、型式変化との齟齬はない。[註23] 荒神谷1号鐸は菱環鈕1式と最古の銅鐸に編年されているが、共伴した5号鐸は外縁付鈕1式でも異系統のものであり、中国産鉛を原料とすることから、生産年代を下げ、結果として埋納年代も松帆より新しいことを示している。

(二) 銅鐸・銅舌の大小関係の対応をめぐって

松帆銅鐸はデポジットの一次的な場[註24]ではない所から発見された特殊な出土環境下にある。発見の経緯からは同一ヵ所に同時に埋蔵された一括性の高い銅鐸群と推定されるが、あくまで状況証拠的な判断であり、埋納坑の存否や隣同士にあったということなどは堆積学的な自然科学分析の最終報告を俟つほかない。手放したであろう出土地が住居や墓地でなさそうだという推測は抱いているが、一番言えることは数個以上の銅鐸や銅舌がすべて正しくまとめられて埋め納められた所産ということだ。その際、舌の大きさが大小二型式あって、入れ子銅鐸で大小の銅鐸と対をなすことは一括性を考える上に有力な証左と言え、同笵舌の存在（舌4と舌7）も資料としての由来、セットとしてのまとまりを保証する。この点、5号鐸は舌との対応が不具合で、両者が逆転してしまったと想定すれば、入れ子の相棒となるいま一つの銅鐸と舌の存在が予測される。あくまで予定調和的な話になるが、未確認の銅鐸と舌を入れて、最低八個の銅鐸・舌が四組あったことも想像の域では考えられる。ただ、この点に関しては、銅鐸の内と外の関係が器面の色調や付着砂粒などの違いも認められ、証拠が不十分な議論となる。

この点については、偶然とも思えるが、近接地の慶野中の御堂鐸は現存鐸一と古文書が一七世紀の一括発見を示唆するほかの不明鐸七があって合計が八個となり、合致をみる。偶数出土例に関心が行き着くのであるが、入れ子の倍数を意図すれば、本来当たり前の話にもなる。なお、鳥取県泊鐸同様、慶野中の御堂鐸には銅舌一本が伴っている。これらの銅鐸は古い銅鐸には木製や石製の舌があったかもしれないが、きっちりした銅製品があったことを示している。舌は銅鐸をモデルにしてその模倣を図った鐸形土製品にも存在を明証するものがあり、京都府長岡京市硲《はざま》遺跡出土例は、弥生時代中期中頃の土坑内から検出され、土製舌は土製鐸内部にあったものが水

図7　硲遺跡で共伴した土製鐸と土製舌
（公益財団法人京都府埋蔵文化財調査センター提供）

洗い作業中に確認されたものという（図7）。土製模造品とはいえ、松帆例を考える時、大変興味深い一例となる。舌にはリアルな紐通し孔も空けられている。土製舌が伴出した例は、愛知県朝日遺跡などにも存在するので（図8）、舌を伴うことが日常的に知られていたと言えるのではないか。

（三）淡路島西海岸に固執した初期青銅器埋納の意味とその後

近畿弥生社会の紀元前段階、前漢鏡はなくとも朝鮮鏡は招来された可能性があり、淡路島西海岸では古津路銅剣一四本（細形銅剣Ⅱ式b類一本、中細形銅剣b類一三本）、慶野中の御堂銅鐸（確実一個＋推定七個）、松帆銅鐸（七個＋α？）、慶野銅鐸（外縁付鈕1式四区袈裟襷文鐸）が集中出土しており、有意な場所での埋納が繰り返されたと解釈している。島内で西海岸部におけるより古相の青銅器が器類を横断して同じ目的、性格を担ったと考えておきたい。「慶野型」銅鐸の同タイプが加茂岩倉12号鐸に認められ、関係鋳型が大阪府東大阪市鬼虎川遺跡で出土しているので、生産地→（使用地？）→埋納地（淡路・出雲）の緩やかな関係性の一端が知られるとともに、それぞれが紀元前の内に動き、埋納に供されたことは考えられてよい。最も新しい近畿型銅戈は弥生中期末までの命脈を保つものの、吉田広の細分編年、森岡による伴出土器認定を重視すれば（南あわじ市幡多遺跡例、本書定松・的崎論文）、後期初頭には残らないと判断される。紀元前一世紀の最終末には、青銅器の種類の中で淘汰されていく側にまわる。一方、銅剣は後期以降に下るものがみられるが（滋賀県米原市碇遺跡例）、突線鈕式鐸などと共伴するようなものはまったくない。近畿では紀元前に銅鐸に銅剣が伴うようなものもない。しかし、近接地埋納である松帆銅鐸と古津路銅剣は、浜堤という同じ出土環境にあり、共伴埋納の前段の親縁度強化と位置づければ、注目されよう。

銅鐸は近畿地方を代表するシンボリックな弥生大形青銅器であるが、紀元前部分の弥生時代をさらに二分する役割を果たしている。純粋な新石器時代弥生社会から青銅器・鉄器の普及しはじめた金属器時代弥生社会への緩やかにして劇的な変化にみられる後者の推移を象徴し、さらに紀元後は後期の社会で身の丈を増し、機能や性格を大幅に刷新して、古墳時代直前まで大きくなり続けた。文献史料にみられる五尺以上の例が今後出土する可能性もある。銅鐸祭祀に費やされた時間のティピングポイントが訪れたのは、紀元一世紀のうちにある。

図8　朝日遺跡で共伴した土製鐸と土製舌
（公益財団法人愛知県教育・スポーツ財団愛知県埋蔵文化財センター提供）

農耕社会における祭祀差配者も質的転換を遂げ、所有意義とその堅持が高まるハイカルチャーな所産と化している。紀元前の段階から、多段階埋納の予兆をみせており、兵庫県の二遺跡、島根県の二遺跡、長野県の一遺跡の銅鐸大量埋納にもそれは時間的な差違として窺われる。淡路・松帆で銅鐸を扱った人々こそがそのマツリの原理、原則を模索しながらも創案しつつあった集団ではなかったか。

九　おわりに

かつて三〇年以上前の話になるが、近畿地方の弥生時代後期の始まりを紀元一世紀初頭に上昇させる暦年代観を発表し、弥生中期の年代をほぼ紀元前の社会の中で考えることが差し障りないことを提唱した。[註25] その結果、倭国乱期に比定されることの多かった高地性集落や巨大な環濠集落の発達が二〇〇年近く古くなることに多くの批判が寄せられたことを思い出す。中国史書にも記載された著名な事件年代との乖離や齟齬が囁かれ、歴史的な叙述が大幅に変わることに対する大きな抵抗感、懐疑心が支配的であった。銅鐸も生産年代については、それぞれの時期に見合った型式が古い部分にスライドし、国立歴史民俗博物館が二〇〇三年に弥生時代長期編年案を提示してからは、紀元前三五〇年前後から製作開始を考える見方も採用できる。それを支持することの正否は別にして、難波洋三による銅鐸の型式分類は時間的にも優に二〇型式を超える詳細なものとなっており、土器様式も遠賀川式段階で九細別が可能となってきた現在、[註26] 銅鐸埋納論のみが旧説にしがみつき守旧する必要性は一体どこにあるのであろうか。松帆銅鐸の内面突帯の観察から、長期使用、長期保有を唱えて紀元前の埋納に疑義を呈する研究者がいても何ら不思議はないが、私自身は初期銅鐸について使用期間の長さではなく、短期間でも頻繁に用いられた段階が作法の古さの一つとして存在したと考えている。銅鐸が一年に二回重大な農耕儀礼で使われる程度のものなのか、日常的に盛んに打ち鳴らされていたかは、反映された使用痕からのみでは判断に躊躇する。観察される松帆銅鐸の一見長い時間にみえる使用痕のとどまり方を解釈する別の見方を敢えて示して、なお数多くの課題を残す本稿を閉じることにしたい。賢察を俟つ次第である。

（註1）春成秀爾　一九八二「銅鐸の時代」『国立歴史民俗博物館研究報告』一、国立歴史民俗博物館
寺沢　薫　二〇〇〇『王権誕生』講談社
福永伸哉　一九九五「銅鐸から銅鏡へ」『古代国家はいかにして生まれたか』角川書店 など

（註2）森岡秀人　一九七五「銅鐸と高地性集落」『芦の芽』二七、芦の芽グループ

（註3）小林行雄　一九五九『古墳の話』岩波書店
小林行雄　一九六七『女王国の出現』文英堂

（註4）森岡秀人　一九九八「年代論と邪馬台国論争」都出比呂志・田中　琢編『古代史の論点』四、権力と国家と戦争、小学館

（註5）藤尾慎一郎　二〇一七「序章　弥生時代像の再構築」『弥生時代って、どんな時代だったのか？』国立歴史民俗博物館研究叢書一、朝倉書店
中塚　武　二〇一八「酸素同位体比年輪年代法からみた遠賀川化過程の気候変動」『初期農耕活動と近畿の弥生社会』雄山閣

（註6）森岡秀人　二〇〇四「銅鐸の埋納行為と弥生人」『季刊考古学』八六、雄山閣

（註7）後藤信義編　二〇一七『摂津市明和池遺跡五（仮称）摂津市千里丘新町（七街区）中高層住宅建設事業に伴う明和池遺跡発掘調査』公益財団法人大阪府文化財センター調査報告書二七九、摂津

市教育委員会・公益財団法人 大阪府文化財センター

（註8）清水邦彦 二〇一五「ガラス勾玉生産と銅鐸生産の関係」『森浩一先生に学ぶ』同志社大学考古学シリーズⅪ、同志社大学

清水邦彦 二〇一七a「弥生時代における送風管の使用方法と鋳造技術」『亞洲鑄造技術史學會研究發表概要集』一一、中央研究院歴史語言研究

清水邦彦 二〇一七b「総論 弥生時代の銅鐸工人集団―東奈良遺跡の工人集団を中心に―」『銅鐸をつくった人々―東奈良遺跡の工人集団―』茨木市立文化財資料館

（註9）難波洋三 二〇一一a「扁平鈕式以後の銅鐸」『大岩山銅鐸からみえてくるもの』滋賀県立安土城考古博物館

難波洋三 二〇一一b「銅鐸群の変遷」『豊穣をもたらす響き銅鐸』特別展図録、大阪府立弥生文化博物館

（註10）岸本直文 二〇一四「倭における国家形成と古墳時代開始のプロセス」『国立歴史民俗博物館研究報告』一八五、国立歴史民俗博物館

（註11）森岡秀人・古代学協会編 二〇一八『初期農耕活動と近畿の弥生社会』雄山閣

（註12）木村勝彦・尾本雄道・法井光輝・中塚 武 二〇一七「中西遺跡第一五次調査区埋没林の年輪年代学的分析」『中西遺跡Ⅰ』奈良県立橿原考古学研究所調査報告一二三、奈良県立橿原考古学研究所

（註13）難波洋三のご教示による。

（註14）南あわじ市教育委員会の公表資料（二〇一八年五月）による。

（註15）若林邦彦 二〇〇一「弥生時代大規模集落の評価―大阪平野の弥生時代中期遺跡群を中心に―」『日本考古学』一二、日本考古学協会

（註16）前掲註5藤尾二〇一七に同じ

（註17）難波洋三 二〇〇六「付論一 朝日遺跡出土の銅鐸鋳型と菱環鈕式銅鐸」『朝日遺跡（第一三・一四・一五次）』埋蔵文化財調査報告書五四、名古屋市教育委員会

（註18）田辺昭三・佐原 真 一九六六「弥生文化の発展と地域性 近畿」『日本の考古学』Ⅲ、河出書房新社

（註19）森岡秀人 二〇一八「展望 弥生時代の金属器文化からみた淡路島の南北」『古代学研究』二一八、特集 弥生時代の金属器文化からみた淡路島、古代学研究会

（註20）前掲註2に同じ

（註21）難波洋三 二〇一三「山の鐸、里の鐸―銅鐸埋納と摂津の青銅器文化―」『摂津の弥生時代』大手前大学史学研究所 平成二五年度公開講座講演要旨集

（註22）森岡秀人 二〇一一「近畿地域」『講座日本の考古学5 弥生時代〈上〉』青木書店

（註23）齋藤 努編 二〇一八『青銅器の考古学と自然科学』国立歴史民俗博物館研究叢書三、朝倉書店

（註24）石橋茂登 二〇一二「弥生青銅器の『埋納』あるいは『デポ』小考」『千葉大学文学部考古学研究室三〇周年記念 考古学論攷Ⅰ―岡本東三先生退職とともに―』編集委員会編、六一書房

（註25）森岡秀人 一九八五「弥生時代実年代論と近畿第Ⅴ様式の時間幅」『信濃』三七―四、信濃史学会

（註26）田畑直彦 二〇一八「遠賀川式土器の特質と広域編年・暦年代」『初期農耕活動と近畿の弥生社会』雄山閣

参考文献

石野博信 二〇〇〇「神戸市桜ヶ丘神岡銅鐸・銅戈―出土地の調査日誌から―」『ひょうご考古』六、兵庫考古研究会

伊藤 武 二〇一七「茨木市郡遺跡・倍賀遺跡の調査」『近畿弥生の会

第20回集会京都場所 発表要旨集』近畿弥生の会
井上洋一 二〇一一「銅鐸」『講座日本の考古学6 弥生時代〈下〉』青木書店
茨木市立文化財資料館 二〇一七『銅鐸をつくった人々―東奈良遺跡の工人集団―』
梅原末治 一九二七『銅鐸の研究』大岡山書店
神尾恵一 二〇一七「大阪湾周辺地域の銅鐸祭祀類型」『同志社考古』一四、同志社大学考古学研究会
川部浩司 二〇〇九『大和弥生文化の特質』学生社
久野邦雄 一九九七『銅鐸の復元研究』久野邦雄氏遺稿集刊行会
（公財）古代学協会編 二〇一六『近畿で「弥生」はどうはじまったか？ 発表要旨集』（平成25～28年度科学研究費助成事業 基盤研究一般（B）「近畿地方における初期農耕集落形成をめぐる考古学的研究」研究代表者：森岡秀人 成果公開・普及シンポジウム）於：京都市
定松佳重 二〇一六「松帆銅鐸と淡路島」『奇跡の発見！松帆銅鐸』平成二七年度 弥生フェスティバル連続講演資料集、大阪府立弥生文化博物館
佐原 真 一九六〇「銅鐸の鋳造」『世界考古学大系』第2巻 日本Ⅱ 弥生時代、平凡社
佐原 真 一九七四「銅鐸の祭り」『古代史発掘』第5巻、講談社
佐原 真 二〇〇二『銅鐸の考古学』東京大学出版会
滋賀県立安土城考古博物館 二〇一七『青銅の鐸と武器―近江の弥生時代とその周辺』開館二五周年記念平成二九年秋季特別展図録
高谷好一 一九九〇『コメをどう捉えるのか』NHKブックス、日本放送出版協会
武田信一 二〇〇三『淡路島の古代・中世研究』神戸新聞総合出版センター
田中 琢 一九七〇「『まつり』から『まつりごと』へ」『古代の日本』第5巻 近畿、角川書店
寺沢 薫 二〇〇二「マツリの変貌―銅鐸から特殊器台へ―」『銅鐸から描く弥生時代』学生社
寺沢 薫 二〇一〇『弥生時代政治史研究 青銅器のマツリと政治社会』吉川弘文館
難波洋三 一九八六「銅鐸」『弥生文化の研究』第6巻 道具と技術Ⅱ、雄山閣
難波洋三 二〇〇〇「同笵銅鐸の展開」『シルクロード学研究叢書』3、シルクロード学研究センター
難波洋三 二〇〇七『難波分類に基づく銅鐸出土地地名表の作成』（科学研究費補助金基盤研究（C）研究成果報告書）
難波洋三 二〇一二「銅鐸を使う国々」『卑弥呼がいた時代』兵庫県立考古博物館
難波洋三 二〇一六「銅鐸研究における松帆銅鐸発見の意義」『奇跡の発見！松帆銅鐸』大阪府立弥生文化博物館
春成秀爾 一九九二「銅鐸の製作工人」『考古学研究』三九―二、考古学研究会
春成秀爾 二〇一一『祭りと呪術の考古学』塙書房
兵庫県立考古博物館 二〇一七『青銅の鐸と武器―弥生時代の交流―』開館一〇周年記念特別展図録、兵庫県立考古博物館
福永伸哉 一九九八「銅鐸から銅鏡へ 東アジアの歴史のなかで変容する青銅器祭祀」『古代国家はこうして生まれた』角川書店
福永伸哉 二〇〇一『邪馬台国から大和政権へ』大阪大学出版会
藤尾慎一郎 二〇一七「世界史のなかの弥生時代・文化」『歴博』二〇四、国立歴史民俗博物館
松本岩雄 二〇〇一「弥生青銅器の生産と流通―出雲地域出土青銅器を中心として―」『古代文化』五三―四、古代学協会

松本岩雄 二〇一一「山陰地域」『講座日本の考古学5 弥生時代〈上〉』青木書店
的崎 薫 二〇一六「兵庫県南あわじ市出土の松帆銅鐸」『古代文化』六七—四、古代学協会
的崎 薫 二〇一八「兵庫県南あわじ市入田稲荷前遺跡出土の貨泉」『古代文化』七〇—二、古代学協会
森岡秀人 二〇〇四「農耕社会の成立」『日本史講座』第1巻 東アジアにおける国家の形成、東京大学出版会
森岡秀人 二〇〇七「弥生時代の中にみられる画期」『季刊考古学』一〇〇、雄山閣
森岡秀人 二〇一四「弥生小形仿製鏡はなぜ生まれたか」『季刊考古学』一二七、雄山閣
森岡秀人 二〇一五「淡路・松帆銅鐸群発見の意義」朝日新聞平成二七年七月二日夕刊文化欄記事
森岡秀人 二〇一六a「松帆銅鐸と銅鐸群の多段階埋納、遠隔地埋納」松帆銅鐸発見記念シンポジウム 松帆銅鐸の大発見と謎 講演当日資料集 二〇一六年二月〔会場：南あわじ市中央公民館〕
森岡秀人 二〇一六b「大量銅鐸の多段階埋納は証明できるのか」九州大学編『考古学は科学か』田中良之先生追悼論文集、中国書店
森岡秀人 二〇一七a「稲作の伝播と西摂津の弥生社会—縄文人と弥生人の出会い—」〔公開講座 摂津の弥生文化 記録集〕『大手前大学史学研究所紀要』一一、大手前大学史学研究所
森岡秀人 二〇一七b「弥生農耕社会の変質と銅鐸の遠隔埋納」『研究紀要』三三、神戸市立博物館
森岡秀人 二〇一七c「下之郷遺跡と近畿弥生集落の動向」『下之郷遺跡発掘調査報告書 総括編』守山市教育委員会
森岡秀人 二〇一七d「近畿地方における初期農耕集落の考古学的研究〔科研 基盤研究B 研究代表者総括概要報告〕」『初音』七、〔公財〕古代学協会
森岡秀人 二〇一七e「近畿と山陰の弥生集落をめぐって」『歴史シンポジウム 倭国の形成と伊勢遺跡～整備と活用をめぐってⅢ～』守山市教育委員会
森 浩一・石野博信 一九九四『〔対論〕銅鐸』学生社
吉田 広 二〇一一「武器形祭器」『講座日本の考古学6 弥生時代〈下〉』青木書店
吉田 広 二〇一四「弥生青銅器祭祀の展開と特質」『国立歴史民俗博物館研究報告』一八五、国立歴史民俗博物館
吉田 広 二〇一七「第4章 青銅器のまつり」『弥生時代って，どんな時代だったのか?』朝倉書店
和田晴吾 二〇一五「第1章 非鉄金属器の生産と流通」『古墳時代の生産と流通』吉川弘文館

武器形青銅器の東進

吉田　広

一　はじめに

二〇一五年四月に、菱環鈕式一点と外縁付鈕式六点からなる松帆銅鐸が発見され、さらに入れ子状態や舌の伴出、多様な有機質の付着といった、これまでにない出土状況から、今後の弥生青銅器研究への大きな可能性を当初から予想させた。現在、それら銅鐸の検討分析がまさに進行しているところであるが、銅鐸自体の分析の一方で、その評価を的確なものとするために、銅鐸を出土した淡路島、中でも南あわじ市三原平野の弥生時代について検討していかなければならない。近在出土の銅鐸の検討はもちろん、弥生時代における三原平野の土地環境の中でどのような場所が青銅器埋納地に選択されたのか、当時の集落が営まれた場所は何処か等々、検討課題は少なくない。

その中で、銅鐸以外の武器形青銅器の存在も看過されるべきものではない。南あわじ市内出土の古津路《こつろ》銅剣と幡多《はた》遺跡行当地《ぎょうとうち》地区出土銅戈（以下、幡多銅戈）である。とくに前者は、出土地点が広範に及ぶ可能性のある松帆銅鐸に対し、その範囲に含まれる地点からの出土が特定されており、松帆銅鐸と保有集団の重なりが大いに想定される。また後者は、土器を伴った出土により時間情報を具え、松帆銅鐸・古津路銅剣との間に時間差を見いだすことが可能で、三原平野における青銅器文化の時間的変遷を示してくれる。

このように、松帆銅鐸を地域の中に位置づける上で、近在出土の武器形青銅器の評価は不可避であり、本稿では、日本列島における武器形青銅器が東へと展開していく中で、淡路島三原平野の武器形青銅器がいかなる位置を占めたのか、適宜東部瀬戸内地域や大阪湾岸地域など周辺の様相にも触れながら確認し、この地域における武器形青銅器の特色を明らかにしていくこととする。

なお、日本列島における青銅器文化の展開については、かつて整理した五段階の変遷にしたがって（図1）[註1]、以下記述を進める。

二　第1段階―西方での武器形青銅器の登場―

日本列島に朝鮮半島と共通の武器形青銅器、同じ細形と分類される、細形銅矛・細形銅戈・細形銅剣が登場する段階で、弥生時代中期前葉にあたる。

ただし、細形の武器形青銅器と一括して、北部九州外への広がりを認められるものの（図2）、その東方波及には時間差や取り扱い差の存在を指摘できる。

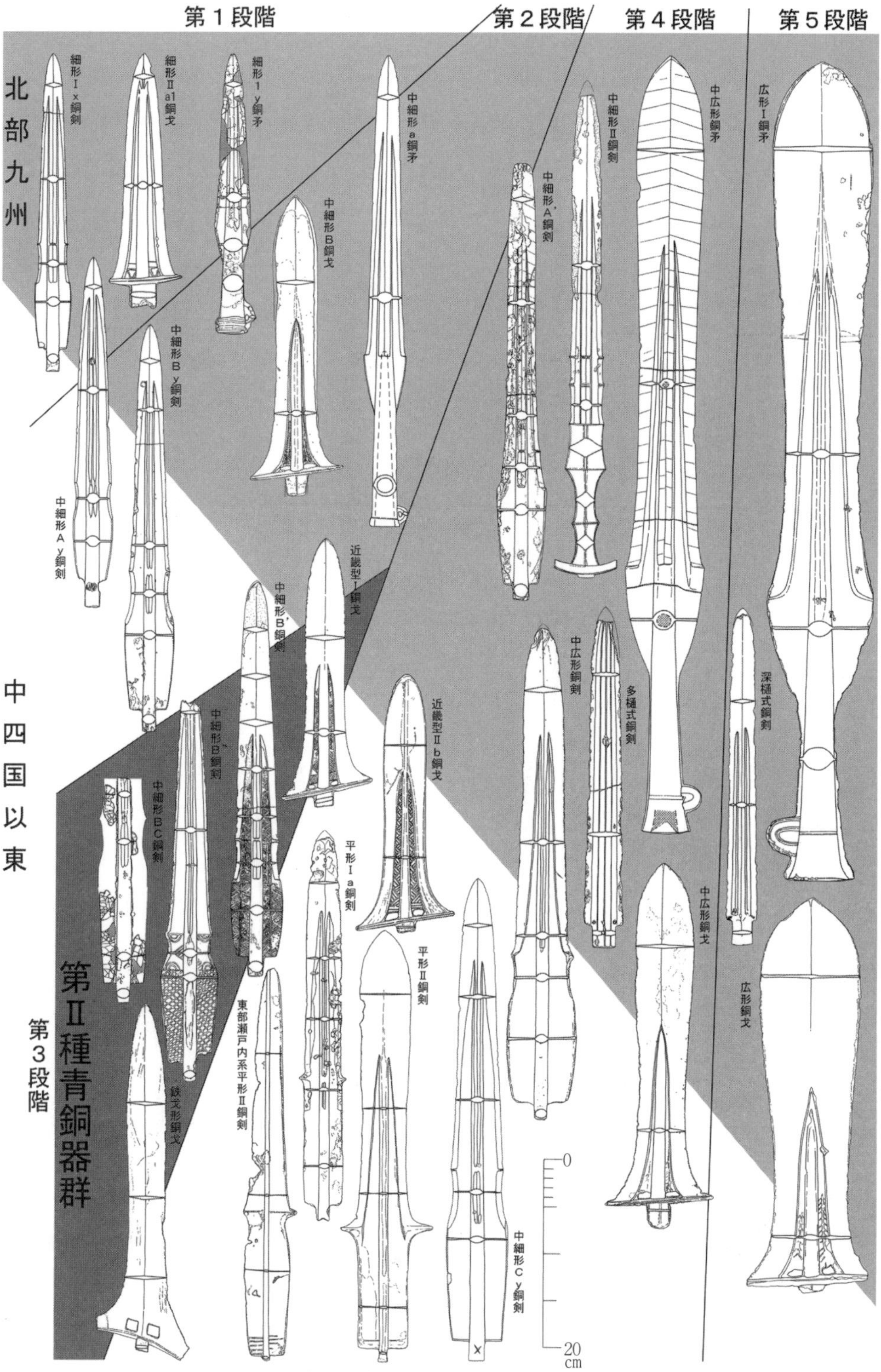

図1　武器形青銅器の階梯（註1①文献より）

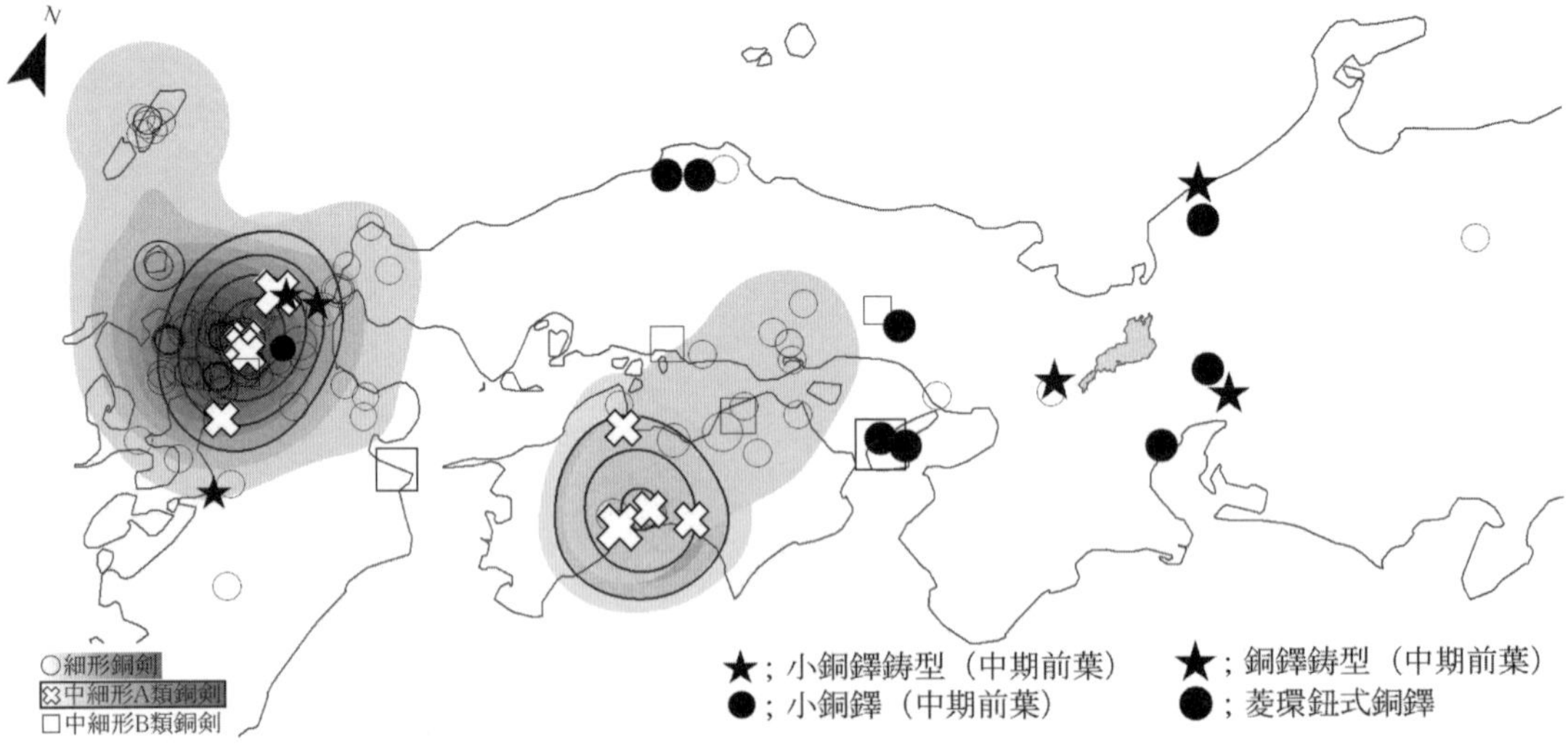

図２　細形銅剣と菱環鈕式銅鐸の分布（註２文献より）

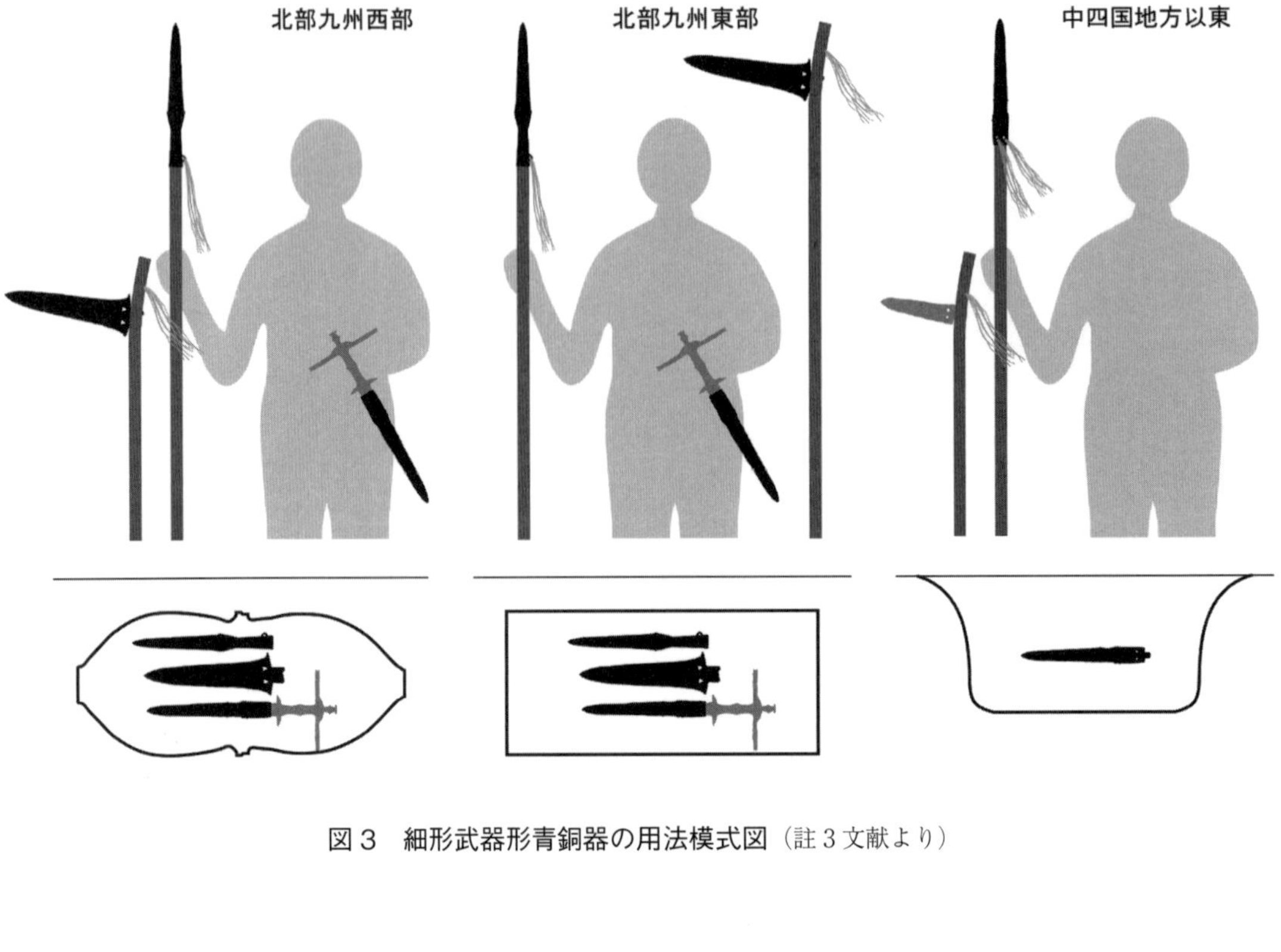

図３　細形武器形青銅器の用法模式図（註３文献より）

（一）細形武器形青銅器の受容と取り扱い

北部九州では、福岡市早良平野を中心に、金海式甕棺からの出土から中期初頭には、完品の細形武器形青銅器、銅矛・銅戈・銅剣がそろって登場する。以後、北部九州では墳墓の副葬品として用いられるが、使用時の形状変化の度合いが少ないことから判断して、直接的使用を経た武器としてよりも、武器となるものを身に帯びることによる個人の権威上昇が、生前の佩用、死後の副葬の第一義であったと考えられる。[註2] そのため、いかなる武器・武器形品を選択するかに、北部九州内でも地域差が現われる。すなわち、北部九州でも細形の武器形青銅器が集中する西部では、稀少性に応じて銅矛—銅戈—銅剣の序列が形成される。対して、東部の宗像地域から遠賀川流域においては、西部に留められた銅矛に替わって銅戈が、副葬に際して重要視された様子を窺える。墓制も甕棺でなく、木棺が主体である。さらに、時期的には降るが関門海峡を越えると、基本的に銅剣のみが波及し、しかも銅剣入手後に関部双孔を穿つことを通例とする。銅剣を槍状に長柄先端に装着して高く掲げ、穿った関部双孔に吹き流しを添えて装飾的効果を高める、といった用い方がされたと推測している。そして、墳墓遺構から出土することはなく、流入当初から埋納された出土状況を示し、武器形青銅器が個人に帰していたことは窺えない（図3）[註3]。

（二）武器形青銅器断片の小型利器転用

なお、この段階にも完品でない武器形青銅器の断片は、関門海峡を越えて、中四国地方以東へも広がりを見せている。中期前葉に遡る事例として、岡山市高松田中遺跡出土銅剣鋒転用銅鑿や田原本町唐古・鍵遺跡出土細形銅矛片転用銅鑿があり、淡路島を越えたさらに東部へも、武器形青銅器断片を小型利器に用いるという、流通・使用の広がりを見いだすことができる。北部九州ではおそらく、朝鮮半島からの完品流入に先んじた前期に、このような青銅器断片の小型利器転用段階を設定できる可能性が高いとともに、北部九州および中四国地方以東において完品流入後も、実は連綿と青銅器断片の小型利器転用が継続していることも確認することができる。[註4] さらには、直接的な再加工の痕跡を認めない武器形青銅器断片も少なくなく、これらに再加工用素材の可能性を積極的に見いだしていくべきではないか。淡路島近在の資料である神戸市玉津田中遺跡ST4004木棺出土銅剣鋒（図4上）も、脂肪酸分析に基づき、武器使用時に体内に残置されたと評価されているものの、[註5] 再加工用断片の可能性も考慮されてよかろう。

三　第2段階—武器形青銅器の到達—

前段階の、朝鮮半島に共通する細形諸器種に加えて、列島独自の中細形を成立させる段階である。この段階に加わったのが、細形a・b類銅矛、中細形A～C類銅戈、中細形B類銅剣であり、中期中葉頃にあたる。

先にも触れたように、この段階には先行の細形もなお存続しており、中国地方以東への波及は、中細形初期の武器形青銅器が出現したこの段階にむしろ相当する。

（一）武器形青銅器模倣品の展開

完品武器形青銅器の受容に対応したのが、各地域での模倣品の登場である。とくに銅剣は各地で広く模倣品を出現させる。中部瀬戸内地域では銅剣形木製品が目立ち、刳方・関部双孔の表現を伴いながら扁平板状なものから、脊を円柱状に作り出し銅剣と同じ段差を表現するなど、立体的かつ精巧な例が混在し、木製による多様な模倣度合を見せる。山陰東部地域でも立体的で精巧な模倣品が存在するが、こちらでは素材に鯨骨が選択されている。これらに対し、近畿から北陸地域においては、銅剣形木製品も一定量存在するものの、黒色系石材による銅剣形石製品が定型化し、銅剣の型式変化と離れて、独自の変化を遂げていく。前段階に続いて中四国地方以東では、武器形青銅器の波及は銅剣を中心として銅戈・銅矛は少ないが、その銅戈・銅矛の模倣品も見いだすことができる。とくに前者は、広く銅戈形木製品が中四国地方以東に中期中葉以後、広まっている。銅矛も、銅矛自体がほとんど見いだせないながら、近畿地域において銅矛形石製品が確実に存在する。[註6]

　これら武器形青銅器模倣品は淡路島でこそ確認されていないものの、東部瀬戸内地域には広がり、一帯での完品武器青銅器の受容を強く推察させる。例えば、先に銅剣鋒出土を触れた玉津田中遺跡では、銅剣形石製品・銅剣形木製品・銅戈形木製品がそろって出土しており、[註7] 数少ない銅矛模倣品の一例を姫路市家島の舟木第1遺跡（図4下）に見ることができる。[註8]

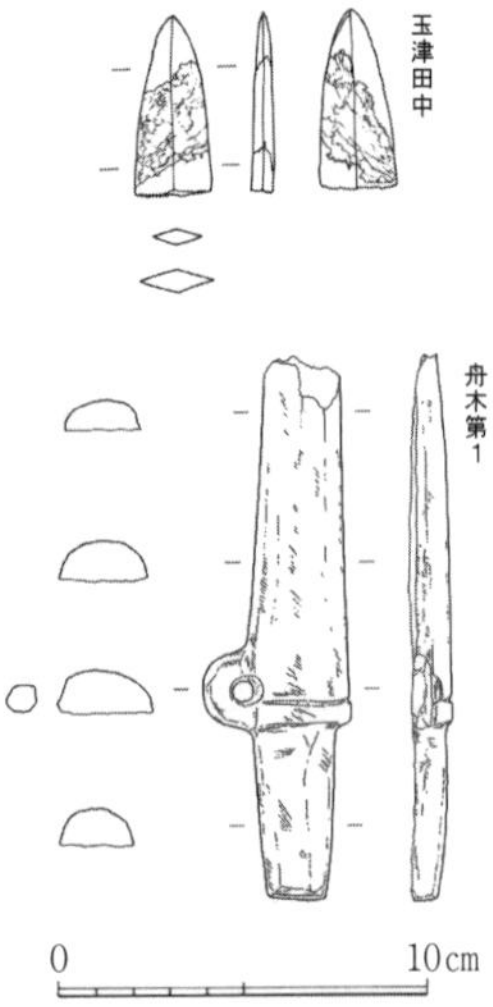

図4　玉津田中銅剣鋒（上）と舟木第1銅矛形石製品
（註5・註8文献より）

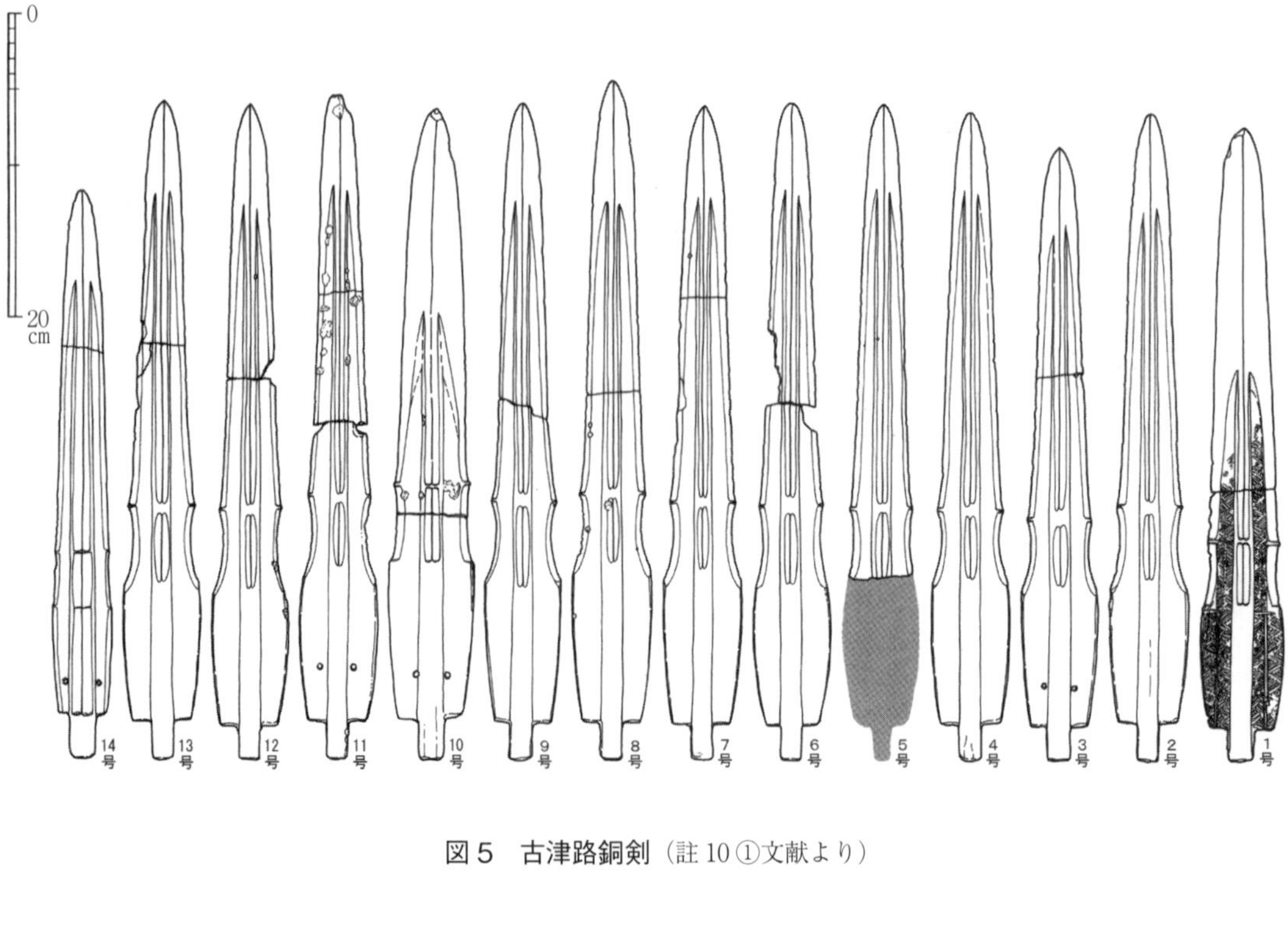

図5　古津路銅剣（註10①文献より）

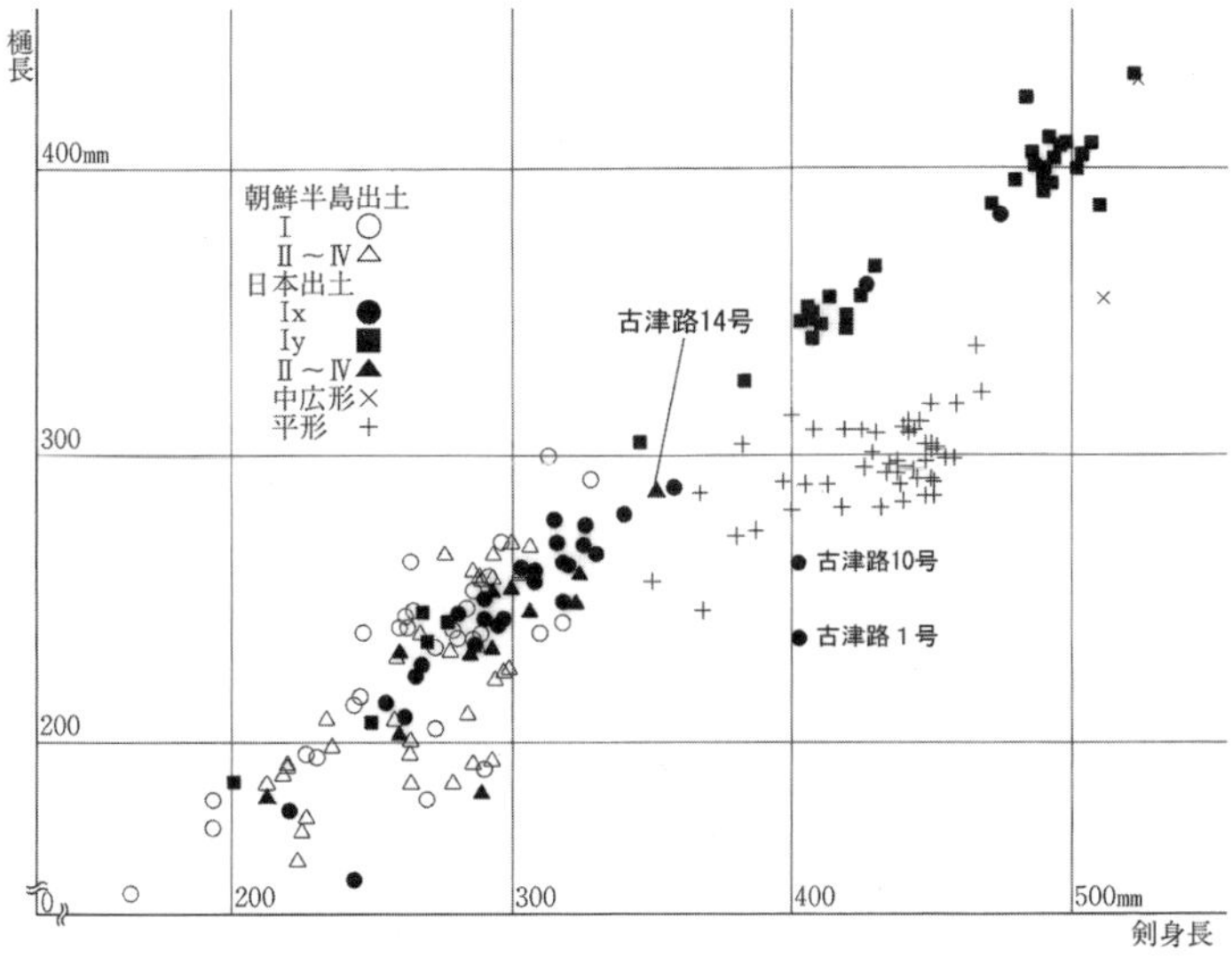

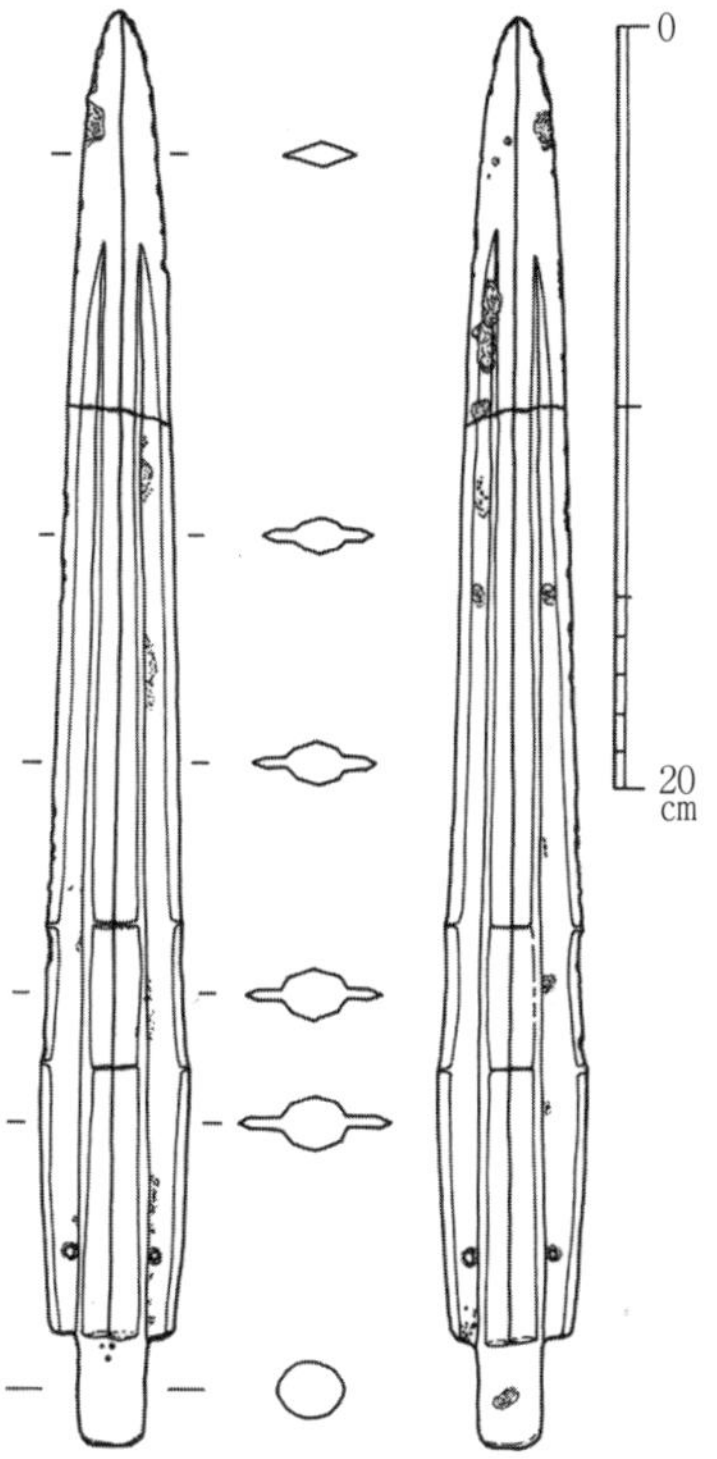

図６　古津路14号銅剣（註10①・註12①文献より一部加筆）

（二）古津路銅剣―細形銅剣と中細形B類銅剣―

第2段階の中細形B類銅剣のまとまった出土が、南あわじ市古津路の銅剣に他ならない。古津路銅剣は、一九六六年五月に不時発見され、出土銅剣については『神戸市桜ヶ丘銅鐸・銅戈』の報告付章において、一三本の出土が報告され、中細形B類を中心とした銅剣群として長らく周知されてきた。[註9] ところが、不時発見後の一九六九年一一月から翌年二月にかけて、兵庫県教育委員会が緊急調査を行ない、その際に新たに銅剣片を発見していたものの、長らく公表されることのないままとなっていた。その銅剣破片が二〇〇五年に再確認され、国立歴史民俗博物館所蔵となっている既出銅剣との接合関係も実地に照合でき、新たに一本の銅剣を加え、5号銅剣の下半を除いて、ほぼ完形の合計一四本の銅剣が出土していたことが明らかとなった（図5）[註10]。

これに伴い、一四本に及ぶ古津路銅剣の評価を新たにしなければならない。まず、新たに確認された14号を除いた一三本は、剣身長四〇センチ前後でまとまり、中細形B類の範疇に入る。このうち刳方下端部がyタイプの研ぎで一致する一一本は、中細形B類yタイプ銅剣である。他方、文様や形状において少なくない差異を見せる1号と10号は、中細形B'類に位置づけられるものであり、詳細は次の第3段階において検討する。それでも古津路銅剣群は、中細形B類銅剣中心のまとまった出土例であり、この段階において評価するところである。なお東部瀬戸内地域では、同じ中細形B類銅剣は佐用町西徳久字高下でも一本が出土している。[註11]

ところが、それら中細形B'類も含めた一三本と特徴を異にするのが、新たに確認された14号銅剣である。全長三七・六センチ、剣身長三四・八センチと、ほかの一三本よりやや短いながら、細形銅剣にすればかなり長手のものとなる（図6右）。何より、元部翼端に刃部が研ぎ出され、これに伴い脊上にも研ぎの及ぶⅡ式b類である。この研ぎの消失、すなわち刳方以上の刃部・脊上に研ぎを留めるⅠ式の研ぎに収斂することこそが、日本列島における銅剣の独自化である中細形銅剣の最大の指標としてきたことから、[註12]本例は細形銅剣でなければならない。細形Ⅱ式b類銅剣が存在しなくなる法量上の境界として、剣身長三四センチを設定してきたが、14号銅剣はこの境界を超え、これまでの中細形A類銅剣の範疇に大きく食い込んできた格好である。剣身長四〇センチ前後の中細形B類とはなお一線を画し、Ⅰ式の研ぎなら、間違いなく中細形A類と分類したところである（図6グラフ）。

ならば、Ⅱ式b類の消失を中細形化の最大指標とする以上、その境界を実質に合わせて移動させなければなるまい。すなわち、古津路14号銅剣も含んだ、中細形A類としてきた諸例を、細形銅剣の範疇とし、中細形A類の型式呼称を無きものと措置する。剣身長四〇センチ前後の中細形B類と細形の剣身長上での境界は、旧中細形A類と中細形B類の境界、剣身長三八センチを目安にしておく。

いずれにせよ、本来の第2段階にあたる中細形B類銅剣一一本が多数を占め、完品の14号細形銅剣が段階的には第1段階後半にあたるものの時期的には第2段階に降り、古津路銅剣群の主体がこの第2段階にあることは間違いない。

四　第3段階―特徴的な武器形青銅器の流入―

中細形諸器種から、近畿型Ⅰ式銅戈、鉄戈形銅戈、中細形A'類銅剣、中細形B'類銅剣、中細形B"類銅剣、中細形BC類銅剣といった、派生的な型式が登場する段階である。これらのうち中細形B'類銅剣や中細形B"類銅剣は、定型的な新型式への起点に位置しており、次の第4段階の前段として、独自性・地域性萌芽の段階と位置づけることができる。先行の細形・中細形はなお存続しており、時期的には第2段階に重なり、中期中葉頃である。

なお、中細形A'類銅剣を除いて、これらの武器形青銅器は、製作自体は北部九州の範囲内に想定されながら、中四国地方以東での出土に限られていることが特徴的である。つまり、北部九州においては、自らは積極的に使用しない、かつ取り扱い方も異なる青銅器を製作し、専ら中四国地方以東へと搬出していたことが窺える。同様な位置づけの福田型銅鐸等も含め、自らも受容する通有の第Ⅰ種青銅器群に対して、第Ⅱ種青銅器群と一括し、[註13]そのような青銅器の登場こそが、敢えて第3段階を設定する所以である。

（一）古津路銅剣―中細形B'類銅剣―

その第Ⅱ種青銅器群の典型例が、古津路1号・10号の中細形B'類銅剣である。古津路10号銅剣については、これまで身上半のみしか知られてなかったが、それでも特異な形状からほかの中細形B類yタイプとは別に、中細形B類xタイプとしてきた。しかし、下半が再発見され全容を窺えるようになったことで、古津路1号と同じ中細形B'類銅剣の範疇に位置づけを改めることとしたい。陽出文様こそもたないもの、断面菱形の鋒部分が長く、その分樋が短いという特徴は、古津路1号と10号に共通し、かつほかの銅剣とは明らかに一線を画している（図6グラフ）。またともに、刳方・元部をはじめ全体に身幅（翼幅）が大きく、同出の中細形B類yタイプ銅剣より、横幅のあるプロポーションを呈している（図5）。関部双孔も共通する。突起・刳方位置が1号より10号が一段以上高いものの、基本的に1号の陽出文様を除いた形状が10号銅剣と言えよう（図7上段）。後述する陽出文様の挿入が、挿入部位として翼部の拡大を求めたと考えられるから、1号の陽出文様省略が10号と位置づけることが可能であり、型式としては中細形B'類にやはり一括しておくべきである。

中細形B'類銅剣については、定型的な新型式への起点と先述した。美しく文様で飾られた特異な銅剣、こういった評価に留まるものでは決してない。その重要な位置について、陽出文様が型式変化に果たした役割から明示しよう（図7下段）（註14）。

古津路1号銅剣の陽出文様は、区画線（黒塗）とその間の複合鋸歯文や綾杉文からなる充填文様（薄いアミ）に区分される。この文様を一部切って研磨が及んでいるが（濃いアミ）、刳方刃部付近にも本来区画線が直線的に突起部まで達していたとみられる。すると、銅剣外形は、刳方から元部へとS字あるいは逆S字状の曲線を描くが、中の区画線は直線と直角で構成され、銅剣の部位に対応した規格性をもっていたことになる。

古津路1号でも区画線や充填文様の研ぎ落としを回避しようとする傾向が窺えるように、このような区画を伴った文様が挿入されることにより、研磨の自粛を招く。その先には、区画線にそった研磨、あるいは銅剣外形自体の区画線化・直線化が、容易に推察できる。まさに、そのような刃部研磨・外形が、平形Ⅰ式a類最古の大分市清水ヶ迫銅剣であり、区画線だけを取り出したのが、平形Ⅰ式b類の西条市天神谷1号銅剣である。古津路1号銅剣に挿入された陽出文様は、中細形B'類から平形Ⅰ式への変化において決定的役割

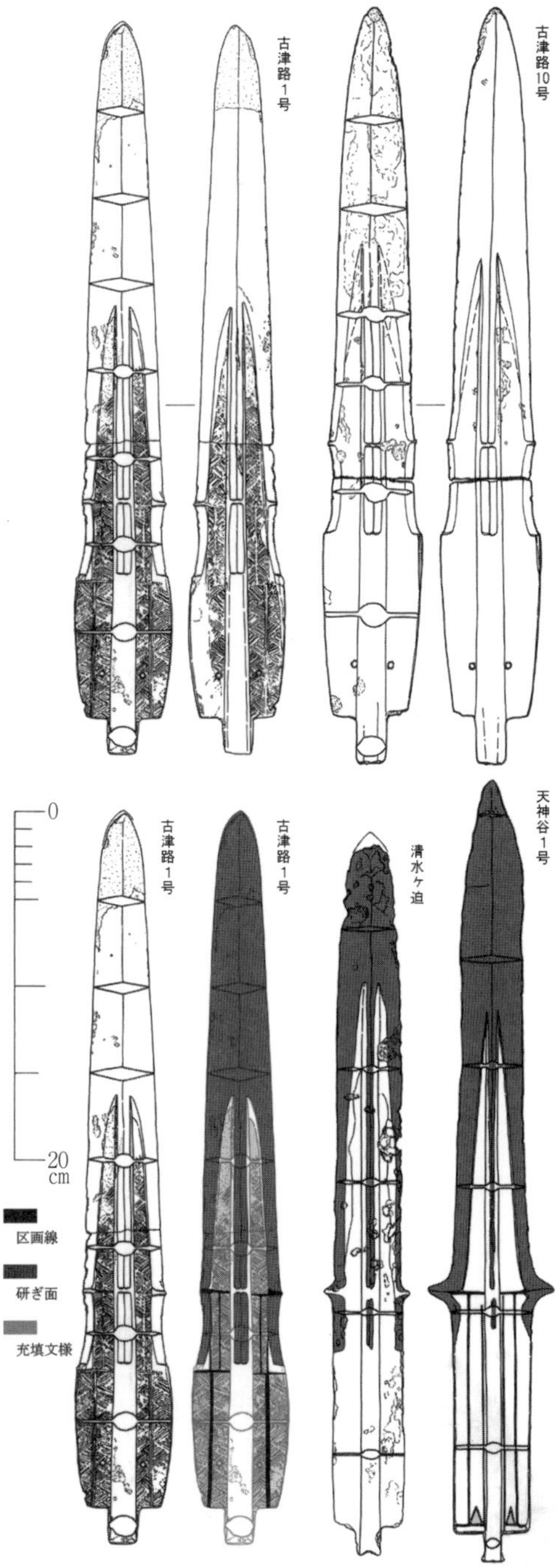

図7　古津路1号・10号銅剣と型式学的位置

（註10①・註14②より）

を果たしていることが明らかである。

同様のことは、善通寺市瓦谷1号の中細形B"類銅剣から東部瀬戸内系平形銅剣の成立にも見いだすことができ、陽出文様の挿入が研磨を制限し、それが次なる型式の導線となっていたのである。武器形青銅器への陽出文様の挿入自体、同じ第Ⅱ種青銅器群に位置づけた福田型銅鐸に具体化された銅鐸との関係性が契機であったと考えられ、東西青銅器の相互交流（註15）によった関係性が、次の第4段階の定型化した地域型青銅器をもたらしたのである。その関係性が取り結ばれた製作の場ではないものの、その成果物が淡路島にもたらされている意味は、とりわけ次項の近畿型銅戈の東進を考えるにあたって、小さくない意味をもつ。

(二)　近畿型Ⅰ式銅戈の東進

淡路島においての出土はみないものの、古津路1号・10号銅剣とともに第Ⅱ種青銅器群に数えられる武器形青銅器として、近畿型Ⅰ式銅戈についても、次の第4段階での展開を踏まえ、触れておかなければならない。

近畿型Ⅰ式銅戈については、その出現系譜がなお明確でないものの、身の半ばに達する長い樋と樋内の複合鋸歯文から、古津路1号銅剣との親縁性を想定して、第Ⅱ種青銅器群に位置づけた。しかし、第Ⅱ種青銅器群として北部九州の範囲内において製作されたとすることについて、九州型の中細形銅戈と異なる諸特徴をもつ銅戈を、同じ生産体制の枠組みの中で製作することに対し、異論も提起されている。（註16）しかし、近畿型Ⅰ式銅戈が、ほかの北部九州の銅戈にない特徴をもち、その一端が古津路1号銅剣に共通し、東西青銅器の相互交流に起因していることはまず間違いない。製作技術に基づ

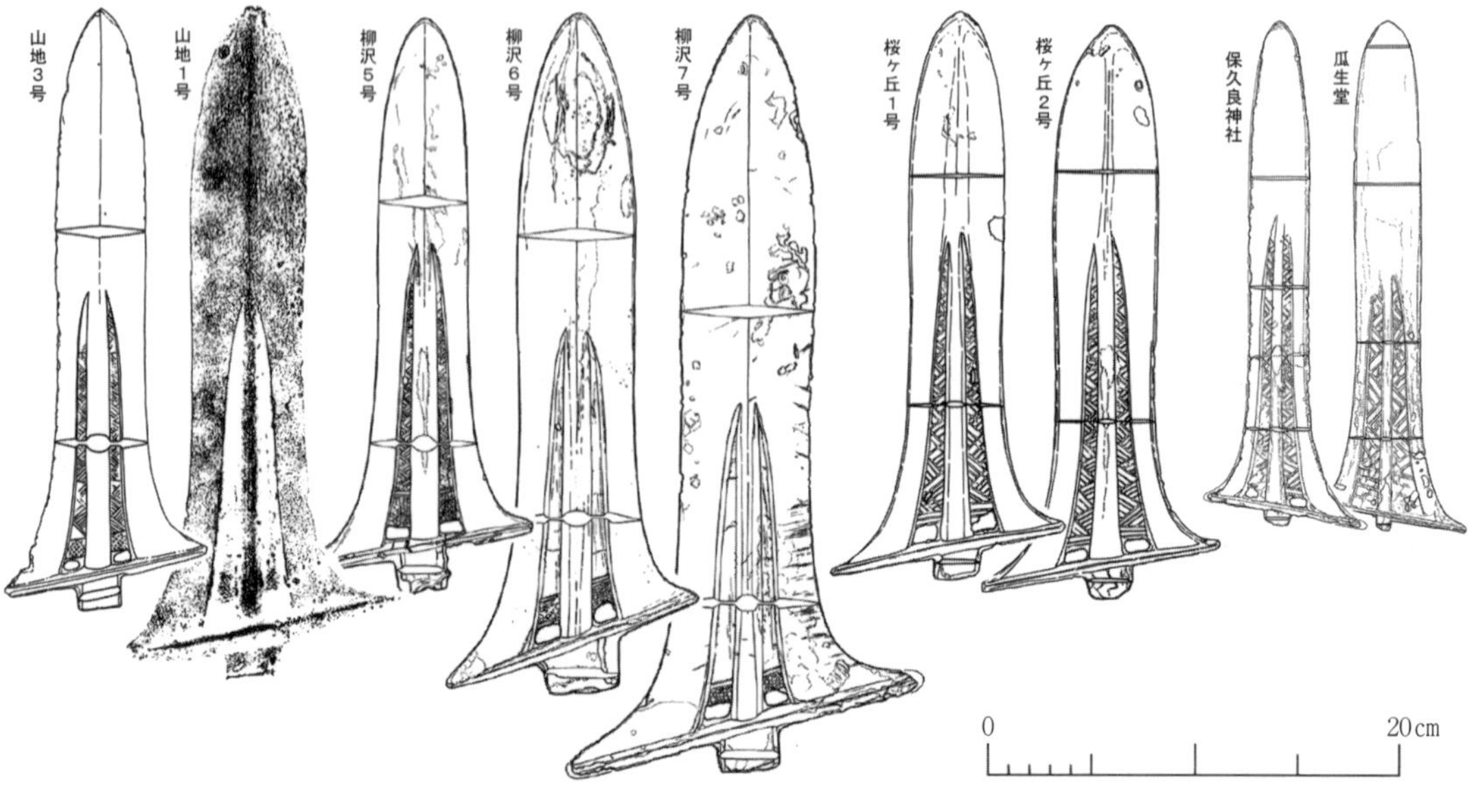

図8　近畿型銅戈（註12②・註17・註19文献より）

く製作地の特定になお疑念を挟み、中四国地方以東の一画、近畿周辺で製作された可能性を残しつつも、第Ⅱ種青銅器群の枠組みに含めておくべきものとする。

このような、古津路1号銅剣と接点をもつ近畿型Ⅰ式銅戈が、これまでは有田市山地銅戈六本しか知られていなかったが、遠く信濃の地、中野市柳沢遺跡で九州型の中細形C類銅戈一本とともに近畿型Ⅰ式銅戈七本が出土したことは、記憶に新しい（図8）（註17）。起点となる製作地が九州に求められるのか、近畿地域に見いだすべきなのか、いずれにせよ、古津路1号銅剣と同様の東進を遂げて、淡路島の一端を西から東へと、あるいは淡路島を含めた地域を起点に、近畿型Ⅰ式銅戈がさらに東へと及んでいったのである。古津路1号銅剣が銅剣において次の第4段階の起点であったように、近畿型銅戈の第4段階での展開の前段を、淡路島の地にも残していた可能性は低くあるまい。

五　第4段階―地域型の武器形青銅器の成立―

前段の第Ⅱ種青銅器群から、より定型化の進んだ型式が成立する段階であり、独自性・地域性の確立段階とも言える。中広形銅矛、近畿型Ⅱ・Ⅲ式銅戈、多樋式銅剣、中細形Ⅱ式銅剣、中広形銅剣、平形銅剣、東部瀬戸内系平形銅剣といった諸型式が登場し、先行する中細形も一部残存する。時期は中期後葉。

この段階の特徴は、中四国地方以東における分布圏の鼎立状況である。中細形C類銅剣は出雲市荒神谷遺跡はじめ出雲を中心とした地域圏をもち、平形銅剣は瀬戸内海南岸地域に分布する。その東には、播磨灘を取り囲むように東部瀬戸内系平形銅剣、大阪湾周辺には近畿型Ⅱ・Ⅲ式銅戈が広がる。これらは、鋳型の出土がほとんどないものの、各分布圏内で製作された可能性が高いと考えられ、在地産の地域型青銅器と理解している。その西側には、多様な銅矛・銅戈・銅剣に、さらに銅鏡をも加えた多様な青銅器を保持した北部九州から、その地域の武器形青銅祭器として中広形銅矛が中四国地方西半に及ぶ。一方の東側には、扁平鈕式銅鐸が中四国地方東半まで広がり、分布域を重複させながらも、西日本一帯において青銅祭器が地域ブロック化した観を呈する。先に近畿型Ⅰ式銅戈が到達した中部高地においても、この段階まで近畿型Ⅰ式銅戈を奉じた青銅器祭祀の継続が想定されて良かろう。

（一）　近畿型Ⅱ式銅戈の展開

淡路島および周辺に、地域型と位置づけられる武器形青銅器として分布するのが、大阪湾型とも称されたように、大阪湾岸に展開する近畿型Ⅱ式銅戈である。六甲山麓においては、神戸市桜ヶ丘七本、神戸市保久良神社遺跡一本、淀川を若干遡った高槻市大塚に一本、そして河内地域の八尾市瓜生堂遺跡で二本、そして八尾市久宝寺遺跡で再加工の施された小片一点であり（図8）、これに後述する南あわじ市幡多銅戈が加わることになる（註18）。近畿型Ⅱ式銅戈の鋳型は茨木市東奈良遺跡で出土しており、近畿型Ⅱ式銅戈分布圏内において製作された地域型であることは確実である。東奈良遺跡における銅鐸生産の存在、桜ヶ丘における銅鐸との伴出から、銅鐸との密接な関係を認めつつも、近畿型Ⅱ式銅戈自体も、弥生時代中期後葉頃の大阪湾周辺において、青銅祭器として一定の役割を果たしていたと考えられる（註19）。その近畿型銅戈が、大阪湾とは反対の播磨灘に面した淡路島三原平野にも及んでいるのである。

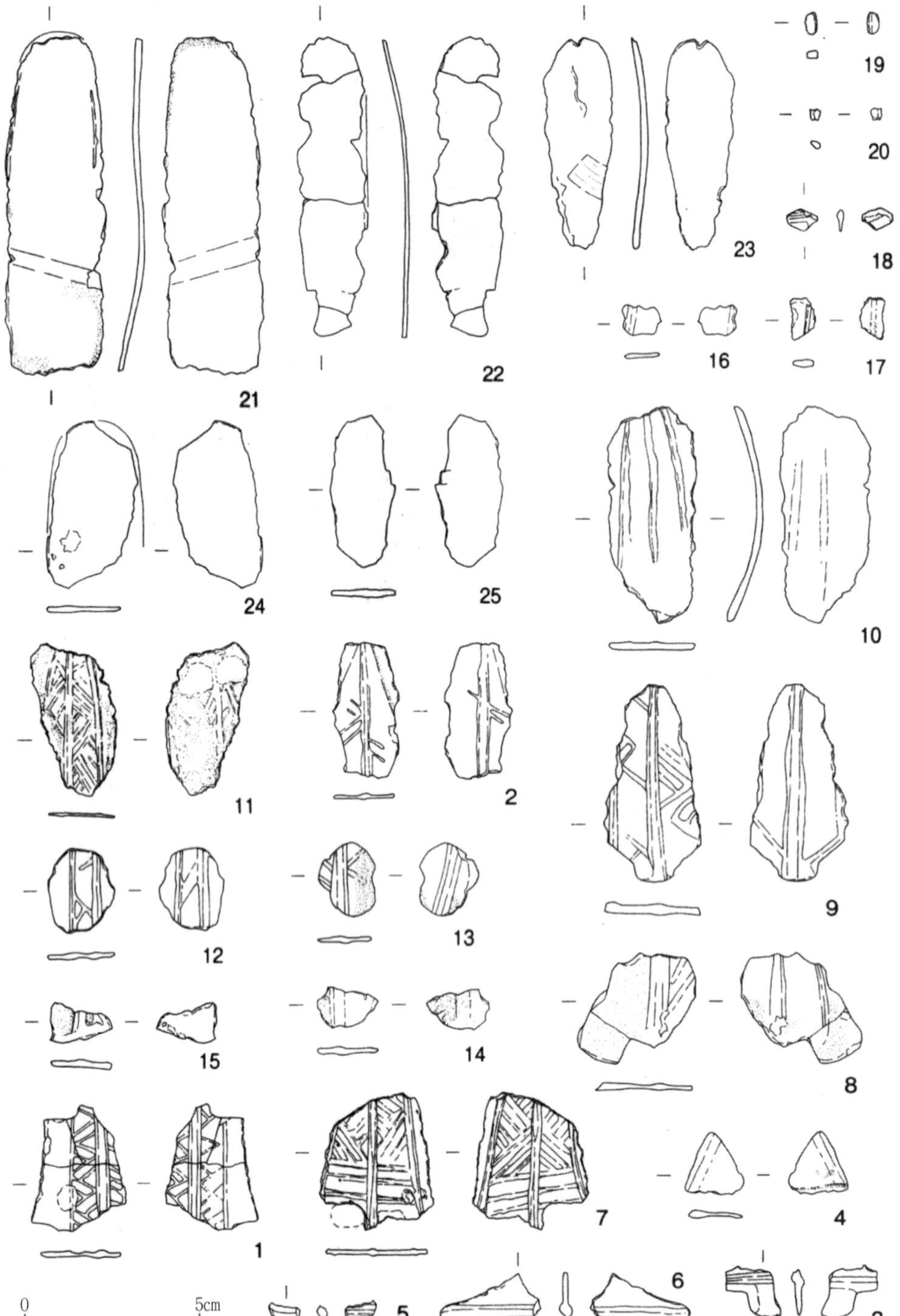

図９　幡多遺跡行当地地区出土銅戈片（註 20 文献より）

(二) 幡多遺跡行当地区出土銅戈

南あわじ市上幡多字神子作外に所在する幡多遺跡行当地区において行なわれた発掘調査において、近畿型銅戈の破片二五点が出土している(図9)[註20]。文様や鎬部分が見られない鋒部片で先端とみられる破片が二点(21・24)、ほか三点(22・23・25)。複合鋸歯文の一端とみられる樋内文様や鎬から刃部中位と見られる破片が八点(2・9~15)、同じように樋内文様や鎬が見られるが身幅の広がる刃部下位の破片が三点(1・7・8)、胡部の破片が四点(3~6)、そしてほか小片五点である。

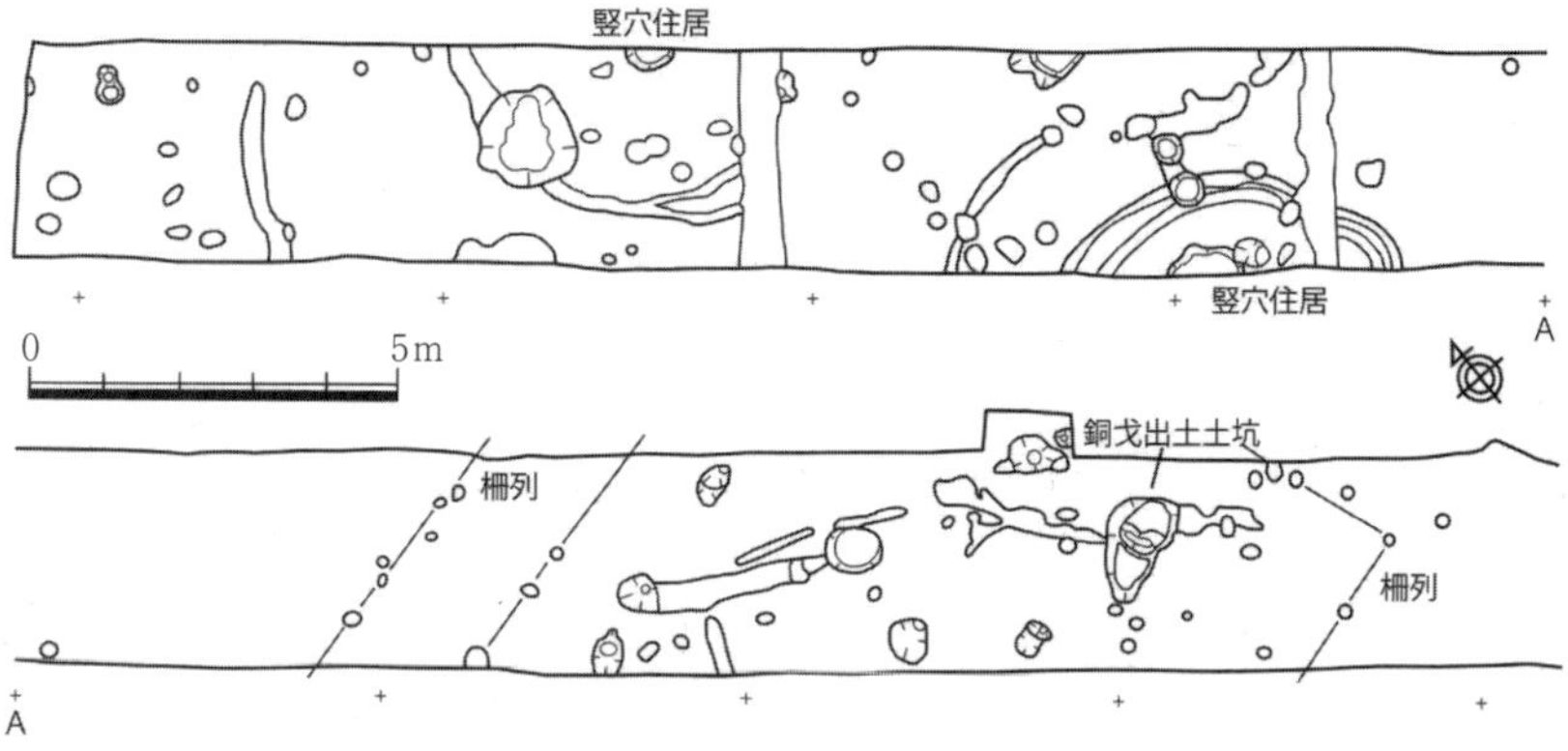

図10　幡多遺跡行当地区K区平面図(註20文献より)

　全容を窺い知れない破片資料であるが、刃部の樋内文様から複数個体の存在を明確に予想させ、型式学的差異も見いだすことができる。すなわち、例えば1の破片は、脊幅三ミリ程度と狭いが、刃部が樋部と比べて一段厚く板状を呈しており、近畿型Ⅱ式に位置づけることができる。おそらく2も同様のタイプと見られ、同一個体の可能性が高い。対して、7の破片の刃部は、鎬部分のみが幅二・五ミリ程度の突線と化し、脊幅も同程度で厚さも二ミリに満たず、脊・鎬以外は平板である。刃部鎬の突線化から明らかにⅡ式に後出し、武器形としては最終末型式とも言える、近畿型Ⅲ式に該当する。明確な個体数の復元は容易でないが、少なくともⅡ式一個体、Ⅲ式二個体分は存在するようであり、鋒点数からそれ以上の可能性も残す。

　そもそも、このように武器形青銅器が細片に近い破片で出土すること自体稀である。銅戈片は、幡多遺跡行当地区K区の土坑七〇からの出土(図10)。「土坑七〇は、長辺一・五メートル、短辺〇・九メートル、深さ〇・三メートル平面長円形であり、銅戈片は下層と上層の境付近に規則性なく散在していた。出土した土器は少なく図化も困難であるが、下層はⅣ様式―3後~4前、上層はⅣ様式―4と思われる(註:凹線文出現以降をⅣ様式とする四細分案)」と報告されている[註21]。まさに、細片化して廃棄されたかの出土状況である。ここに、近畿型銅戈は中期末葉後半までに最終末型式に到り、そして祭器としての価値否定・廃棄までもが完了していることを明確に読み取ることができる。さらに、ほかの青銅器との並行関係においても、近畿における青銅器祭祀の終焉を示す、重要な一定点と評価することができよう[註22]。

六　第5段階―その後の武器形青銅器―

　さらに定型化を進めた広形の段階であり、広形銅矛、広形銅戈、深樋式銅剣が存在する。時期は後期。

この段階、前段階の中細形Ｃ類銅剣や平形銅剣はすでになく、中広形銅矛の分布域を継承した広形銅矛が四国西半までは広がるが、淡路島までの到達は見ない。東側では銅鐸が大型化を遂げて近畿式銅鐸と三遠式銅鐸が一定の広がりをもつが、やはり淡路島には見いだせない。前段階で近畿型銅戈最終末型式の廃棄を最後に、西側の中四国地方の大半とともに、淡路島では最早青銅器祭祀を停止した状況が想定される。

七　松帆銅鐸と古津路銅剣・幡多銅戈

武器形青銅器全体の変遷を辿りながら、その中で三原平野の武器形青銅器の位置づけを明らかにしてきた。とは言え、対象は二つの資料群、古津路銅剣と幡多銅戈である。

古津路銅剣は、最新の細形銅剣一本と定型的な中細形Ｂ類銅剣一一本、そして中細形Ｂ'類銅剣二本からなる。前二者は第２段階の、最も東へのまとまった銅剣受容、武器形青銅器東進の最先端とも評価できる。かつ、それに連続した第Ⅱ種青銅器群の中細形Ｂ'類銅剣は、それ自体が次の地域型青銅器への起点の地位にあるとともに、これと親縁な近畿型Ⅰ式銅戈の東方展開を見据えたとき、三原平野に武器形青銅器のさらなる東進の基点との位置づけを与えることもできよう。青銅器そのものの特徴、そして出土地が、武器形青銅器の東方展開の、まさに拠点性を物語っている。

松帆銅鐸との関係においては、若干松帆銅鐸が古津路道銅剣を遡る可能性が高いものの、埋納選地を同じくしており、同一の保有集団あるいは同じ三原平野内の集団にあって同時並存していた可能性が高い。東の地域との関連が強い松帆銅鐸と、西から東進してきた古津路銅剣が三原平野で邂逅したからこそ、独自の地域青銅器文化に向かったとも考えられる。

そして、古津路銅剣とともに、おそらく西から受容・通過した近畿型Ⅰ式銅戈を、自らの地域型青銅器として在地化させたのが近畿型Ⅱ・Ⅲ式銅戈であり、三原平野において幡多銅戈として見いだせた。ただし、その自ら選択した地域型青銅器も、中期のうちに廃棄され、三原平野における青銅器祭祀の停止を強く印象づける。銅鐸も後期に降る例を淡路島では見いだせない。

松帆銅鐸だけでなく、西方に起源する武器形青銅器の東進をいかに受容し、さらなる東進に影響力を及ぼしたか。そして受容した青銅器をいかに在地化し、そして終焉を迎えたか。少ない資料ではあるが、西方からの青銅器文化との邂逅が、三原平野、淡路島の青銅器文化評価に欠かせない存在であることを強調しておきたい。

（註１）①吉田　広　二〇〇六「武器形青銅器の流通と地域性」『歴博国際シンポジウム 古代東アジアの青銅器文化と社会―起源・年代・系譜・流通・儀礼―』国立歴史民俗博物館
②吉田　広　二〇一一「武器形祭器」『講座日本の考古学　6　弥生時代〈下〉』青木書店
（註２）吉田　広　二〇一六「日本列島の初期青銅器文化」『季刊考古学』一三五
（註３）吉田　広　二〇一五「銅戈の副葬」『みずほ別冊２　弥生研究の交差点―池田保信さん還暦記念―』大和弥生文化の会
（註４）吉田　広　二〇一〇「弥生時代小型青銅利器論―山口県井ノ山遺跡出土青銅器から―」『山口考古』三〇
（註５）篠宮　正編　一九九四『玉津田中遺跡―第１分冊―』兵庫県文

化財調査報告第一三五―一
（註6）吉田　広 二〇一四「弥生青銅器祭祀の展開と特質」『国立歴史民俗博物館研究報告』一八五
（註7）①種定淳介 一九九〇「銅剣形石剣試論（上）・（下）」『考古学研究』三六―四・三七―一
②甲斐昭光編 一九九六『玉津田中遺跡―第5分冊―』兵庫県文化財調査報告一三五―五
（註8）姫路市埋蔵文化財センター編 二〇一七『家島諸島の考古学』
（註9）①三木文雄 一九六九「三原郡西淡町筍飯野古津路出土銅剣（古津路銅剣）」『神戸市桜ヶ丘銅鐸・銅戈調査報告書（解説編）』兵庫県文化財調査報告書一
②武藤　誠・三木文雄 一九七二「三原郡西淡町古津路出土の銅剣（古津路銅剣）」『神戸市桜ヶ丘銅鐸・銅戈調査報告書（本編）』兵庫県文化財調査報告書一
（註10）①大平　茂・種定淳介 二〇〇九「昭和四四年度発掘調査出土の古津路銅剣について」『兵庫県立考古博物館研究紀要』二
②春成秀爾編 二〇〇九『国立歴史民俗博物館資料図録6 弥生青銅器コレクション』国立歴史民俗博物館
（註11）南光町史編集委員会編 一九九四『南光町史 原始・古代編』南光町
（註12）①吉田　広 一九九三「銅剣生産の展開」『史林』七六―六
②吉田　広編 二〇〇一『弥生時代の武器形青銅器』考古学資料集二一
（註13）前掲註1に同じ
（註14）①吉田　広 二〇〇六「銅剣の陽出文様」『喜谷美宣先生古稀記念論集』喜谷美宣先生古稀記念論集刊行会
②吉田　広 二〇〇九「青銅器の形態と技術―武器形青銅器を中心に―」『弥生時代の考古学　第六巻 弥生社会のハードウェア』同成社
（註15）北島大輔 二〇〇四「福田型銅鐸の型式学的研究―その成立と変遷・年代そして製作背景―」『考古学研究』五一―三
（註16）難波洋三 二〇一二「柳沢遺跡出土銅鐸の位置づけ」『中野市柳沢遺跡』長野県埋蔵文化財調査センター発掘調査報告書一〇〇
（註17）廣田和穂編 二〇一二『中野市柳沢遺跡』長野県埋蔵文化財調査センター発掘調査報告書一〇〇
（註18）二〇一七年度の鳥取市青谷上寺地遺跡第一七次調査において、近畿より西の山陰地域で初めて、近畿型Ⅱ式銅戈の断片が出土している。
（註19）吉田　広 二〇一四「近畿における銅戈の展開」『菟原Ⅱ―森岡秀人さん還暦記念論文集―』菟原刊行会
（註20）定松佳重 二〇〇九「淡路島出土の青銅製祭器について―大阪湾型銅戈の出土を通して―」『間壁葭子先生喜寿記念論文集 兵庫県発信の考古学』間壁葭子先生喜寿記念論文集刊行会
（註21）前掲註20に同じ
（註22）前掲註19に同じ

第三章　討論
松帆銅鐸と淡路の青銅器をめぐって

司会：石野博信

パネラー：森岡秀人・難波洋三・福永伸哉・吉田　広・和田晴吾

石野　シンポジウム「松帆銅鐸と淡路の青銅器をめぐって」を始めてまいります。

なぜ淡路に、弥生時代の古い段階に青銅器の文化が集中するのか、それがひとつの謎だろうと思います。青銅器が最初に古文献に登場したのは、『続日本紀』和銅六年（七一三）の条です。「大和国宇太郡の人が長岡野の地で銅鐸を得た」と書いています。私は、奈良時代の人は銅鐸と銅鈴と銅鐘とを区別していたのだろうか。なぜ銅鈴とか銅鐘とは書かずに銅鐸と書いたのだろうという疑問をもちました。一般的には銅鐸は釣鐘のようなものの中に銅の棒のようなものをぶら下げてゆらして音を出すもの、銅鐘は鐘を木の槌で叩いて音を出すもの、鈴は小さく、手に持って振って音を出すものといえます。今私たちが、弥生時代の銅鐸と呼んでいるものが、奈良時代に奈良県の山の奥から実際に見つかった時に、銅鐸という字を漢字として書いたのはそういう使い分けがあったからなのでしょうか。奈良時代の人が、山の中から出て来た妙な釣鐘みたいなものを鐸と呼んだのはいったいなぜだろう、と今も考え続けています。このシンポジウムの最後に皆さんからもし考えがあったら伺ってみたいと思います。

一　松帆銅鐸の発見

石野　さて、なぜ弥生時代の祭祀用具である銅鐸群が淡路の松帆から出土したのだろうか、というのが今日の大きなテーマのひとつだろうと思います。松帆銅鐸群が最初に見つかったと県庁に連絡があったのは、二〇一五年四月九日です。私は、

兵庫県立考古博物館の館長を退いたばかりで、知事の表彰があるとのことで、県庁の文化財保護課におりました。九時四〇分頃に南あわじ市から銅鐸検出の電話が入り、びっくりしたのが私にとって最初でした。今日も会場に来てくれているようですが、南淡路の老人会で考古学を研究している方々などの奮闘もあり、今のように皆さんがときどき新聞で見かけ、テレビで見かけ、今回もそれぞれの研究者の立場で発表していただくような、銅鐸のルーツにさかのぼる研究が進んできたのです。最初に現地で調査された人が会場にいらっしゃいますので、突然ですけれど、まずはじめに当初の話を聞かせてもらいたいと思います。定松さん、お願いします。

定松　ただ今、突然お呼び出しをいただきました南あわじ市教育委員会の定松です。実はこの後で和田先生から少し弥生時代の話をしてくださいとは言われていたのですが、今、石野先生からすごいムチャブリをされてどうしましょうという感じですが……。

先ほど先生がおっしゃられましたように、二年前（二〇一五年）の四月に松帆銅鐸が見つかりました。もともと淡路島は古い銅鐸が多く見つかっているということは知識としては持っていたのですが、実際七つの銅鐸を自分の目で見て触って調査をするという機会にめぐりあい、非常に驚いております。実は先ほど吉田先生の発表でも言及されました、幡多《はた》遺跡（南あわじ市）の銅戈も私が調査をしている現場から見つかったものです。私を昔から知っている人は、青物、つまり青銅器に縁があるんじゃないの、と言われます。ただ

石野博信
(兵庫県立考古博物館名誉館長)

今回の松帆銅鐸の七点は、縁があるにしてもかなり重い縁だなと感じています。両肩にズシッと青銅がのっております。また今日こんなにたくさんの方がこの淡路島の松帆銅鐸のために来ていただき、すごく嬉しく思っております。ありがとうございます。

石野 最初にまず、松帆の土砂集積場でほかにも銅鐸があるかどうか、探さないといけなかったですよね。

定松 そうですね。

石野 最初に二点見つかってその後次々に出てきましたよね。その時はどんな感じでした?

定松 最初、工場から見つかったという連絡をいただきまして、その後に仮置き場にも砂がまだ残っています、ということを伺いました。念のため、その仮置き場がどこにあるかというのを見たいという、本当にそれだけで行きました。着いた途端、もう一人の職員が「ああっ」と叫んで、先に車から飛び降りて走って行ったのです。その後、二日間で四つの銅鐸が見つかりましたので、この砂山の中にまだ残っているかもしれないということで、この会社の社長さん(現・会長)が協力して下さいました。そこで工場の中で調査させていただき、砂が流れるベルトコンベアーに張りついて最終的に七つの銅鐸を見つけることができました。

石野 見つかった日は飲み会になりました?

定松 いやもう、大変なことになったなという、みんな血の気が引くような状態でした。

石野 南淡路の考古学の人は、皆まじめな人のようであります。突然にどうもありがとうございました。

さて、討論のテーマはとくに決めていないのですが、始めていきたいと思います。南あわじ市の話に続いて今回発表していただいた皆さんも、この松帆銅鐸が出土したと聞いたとき、また現地や実物をご覧になられたときの第一印象を教えていただけませんでしょうか。難波さんからお願いします。

難波 南あわじ市で銅鐸が見つかったとの連絡を受けた時は、慶野付近ではそれまでにも弥生時代の青銅製の祭器が多数出土していましたので、また出たのかというのが第一印象でした。その後、定松さんらに銅鐸の見つかった砂の仮置き場に案内してもらい私も探してみたのですが、銅鐸は見つかりませんでした。ぜひ一度は自分で銅鐸を見つけてみたいものですね。

石野 ありがとうございます。続いてどうぞお願いします。

福永　私は直接その時に現地に行っているわけではなく、すでに奈良文化財研究所に運び込まれた後に銅鐸と対面しました。やっぱり有機物がついているということが、非常に衝撃的でして、今後、一生こういう例にはお目にかかれないだろうな、ということを感じました。それで一番最初に頭に浮かんだのは、今となっては負け惜しみのようなことですが、この有機物を年代測定して紀元前後という年代が示されれば、銅鐸埋納に関する私の説は確固としたものになると、ずいぶん心強く思った記憶があります。しかし、その後の展開はまったく予想と違いまして、どうしたものかなといまだに思っております。

石野　森岡さん、続いてお願いします。

森岡　私は四月一一日ですから、かなり早い段階に銅鐸を見に行きました。淡路島の南あわじ市に発掘を担当している的崎薫さんという女性がいらっしゃいます。この方とは芦屋の中学生の時に私の担当の発掘現場に現われてからの、長いお付き合いがあります。考古少女だった頃からです。たいていその的崎さんから連絡が入ったら、南淡路の場合は青銅、北淡路の場合は鉄器が見つかったということが多く、この二〇年ぐらいそういう感じなんですね。それで、幡多遺跡行當地地点で近畿型銅戈が見つかったとき、最初文様から銅鐸と思ったようなのですが、実は電話のやり取りで銅戈だったということがあり、今回も文様などを聞いたのですが、今度は確実に銅鐸が複数出てきたと思いました。その次にすぐ「難波さんは来てますか」と聞いたと思います。銅鐸の第一人者にまず見てもらわないといけないと思ったからです。「いや、難波さんはこれからなんです」と言っていたので、そのぐらい一足飛びに行ったと思いますね。

それで二つ出た時に、いろいろ兵庫県からも御指導があったと思いますが、私は、とにかくこれだけ動いているから、もとへもとへと順番に発見地を戻って行きなさいということと、入れ子で二つ二組になった時に実見したので、これだけなのは不思議だなあと思い、まだ絶対出てくるということを指導しました。探しまくって最終的に七点出ておりますが、5号銅鐸についてはまだ不自然だなと思っています。当時から変だなと思いましたが、この銅鐸は小さく、大きな舌《ぜつ》と寸法が合わないのです。おそらく5号銅鐸を抱き込んでいた大きめの銅鐸があるだろうと思います。したがって、最低八点あるという勝手な説です。八点の銅鐸があって、七点が見つかっていると今でも考えています。今後出て欲しいですね。ただし、サビ方には不自然な点も認められます。

石野　どうもありがとう。吉田さんお願いします。

吉田　私は現地には、大分遅れて行きました。もともと淡路には幡多遺跡の銅戈が出土した時にやはり電話がかかってきまして、すぐ見てくれということで行ったのが初めてのご縁で、そこで幡多の銅戈を評価させていただきました。今回も電話をいただき、松帆に行って銅鐸を見せてもらうことになりました。南あわじ市には古津路《こつろ》遺跡の銅剣があり、銅鐸を見る前に周辺を歩いて写真を撮り、古津路とこんなに近いんだ、こういう土地のところなんだと、そして慶野松原からは西に

和田晴吾
（兵庫県立考古博物館館長）

向かって家島や小豆島が見えるなあと実感しました。私は東進というかたちで西から武器が入って来る、と考えていますが、この淡路島に受け入れたところとして、三原《みはら》平野という場所を再確認しました。

銅鐸が注目されるわけですが、これを契機に古津路や幡多の武器形青銅器を自分なりにしっかり評価したいなあと感じたところです。私は二〇〇七年に銅戈と銅鐸が出土した長野県柳沢《やなぎさわ》遺跡でも同じような感じで連絡をいただき、難波さんと一緒に委員会に入らせてもらって、同じような作業をしました。こういった発見が一〇年ごとくらいにあるのかなと、またそれを私たちは待っている、「あ、来たか！」というのが松帆銅鐸の連絡を受けた時の感想でした。

石野　どうもありがとうございました。こういう講演会のあとのシンポジウムというと、二つとか三つとかテーマを立ててこういう順番で進めていきたいと思います、という打合せがあることが普通なのですが、私が今日ここへ到着したのが、一〇時の一〇分ほど前でして、なんの打合せもせずに今始まっております。

とくに今、皆さんにお聞きしたことは電車の中で考えまして、事前に言うより突然言えば本音が出てくるだろうということで、企んでおりました。皆さんのその時の感想を語っていただいて、本当、よかったなあと思ってます。ところで、和田さんはその時は兵庫県立考古博物館の館長をしておられるわけですから、そういう話を聞いたときはどうでした？

和田　これこそムチャブリを……。私はちょうど兵庫県立考古博物館にお邪魔するようになったその四月にこの話を聞きまして、私の妻が南あわじ市出身ですので、なにか因縁めいたものを感じます。学問的にというよりも個人的にです。運命的な出会いではないかと、勝手に思った次第です。淡路島自体は九州から瀬戸内海を通ってきましたら、畿内に入る入口に横たわっている島でありますし、国生み神話の生まれた地域の中核でもありますので、淡路島に非常にふさわしい遺物が出て来たのかなというふうな感じもしております。今回のシンポジウムでは謎の多い銅鐸について順番にわかりやすいところから皆さんの意見を聞いていっていただければと思います。会場の皆さんからいただきましたご質問にも、出土した銅鐸についての研究は今どうなっているのか、あるいは紐がついていることや、正確な鳴らし方、それはどういうふうにわかってきたのか、というふうなご質問もありますので、できましたらそういう基本的なところからお答えしていきたいと思います。

二　松帆銅鐸の特徴1──舌と紐の痕跡──

石野　それでは難波さんから、改めて言っておきたいということがきっとあると思いますので、それをお願いします。

難波　そうですね、資料に詳しく書いていますので、読んでいただければわかると思いますが、質問に関係する何点かについて、ここで説明します。

ひとつは鳴らし方です。今回初めて、吊り手の部分、鈕《ちゅう》に紐やその明確な痕跡が見つかりました。また舌にも紐がついたまま残っていまして、銅鐸を使う際に、どのように銅鐸や舌に紐を掛けたのか、どのような紐を使ったのかが、具体的にわかりました。紐は思いのほか細かったですね。模造品の銅鐸を博物館で吊り下げるときには太さ一センチほどもある太い紐を掛けて吊るすことが多いのですが、今回見つかった3号銅鐸の吊り手に残っていた紐は直径が二ミリほどしかありません。5号銅鐸の吊り手に残った紐の痕跡も細いですね。また、3号銅鐸では、吊り手に紐自体が残っており、その横に紐の痕跡が残っているのですが、残った紐と痕跡を残した紐では撚りの方向が違います。ですので、一本の同じ紐を吊り手にぐるぐる巻いたのではなくて、複数本の紐を掛けていたことがわかります。実は、松帆銅鐸以前にも、一九九七年に愛知県一宮市の八王子《はちおうじ》遺跡で、発掘中に見つかった全高二〇センチほどの小型銅鐸の吊り手の頂付近に帯状に光沢の強い部分があり、そこが若干低くなっているので、これは銅鐸の吊り手に掛けた紐による磨滅痕であろうと推定したことがあります。この八王子銅鐸の場合も、紐による磨滅痕の幅は約一センチとかなり広いので、紐を一回だけ廻し掛けたのではなく、一本あるいは複数本の細い紐を何回も巻くように掛けていた可能性が高いと思います。また、この八王子銅鐸では、紐の磨滅痕の下端だけでなく上端も、銅鐸の縁が凹入部となっており、そこに紐がうまくおさまるので、下だけでなく上にも巻くようにして紐を掛けたことも推定できました。

銅鐸の原料に関する質問も多いので説明しておきます。昔は銅鐸などの弥生時代の国産青銅器の原料金属については、国産とする説と、朝鮮半島や中国からの輸入とする説、また後者の輸入説にも、青銅器や貨幣などを鋳潰したとかインゴットを輸入したとか、いろんな考え方がありました。この国産説と輸入説の対立は、さらに大きな考古学上の議論と連動しています。銅鐸の原料金属が輸入品だとすると、近畿を中心とする地域と朝鮮半島や中国を結ぶ長距離交易の安定的なネットワークが、銅鐸などの製作が始まる弥生時代中期の早い段階にはできあがっていたことになりますし、一方、原料金属の多くが国産とすれば、弥生時代中期には近畿を中心とする地域と朝鮮半島や中国をつなぐ長距離交易のネットワークはまだそれほど整備されていなかったことになります。これは、弥生時代中期の近畿を中心とする地域の弥生社会がどのような発展段階にあったのか、鉄の本格的な導入以

難波洋三
（奈良文化財研究所客員研究員）

前にその社会システムがどのように整備されていたかという評価に関わってきます。そのような状況下、一九八〇年頃から東京の国立文化財研究所の馬淵久夫先生や平尾良光先生を中心に、鉛同位体比分析という新しい分析法で研究が進められ、鉛は輸入品で、初期には朝鮮半島産、その後、中国華北産が使われたことが明確になりました。ただ、鉛同位体比分析では鉛の産地しかわからないので、主原料の銅は日本産だという説も根強くあります。防衛線を一歩下げての攻防です。

しかし最近、私が文科省の科学研究費助成金を使ってＩＣＰ分析という金属の微量成分の濃度まで非常に正確に測定できる方法で銅鐸や銅戈・銅矛などに孔を穿って採取した試料を分析した結果、主に銅に含まれている不純物のヒ素やアンチモンの濃度と両者の比率が鉛の産地の変化と連動して大きく変わることから、銅もやはり輸入品で、おそらく朝鮮半島産から中国産に変わることが明らかになりました。つまり、銅鐸の原料金属は、銅も鉛も初期には朝鮮半島産、その後、中国の影響が朝鮮半島で強まるようになってからは中国産が使われたようです。私は、倭人が直接的・間接的に中国との接触を持つようになってからは、中国を核とする東アジア世界に経済的にも急速で組み込まれるようになり、商業活動のシステムなども含め、様々な情報が近畿を中心とする地域にも部分的ではあれ流入していたと想像しています。朝鮮半島の中国人との接触も増え、そこから得た情報が倭人の社会を大きく変えていったはずです。なお、銅鐸と鏡の素材が違うかという質問がありましたが、先ほど説明しました鉛同位体比分析によりますと、三角縁神獣鏡も含む後漢の中頃以降の中国鏡や古墳時代の銅鏡と銅鐸の鉛は異なります。ですから、たとえば銅鐸を鋳つぶして古墳時代の銅鏡の原料に使ったということは、基本的にはなかったようです。

石野　どうもありがとうございます。今、難波さんから会場の皆さんの質問にも答えていただきましたが、話の流れの中で随時、発表者の皆さんから回答をいただけたらと思っています。時間とお話の流れによって答えられないことも出てくるかとも思いますが、ご了承いただけたらと思います。

さて、今回の淡路の銅鐸で、私自身が疑問に思ったのは、音を鳴らすための用具である舌がそれぞれの銅鐸の数に合うように、揃ってセットで出てきていることです。私も難波さんの研究室へ和田さんと一緒に行って、今回、難波さんに発表いただいたような、現場映像を見せてもらいました。それでこれは事実としてあのような状態で埋められていたんだということがわかりました。それなら日本中で出土している五〇〇点を超える銅鐸には、舌と一緒に出土したものがほとんどないのはなぜだろうと思いました。反対にいえば、淡路で出土した古い銅鐸が中心の十数点に、音を鳴らす舌という金属の棒がともなっているのはなぜでしょう。どうですか。森岡さん。

森岡　舌と銅鐸の関係についてでもいいですか？

石野　なぜ淡路に集中して出土しているのか、なぜほかの場所にはないのかということについてお願いします。

森岡　私は明石海峡とか鳴門海峡の、皆さんよく知っている渦潮の存在や海流の速度など狭隘な海域は、弥生時代にはかなり物流の障害になっていたと思っていまして、前々から大阪湾内に入る場合、とくに淡路島のどこかにいったん停泊して、西浦側から州本側、東浦側に行くような陸路の伝播ルートもあるのではないかと考えています。とくに土器の動きがありますように、紀伊から来るような人々は淡路の東浦、天神遺跡界隈を経由して神戸に入ったりしたのではないでしょうか。淡路島の東も西も注目していたのですが、西側では三原平野がいい沖積地なのですが、直接通過するには不向きな部分なのですね。海岸に近い縁辺部は全面が砂州《さす》、浜堤《ひんてい》になりますが、その浜堤が港湾部の入口として機能し、そういう場所の入り口部分で青銅器が松帆・古津路両方に分かれることがあったかもしれません。西淡路で銅剣と銅鐸が、きわめて近接地で出土するといいながら場所としては離れて出土しているというのが、印象的だと思っています。銅剣と銅鐸には製作や埋納の微小な年代差があると思いますが、基本的に立地点の違いも関係していると思っています。

石野　聞きたいのは、淡路の銅鐸がなぜ鳴らす棒がぶら下がったまま、埋められているのでしょうか、ということについてですが？

森岡　銅舌が入っている理由ですか？ 最古の銅鐸のマツリの仕組みは淡路島を中心に作られていった。だから近畿全体で同じようなことを積み上げて、淡路島の人たちは多くの銅鐸や舌の埋納についての始まり、基礎を作ったのではないでしょうか。明らかになった埋納時期が早いから余計引きずられているのではないかといわれるかもしれませんが、ローカルな視点よりも淡路が遠賀川文化の弥生前期の文化の近畿到達点の最初期の場所である、と考えていますので、私は摂津・河内よりも古い土器が今後出てくるであろうと推測しております。淡路の銅鐸に舌を付けた状態で確認されたことも仕来たりの古法、起源を発祥せしめた所で、私は当然のような感じです。

石野　あまりよくわかりませんが、当然なのだそうです。難波さん、お願いします。

難波　銅鐸がなぜ普通は舌を伴わないのかということについては、木・骨・角といった残りにくい素材で舌が作られていたため、という考え方もあります。一方、春成秀爾さんは一九八二年発表の「銅鐸の時代」という論文で、銅鐸を埋納する際に祭器としての役割がこれで終わったという意味合いで舌を外して埋めたのではないかと書かれています。また、福永さんは一九九八年発表の「銅鐸から銅鏡へ」という非常に興味深い論文で、銅鐸に水銀と硫黄の化合物である朱《しゅ》の付着したものがあることに注目されています。朱は北部九州の弥生時代の甕棺や古墳の石室や棺にも入っているので、祭器としての命が終わった銅鐸を埋めるにあたって死体を埋葬する場合と同じように朱を付着させた、そういう類似性があると書かれています。銅鐸の埋納がこのようにいわば祭器としての死を意味するのであれば、それをより明確にするために舌を取り外すということは、充分考えられることだと思います。

それではなぜ淡路の銅鐸に舌が残ったのでしょうか。私は江戸時代に松帆に近い慶野中の御堂で出土し、日光寺に伝わっている銅鐸も舌を伴っているので、舌を外さずに埋めるのは松帆あたりのローカルな作法ではないかと考えております。そうだとすると、松帆銅鐸の埋納を主催したのは地元の集団となります。もし、摂津や河内の人たちが松帆にやってきて銅鐸を埋めたのであれば、舌を外して埋めたでしょう。

石野　どうもありがとう。福永さん、続いて。

福永　今、難波さんがおっしゃった通りだと思います。私は古墳の研究者でして、古墳の埋葬施設で青銅鏡が出土すると、当然そこにお棺の残りの木がついていたりとか、それをくるんだ布が残っていたりとかするわけですね。しかし、銅鐸にはほとんどそういう有機物がついていないのです。加茂岩倉《かもいわくら》遺跡も、あれだけ多く出土すれば当然紐の痕跡が残っているものもありそうなのですが、そういうものは無い。ということは、やはり銅鐸を埋納する時にあたってすべての付属物を取り外して、銅鐸本体だけを丁重に「弔う」という、まさにそれが儀式だったと思うんですね。そういうことから考えると、松帆の埋納方法は、ひとつは難波さんがおっしゃったように、ローカルなあり方で、南淡路の弥生人がズボラだったのかどうかわかりませんが、一式そのまま入れたと考えられます。もうひとつは、私は基本的に銅鐸は地中保管したと考えていますから、また使おうと思って埋めていたのに、天変地異とかあるいは予期しないことによって埋めおかれてしまった可能性も否定できません。そういうことがあるのなら、松帆銅鐸の埋められた年代が古いとしても、一般的な銅鐸埋納とは切り離して考えられます。

石野　吉田さん、どうですか？

吉田　私も武器形青銅器から見てみると、埋納品といったものは基本的に生身で、有機質のものは全然ついていません。銅剣も使い方として当時は長い柄の先に、たとえば吹き流しをつけて、高く掲げていたのではないかという想定をしていますが、そのようなものもやはりついていません。質問に広形銅矛も同様に使ったのではないですかとありますのでお答えしますと、もともと銅矛には柄を挿入する袋部があるのですが、鋳造時の内型を抜かなくなりますので、当時はそうしなかったのではないでしょうか。形だけを見せて掲げる、恭しく捧げ持つというような、そういうイメージを持っています。それも生身の、なにも飾りのついた状態ではありません。ですから武器形青銅器の様子を見ていても、やはり埋納にあたっては何もつけずに、生身で青銅そのものを、今から思うと乱雑ともいえますが、土でくるむ、あるいはきれいな粘土で包む、朱がついていることもごくまれにはあるんですがその程度で、付属品は外して埋めるというのが武器形青銅器でも同様と言えそうです。そういう中で、この松帆銅鐸において付属品、つまり、紐がついた状態で舌を伴っているというのは異例といえます。だからこそ私たちは、年代値だとか様々な分析データを総合的に考え、南淡路の地域性というのを評価するべきだと思います。

石野　金属の棒という舌がなければ音が出ないわけです。そういうものをつけたまま埋めている淡路の人たち、それは外して埋めている本州、九州の人という違いがあるということなのですが、埋め方そのものも、淡路の松帆の銅鐸の調査によって、本州島とはまた違う、ま、淡路も本州島ですね、要素があるように思います。

三　松帆銅鐸の特徴2—ほかの事例と異なる埋納方法—

石野　次の疑問なのですが、普通、銅鐸を埋める時には、横にして立てて埋めています。銅鐸の埋め方がわかる例は十数例しかないわけですが、その埋められた状態で見つかった銅鐸のほとんどすべてが、こういう横にして立てるという埋め方をして、縦に置いたりななめに置いたりはわずかです。そうすると、銅鐸にあるA面、B面と呼ばれる二つの面の文様にはそれぞれ独特の意味があるとも考えられます。どちらかをベタっと横にして埋めると、一方が表になり、他方は裏になります。そうではなくて横にして立てるというのは両方に描いてある文様、あるいは絵画にそれぞれ対等な意味を持たせるためだとも考えられます。しかしどうも今回淡路で見つかった銅鐸は、難波さんの調査によって、中の舌の状態から、横に立てて置くのではなく、横にして平べったく置いています。これはいったいなぜなんでしょう。

難波　まったく横にしたというのではなくて、若干斜めの状態というのが正しいと思います。松帆の場合は埋まっていたところが砂地ですので、通常通り左右の鰭を上下ほぼ垂直にして寝かせて埋めたかったが、埋納地が砂地なので動いてしまった可能性もあると思います。埋め方が通常と違うことにどれだけ特殊な意味があるのか、慎重になる必要があるのではないでしょうか。森岡さんは埋め方が違うのは、埋納の時期の違いを反映しているのでは、と考えられています。

これに関係して言い添えておきたいことがあります。最古の銅鐸、菱環鈕《りょうかんちゅう》1式は三個見つかっていますが、その中でも最も古い、すなわち現存する銅鐸の中で最古の銅鐸は東京国立博物館所蔵の菱環鈕1式銅鐸です。さきほど石野先生がおっしゃったように、発掘調査で出土し埋納状態がはっきりした銅鐸はわずかですが、埋納状態についての情報が今はない銅鐸でも、錆び方や出土時に受けた傷や破損の状況で埋納時の姿勢が推定できる例が多くあります。私は、先ほど述べました東京国立博物館所蔵の最古の銅鐸を調査したことがあ

森岡秀人
（関西大学大学院非常勤講師・(公財)古代学協会客員研究員）

るのですが、その際に内面の錆の状態からこの銅鐸が通常の埋納姿勢で、すなわち左右の鰭を上下ほぼ垂直にして寝かせて埋納されていたことを確認できました。これは、森岡さんの古い銅鐸は通常とは異なる姿勢で埋納されていたという説とは合わないのではないかと思います。

石野　埋め方についてはどうでしょうか、どうぞ森岡さん。

森岡　私もたいてい発掘現場で出土する銅鐸は見に行っています。印象としては発掘をされているときに確認しますと、鰭が上下に、つまり横にしつつも立てる埋め方は完全鉄則ではないですが、何％ぐらいですかね、六〇％くらいはあるんじゃないでしょうか。主流にはなっていないかもしれませんが、基本だと思うのです。七点出ようが一四点出ようが、だいたい同じような傾向です。桜ヶ丘の銅鐸の出土状況も司会の石野さんがどう考えておられるか、聞きたいですね。桜ヶ丘は、まったく情報が少なくて、当時の調査関係者のメモとか模式図面が頼りになるのですが、松帆とは製作時期が下がるものが多く、一四点の銅鐸は結構大きさがバラバラなんですね。入れ子がもっとも作りにくいのはどれといわれれば、桜ヶ丘の一群がもっとも入れ子状態がわかりにくいと思います。難波さんはどうですか、桜ヶ丘だったら入れ子になりそうなのが、何組くらい想定できそうなのでしょうか。

難波　桜ヶ丘について入れ子の組み合わせを検討したことはないのですが、加茂岩倉遺跡の出土銅鐸の埋納姿勢について思い出したことがあります。加茂岩倉遺跡では入れ子の何組かの銅鐸が埋納状態のまま残っており、またいくつかの銅鐸の圧痕も文様を含め明瞭に残っていました。私はそのとき、流水文銅鐸（加茂岩倉5号銅鐸）の圧痕の拓本、すなわち地面の拓本を生まれて初めてとりましたが、思ったより綺麗にとれました。今でも楽しい思い出になっています。この加茂岩倉遺跡の銅鐸の多くも松帆に似たような姿勢で埋納されており、真っ直ぐ立てたというよりは、少し斜めになっていました。この場合も、砂地に大量に銅鐸を埋納したため、銅鐸の姿勢が思うようにならなかったのではないかと思います。

石野　神戸市桜ヶ丘銅鐸群の話が森岡さんから出ましたけれど、あれが見つかった時は私は高校の教師をしておった時期でして、一週間近く学校を休みました。めちゃくちゃ校長に怒られましたけれど、なんぼ怒られても今は行くべきだと思いました。その後一年ぐらいたってからクビになりましたけれど（笑）。しかし私が行ったときには土を取っている業者の人た

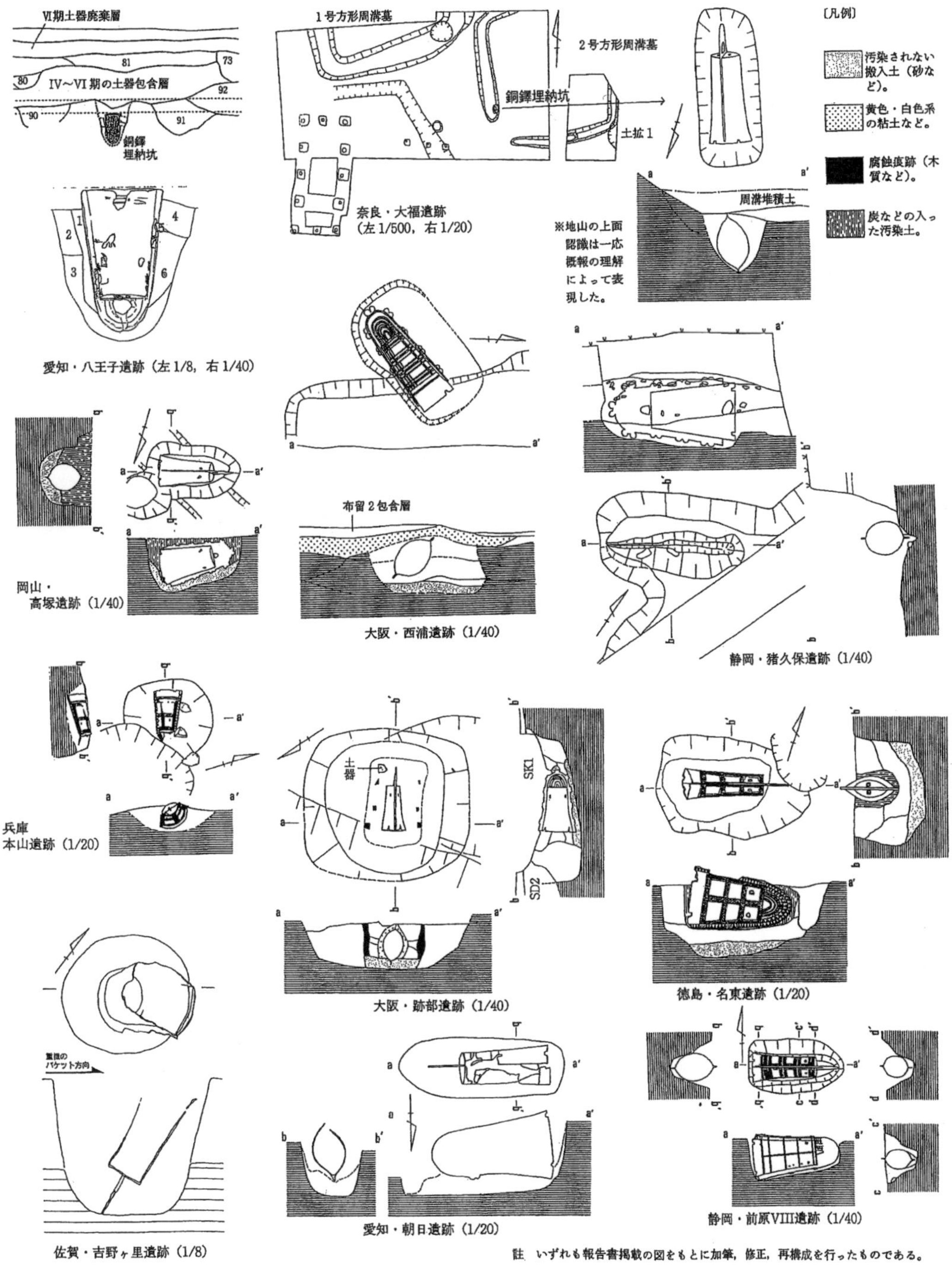

註　いずれも報告書掲載の図をもとに加筆，修正，再構成を行ったものである。

図1　銅鐸の埋納姿勢

（寺沢　薫 2010『弥生時代政治史研究　青銅器のマツリと政治社会』吉川弘文館から選択，配置改変）

福永伸哉
（大阪大学教授）

ちが、全部取りあげてしまっていますから、現地にはひとつも残っていないのです。一四点銅鐸があって、七本銅戈があるのに、現場には何ひとつ残っていない段階で、市の教育委員会に連絡が入って、という状況でした。埋納状況の確認は現地はまったく無理でした。

そうすると手掛りとしては難波さんも触れられましたように銅鐸の一番下の口の部分は大きいですから、そこに土が自然に入ってきます。それで、銅鐸の中に当初埋められていたときの土の痕跡が残っているはずだと気が付きました。銅鐸の中の土砂の付着状況の図面をしつこくとって、そして埋められた状態を復元するということをしました。幸い現地の調査が終わって、高校が試験の時期に入りまして、私はほかの先生にも代わって試験の監督を積極的に行ないました。それは監督している時は教室が静かなんです。ですから教室のテーブルの上にボール紙で作った銅鐸の模型を置き、その中に土の付き具合を全部記録して、こうだろうかああだろうかと考えたのです。ですから試験は何時間あっても楽しかったです。そうやって復元したものを、『ひょうご考古』六号（二〇〇〇年一一月）に公けにしました。

銅鐸は下がもっとも大きいですから、そこから自然に土が入ります。その土の入り方を見てますと、大きい口のところは満タン状態で、中の奥の内側に斜めに土が入っている痕跡が残っていまして、それを見ていくと自然に土が入って埋まってきて、もとの状態は横にして立てていたということが復元できるような状況でした。それが私は普通だと思ったわけです。ほかの銅鐸もきっとそうなんだろうなと思ったのですが、今回の場合はこの状態ではなくて、かなり傾いているという。それは、今回見つかったのは古い段階の銅鐸と、それより後の横にして立てるという外縁付2式以降の段階の銅鐸で、銅鐸をシンボルとする弥生時代の神に対する考え方が変わってきたということだろうか、というふうに深読みしました。本当にそうでしょうかね。そういう可能性があるのでしょうか。そんなことを考えるほど例数が多くない、ということになるのでしょうか。どうでしょうかね、難波さん。

難波　先ほど言いましたように、今まで出ている五〇〇点ほどの銅鐸の中で最も古い銅鐸も、約束通りに左右の鰭をほぼ垂直にして寝かせた状態で埋めていたことが内面の観察から推定できます。松帆銅鐸はこれまで知られている複数個一括埋納銅鐸の中では最も古い組み合わせですから、新しい銅鐸とは異なる作法で埋められた可能性もありますが、この点は福永さんはどうお考えでしょうか。

福永　会場からのご質問にも、私がいわゆる「聞く銅鐸」と「見る銅鐸」で、ずいぶん性格が違うと言っている割には、弥生後期の「見る銅鐸」でも同じように鰭を立てて埋めているものがかなりあるじゃないか、どう違うんだということをいただいています。これは当時の人に聞いてみないとわからないですね。しいていうなら、平らに置けば安定するのでそれが普通だという考え方自体が、あくまでも我々の考え方であって、当時の人たちは一般的に器物を埋め置く時には、多分それが持っている意味を最大限に生かすような向きで埋めるのが普通だったということではないかと思います。銅鐸は裏と表という関係はないわけで、両方の面がきちんと外に向けて見えるように埋めるということが、おそらく当時の人たちのメンタリティとしてある程度行きわたっていたのではないでしょうか。

そういう意味では弥生中期までの銅鐸と、後期までの銅鐸の埋め方が似ているからと言って、銅鐸の歴史的性格が異なることまで否定する根拠にはならないように私は思います。ただ松帆の場合は、舌の位置から考えて、水平に近く、ちょっとだけ斜めになって埋まっていたようです。地震などの関係で少し動いたという可能性もありますが、松帆の関係者は鰭を立てるという意識があまりなくそのように埋めてしまったのではないかというのが妥当なところかと思っています。

難波　先ほどの私や石野先生の説明のように、埋納状態についての記録などが残っていない銅鐸でも、内面や外面の錆の状態や土の付き方、発見時の傷などを詳細に観察すれば、どのような姿勢で埋まっていたか推定できる銅鐸が多くあるので、この検討を地道にすれば、古い段階の銅鐸と新しい段階の銅鐸で埋納姿勢に違いがあるのか、ないのかの答えは、おのずと出ると思います。

石野　そうですね、私もさっき言いましたように、桜ヶ丘でそういう観察をたまたまやった時に思ったのは、大昔から出ている銅鐸の内側を再調査する必要があるように思います。桜ヶ丘の場合は出た直後だからまだよかったんですが、昔の人は丁寧で、綺麗に洗い落としているのもあるのですね。そうするとだめなので、いい加減においていてくれているとありがたいという感じですね。たとえば明治とか昭和の初期に出た古い銅鐸でも、銅鐸がだんだん錆びていきますから、当初ひっついていた砂が、錆と一緒にこびりついております。ですからゴシゴシこすって洗わない限り、わかります。銅鐸研究をされている難波さんはじめ皆さんにも外ばかり見ないで中を一生懸命覗いてもらって、本来の弥生人の銅鐸に対する、あるいは銅鐸をシンボルとするカミに対する思いというのが、もしかするとやがて復元できるかもしれません。

吉田　せっかくですから、武器形青銅器についても少しコメントさせていただきます。武器形青銅器は中空でなく表裏しかないのですが、皆さんも御存知のように、やはり武器形青銅器も基本的には刃を立てて埋納されています。痕跡を丁寧に

吉田　広
（愛媛大学ミュージアム准教授）

追っていきますと、いろいろ復元できることがあります。そういう意味では、桜ヶ丘の銅戈はどうだったのかなあというのが非常に興味深いところです。その中で追っかけていきますと、基本的に十中八九刃を立てています。荒神谷遺跡、柳沢遺跡しかりです。ただ、復元していきますと平形銅剣だけは一〇枚くらい水平に重ねている例があります。はがした痕跡が残っているものや、あるいは鍬をまっすぐ打ち込んだ疵のあるものがあります。そういったものは特殊な形と地域によって、埋納方法を選択したということで、松帆よりかなり時代は下がりますが、そういうこともあり得ることだろうと思います。

石野　はい、どうぞ難波さん。

難波　たとえば、最近兵庫県立考古博物館の所蔵となった兵庫県加古川市の盆塚《ぼんづか》出土の銅鐸でも、身の中だけでなく外もよく見ると、右と左で錆の色が違っています。銅鐸の文様や形ばかり見て外面の錆の付き方などにはあまり注意しない人が多いのですが、このような情報も埋納姿勢を復原するにあたって重要です。また、発見時に鍬などで付いた傷が残る例も多く、そのような傷の位置や打撃の角度、たとえば銅鐸の左右を見ると右側に傷が多いとか破損が多いとかで、埋納状態を復原できることもあります。

石野　どうもありがとう。さっきの吉田さんの話で、中国の遼寧省南山裡で、銅剣を十数本横にして立てて埋納した写真を見ました（森 脩一九三七『考古学』八―七）。ただしそれは復元と書いていました。思い出したのは、遼寧式土器が九州の壱岐島の原《はる》の辻《つじ》遺跡から出土しています。中国遼寧省あたりとの交流を通して広まっていったのか、それとも向こうの方が年代が先で、日本列島側に影響を及ぼしているのか、その辺について吉田さん、どうでしょうか。

吉田　いや難しいですね。武器形青銅器から見てみますと、やはり九州に入ってきて、副葬品としてお墓で出土しているのですね。その武器形青銅器については、九州以外の東のものと、九州のものとを型式と時期でうまく比較するのはなかなか難しいです。今大まかに考えて、九州より中・四国のもののほうが武器形青銅器の埋納は早いだろうというふうに考えています。そうしたときに、これは銅鐸の起源と当然関連してきますが、埋納の起源として自生なのか、それとも九州やさらに遼寧までたどれるのかというのは、まずそのあいだの朝鮮半島の事例がわかりませんので、今の段階では断定できません。ただ、最近の鉄の破片のあり方とかそういったものを見ていても、ぽんと飛んで入ってくる事例というのがあり、弥生時代の祭祀においては、少し私たちは常識的に考えていた部分というものを、再考する必要があり、今回の松帆でそういう一例をいただいたのかなとも思います。宿題にさせていただければと思います。

石野　奈良県の二上山博物館で邪馬台国時代の講演会とシンポジウムを十数年行ないました。昨年でしたか、壱岐・対馬の状況を発表していただいたのですが、そのときにそういう例を教えてもらいました。弥生時代中期の有名な原の辻遺跡では遼寧式土器も、朝鮮半島北方の楽浪系も、南方の三韓系の土器も、比較的多く出ています。日本列島では近畿の纒向式（庄内式）土器も、出雲の土器もあるということを紹介してもらいました。こういうこともあわせて、これから検討してもらえたらありがたいなと思います。

つぎに、青銅器の埋納の仕方についてですが、松帆の場合は、出土した状態じゃなくて出たところからトラックか何かに積まれて、土置き場に置かれた状態のところから出てきていますから、口のところに詰まっている土が二次的に入った可能性がありますね。そうすると、土を出す前にX線写真などを撮って、調査されたのでしょうか。難波さん、その土を落とした後の中の土の痕跡の付き方の状態というのは、どうでしたですか？元は満タンだったのでしょうか？

難波　Ｘ線ＣＴで土の入り方を確認しましたが、入れ子になっている二組とも、下から三分の一くらいまでの土が一度流れ出て再び入ったようで、奥と手前で土の詰まり方がやや違っていました。

石野　奥に隙間がありますか？

難波　隙間はなかったですね。加茂岩倉遺跡の銅鐸では一番奥にまったく土が入っていない部分があって、土の入っていた部分と錆の色がはっきり異なっていました。発見者が入れ子の中の銅鐸を取り出していた松帆1・2号銅鐸についても、内面の錆にそのような差異はなかったです。

石野　桜ヶ丘の場合も土は全部除去されていましたが、土がこびりついている痕跡を観察しますと銅鐸の裾部分に砂礫痕跡が多くて、舞の内側まではまったく届いていないというのが、圧倒的多数でした。そのような中で、私がこだわって皆さんにしつこく聞いていますのは、奈良県桜井市の大福《だいふく》遺跡の方形周溝墓の溝底から出土した銅鐸の中には、土砂が満タンに入っていたからなのです。銅鐸を取りあげてから出土直後の写真を、炎天下の中、板の上に銅鐸を置いて三〇分ほどかけて撮影して、部屋の中へ入れようということで、銅鐸を両手で持ったら、中の土が、銅鐸型のまま残ったんです。さらに銅鐸型の土のてっぺんには、舞の孔の痕跡も銅鐸型土塊の上面に残っていました。ということは、銅鐸を埋めてから自然に入ったとは考えられません。自然に入れば、大きな口の部分、裾の部分が満タンで、奥はそんな満タン状態にはなりません。そこで私は、〝銅鐸の埋め殺し〟と書いたことがあります。銅鐸を埋める時に、もう二度と出てくるな、という思いを込めて意識的に満タン状態にして埋める場合があったと考えています。銅鐸などのカミを祀る用具を埋める時に、ヤマトの弥生人はなんでそんなことをしたのだろうか、よほど特殊なことであって普通にはそんなことありえないのか、ということが大いに気になっております。皆さん、どうでしょうね。難波さん、どうぞ。

難波　埋納時に銅鐸の身の中に土をいっぱいに詰め込んだのか、自然に土が入り込み、その結果、流入した土で銅鐸の中の空隙がなくなってしまったのかを判断するためには、X線CTで中の土の堆積状態を確認することが重要になると思います。大福や松帆の場合も自然に流れ込んだ可能性があると思いますが、身の中に詰まった土が詰め込んだのか流入したのかについては専門家でも人によって見解が異なる場合もあり、判断はなかなか難しいですね。

石野　これからは銅鐸の外だけじゃなくて、中の方も慎重に覗いてもらいたいですね。しかし満タンに土を埋めるというのは、きわめて異常な状態だろうと思います。そういうことが、本当にほかにもあるのかどうかということも、ひとつの課題なんだろうと思います。ということで、次の方へ移っていきたいと思います。和田さん。

和田　今度放射性炭素年代測定の成果を発表させていただきましたが、また難波さんで、申し訳ないのですが、どういうかたちで植物自体が銅鐸の中に残っていたのか、その様子を説明いただけますでしょうか。

難波　福永さんも説明されたように、金属器の本体に近い位置に有機物があると、本体から溶け出した金属イオンの影響で腐食が妨げられたり金属に置換されたりして、有機物そのものやその痕跡が残ることがままあります。松帆銅鐸の場合も、土の中に均質に植物が残っているのではなく、銅鐸の身の内面や、舌と銅鐸の本体との間で植物の残りがよかったのは、このような効果によると思います。舌の紐も、舌の孔の部分には残っていましたが、それから先の部分は残っていませんでした。銅鐸から少し離れていたため金属イオンの濃度が低く、腐食してなくなってしまったのだと思います。

四　松帆銅鐸と出雲の銅鐸

石野　どうもありがとうございました。今、兵庫県立考古博物館で行なっている特別展の図録を見ながら思い出したのですが、図録の二〇頁に銅鐸と武器形青銅器という欄がありまして、兵庫県出土の同笵銅鐸の分布図（図2）を示しております。その中で淡路島から出土しておりますこの古いタイプの銅鐸と同じ鋳型で作ったであろうと思われる銅鐸が、近畿地方でいくつかあり、近畿以外で目立っているのが出雲です。荒神谷遺跡や加茂岩倉遺跡ですね。淡路松帆と同じ鋳型で作った銅鐸が出雲の地域に集中的にあるというのはいったいなぜでしょうか。皆さんの考えを聞かせてもらえたらと思うのですが、どうぞ難波さん。

難波　島根県の担当者は、松帆銅鐸と同笵の銅鐸が出雲に多いことから両地域の密接な関係を推定していますが、新聞発表のコメントでも述べましたように、そうではないと思います。松帆銅鐸七個のうち、六個が外縁付鈕1式という古段階前半

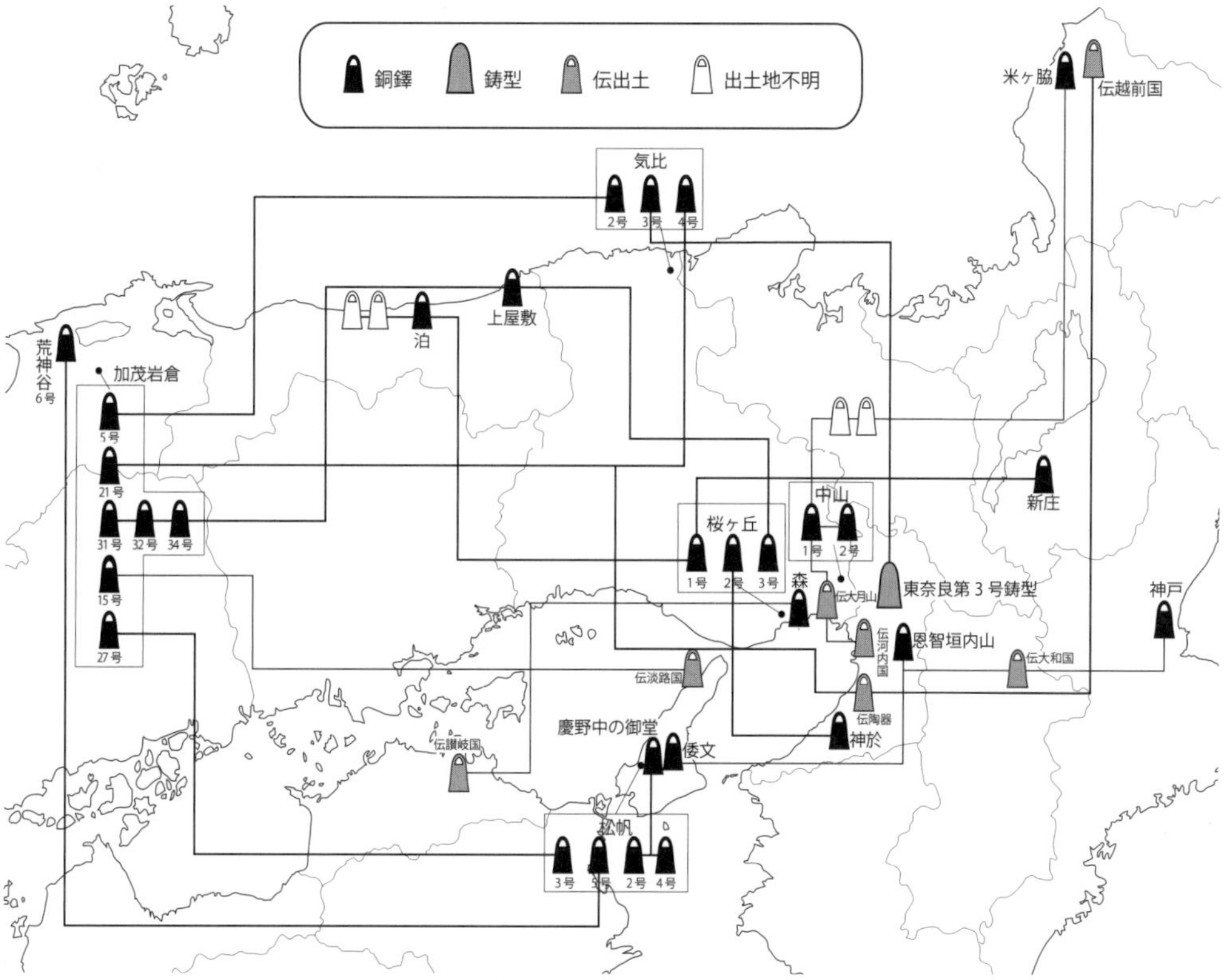

図２　兵庫県出土の同笵銅鐸の分布

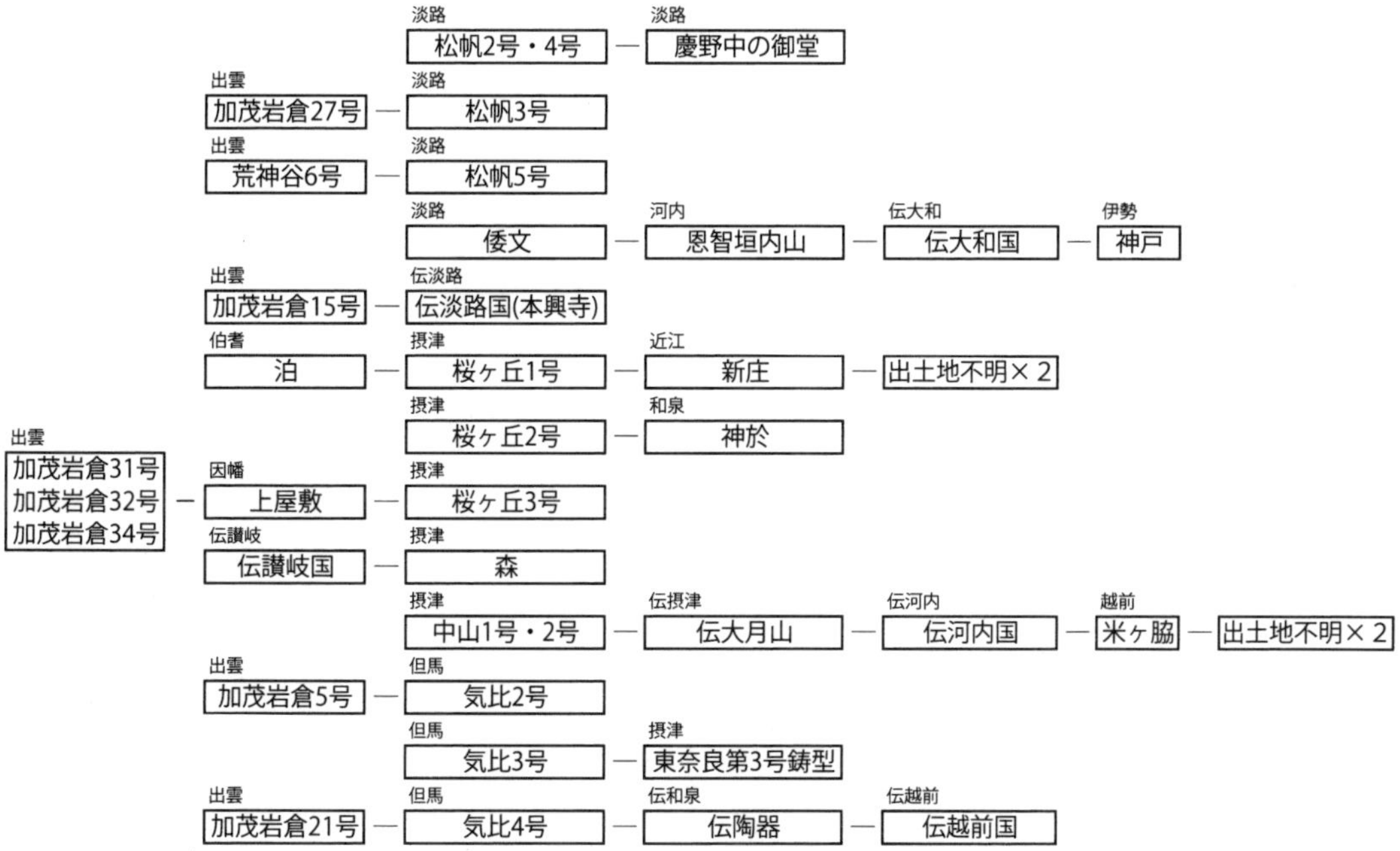

図３　兵庫県出土の同笵銅鐸関係図

の銅鐸です。この段階の銅鐸は、特に出雲で多く出土しています。加茂岩倉遺跡で出土した三九個のうち、一九個がこの外縁付鈕1式段階ですし、荒神谷遺跡で出土した六個のうち三個も外縁付鈕1式ですので、出雲では外縁付鈕1式銅鐸が計二二個も出土しているのです。当然、外縁付鈕1式銅鐸が出土すれば、出雲の銅鐸に同笵品が見つかる可能性が高いことになります。松帆銅鐸に出雲と同笵のものが多いのは、このような原因によると私は考えています。

石野　淡路島で出土した古いタイプの銅鐸、出雲で出土した古いタイプの銅鐸について、それぞれの地域で作ったとは限らないというふうに難波さんも言っておられたと思うのですが、そうするとどこで作ったのでしょうか。どこで作って、誰が淡路なり出雲なりに運んだのでしょうか。そのへんどうでしょうか。はい、難波さんどうぞ。

難波　それは鋳型が出土しないとはっきりとはわからないですね。吉田さんもおっしゃったように、最古段階の菱環紐式は銅鐸分布圏の縁辺部で多く出土しています。銅鐸の分布圏の限られた地域に菱環鈕式が分布し、その後しだいに分布圏が広がっていくという状況ではないのです。ですので、銅鐸の分布から製作地を限定することがなかなか難しいのです。しかし、外縁付鈕式段階の銅鐸の鋳型が、大阪府茨木市東奈良《ひがしなら》遺跡や大阪府東大阪市鬼虎川《きとらがわ》遺跡、奈良県田原本町唐古《からこ》・鍵《かぎ》遺跡などで出土していることを考えますと、松帆銅鐸も近畿の中心部で作った可能性が高いのではないかと思います。

石野　森岡さんは淡路島で作ったと発表されてましたかね。

森岡　最古段階鐸分布のドーナツ化現象という言い方をして、淡路島もそのうちのひとつに入っているという説明をしたのですが、なにしろ鋳型を入れて一二例ぐらいしかないので、銅鐸の何％かになるかというくらいに、すごく少ないのですよ。また時期としては菱環鈕式鐸が五型式か六型式とかに分かれる難波さんの型式的な分類がみられまして、かなり続くか、異系統が並存していることになる。

私は、古い段階の隆泉寺《りゅうせんじ》の銅鐸を淡路の定松さんとか的崎さんと一緒に実測したことがあります。有名な重要文化財で、生産上において一型式は松帆に先行する銅鐸です。その時に随分手応えがありましてね、松帆の1号銅鐸と隆泉寺の銅鐸には複合鋸歯文の入る横帯文があり、大きさや型式は異なるものの親子関係に近いなあ、と。このように、完形品で新旧二例続けて出土している場所は淡路島しかないのです。この銅鐸は、淡路島で工人の系譜が追えることを示しているのではないでしょうか。鋳型だけが近畿中央部にあるとすれば、初期の段階に二つの銅鐸が島内に送りこまれたということになりますから、不自然というか少し考えにくいかと思います。難波さんのお考えとずれがあるとしたらそこですね。たとえば淡路島で、さらに古い銅鐸がもうひとつ出てきて、三つ続くようなことにでもなれば、三原平野が最初期の銅鐸の鋳造地といえるのではないでしょうか。

ただ、菱環鈕1式から外縁付鈕1式段階、弥生時代中期初めに、銅鐸の生産を支えるだけの有力な集落の発達がどれだけあるかという点が課題ですね。石製鋳型や坩堝《るつぼ》、取瓶《とりべ》、銅滓、フイゴの羽口のような青銅器鋳造生産に関わる遺物が今後、淡路島で出土すれば、淡路島そのものが、銅鐸の最初期段階の生産も行なっていたといえるのではないかと思っています。近畿の真ん中である中部・南部河内と大和では、銅鐸を最初から作っていて、近畿中枢部の前期・中期は勢いがありますから、そのあたりが生産力や政治統合の中心部をなして、古墳時代の大和政権につながるんだと、佐原真さんや田辺昭三さんらがよく言われてまして、この話は福永さんがもっとも共感されると思いますが、近畿中枢の一貫した動きですね。その考えには私の場合は少し抵抗があります。

石野　はい、福永さんどうぞ。

福永　日本のこととは直接関係ないのですが、ゴードン・チャイルドというイギリスの考古学者が、人類が農耕を始めて様々な役割をそれぞれの人が分担するような、分業というものが生まれてくるごく最初の時期に、当然、金属器工人なども現われてくるわけですが、ひとつの工人グループをひとつの村で抱えるだけの余剰がない場合には、その工人グループは一ヵ月間はこの村、次の一ヵ月間はこの村、というふうに渡り歩きながら、それぞれ製品を製作して、各地に供給していくという、いわゆる巡回工人というのが専門工人の走りではないかという説を、五〇年以上も前に発表しました。

そうすると、銅鐸製作の初期に、そういう可能性はないのか、どこかの村に定着して通年的に銅鐸生産が出来るようになるのは、いつごろなのかという点について、たとえば鋳型の問題から見た時に、あるいは森岡さんがおっしゃったその地域の集落の状況から見たときにどういうふうに考えたらいいのでしょうか。難波さん、よろしくお願いします。

難波　最古段階の菱環鈕式銅鐸の鋳型が、愛知県の朝日《あさひ》遺跡で出土していますし、福井県の下屋敷《しもやしき》遺跡でも古い段階の可能性のある鋳型が出土しています。その二ヵ所はどちらかというと銅鐸の分布圏でははっきり言って周辺で、先ほど言ったように近畿の中心部ではないのです。ですので、初期には工人が巡回していた可能性があると思います。その後、ある段階から、遅くとも東奈良遺跡で銅鐸生産が始まる外縁付鈕1式末頃には、拠点的な集落で定着して生産するようになっていたと思います。銅鐸製作地の良好な資料がまだわずかしかないので、これがもう少し増えてほしいのですが。

石野　福永さんからも質問がありましたが、発表者同士でお互いに聞きたいことがきっとあるだろうと思いますので、いっぱい聞いて下さい。では福永さん。

福永　さきほど、淡路と出雲の関係で、難波さんは、現在同笵銅鐸が見つかっているのは結果に過ぎないのではないか、ということをおっしゃったのですが、森岡さんのレジュメを拝見すると、やはり淡路と出雲について少し関係があるのではないかというニュアンスで書いておられるので、そのへんのお考えを森岡さんに伺いたいと思います。

森岡　古く遡れば、一九七四年か七五年くらい、東奈良遺跡の銅鐸鋳型が出土した時は、これは最初で最後みたいな完形の鋳型で、今だにそういう完形のものは出ていないのですが、香川県の我拝師山《がはいしやま》遺跡出土の銅鐸と兵庫県の気比《けひ》3号という銅鐸が、その鋳型で作られたことがわかっています。摂津の北部の東奈良遺跡で作られたものがすでに遠方に動いていますし、もっといえば海上運搬ルートが使われているといえます。さらに山陰には丹波を通るか、播磨を通るかわかりませんが、少なくとも鳥取や、兵庫県北部の但馬などには同じ鋳型のものが出土しているわけですから、加茂岩倉遺跡・荒神谷遺跡の銅鐸の時期には、近畿地方の中枢部の銅鐸が、河内にしろ、摂津にしろ、生産場所や祭祀場を離れ、わけても山陰には動いているものが多く、山陰で作られたものも少数ありそうだということです。そうなってきますと、古来山陰道や、福永さんの発表で言われた南海道など古代の交通網がすでに存在し、海上を含めて、日本海ルートで但馬から因幡・伯耆、そして出雲に行く場合も考えられますし、そういう動きがもうすでにあると考えています。直接、出雲と淡路は関係ないけれども、最終的に出雲と淡路に多くの銅鐸が出土するというのは、弥生時代中期後半までの近畿の弥生社会には、やはり淡路と出雲に多くの古い銅鐸を送りこむという社会的な観念、埋納規範が継続してあったのではないかなというふうに思います。

文化人類学の高谷好一さんは農耕民には伝播活動はないとよく言われていました。しかし、農耕民はイコール一〇〇%農耕民ではなくて、海民という海人《あま》のような海の民が日本海にも瀬戸内海にも紀伊水道にもいて、そういう人の活動の様相が銅鐸にも関わるのかな、と私は想定しています。遠賀川《おんががわ》の段階は西方からの農耕の伝播段階ですからね、古い銅鐸としてはその段階でじわじわと西から東へ入ってくる農耕文化とも関わって、銅鐸保有の基地みたいなものもできています。そのポイントに海民活動で、渡り職人というような者が入っていてもおかしくない。一回渡ったけれど、次は航海でこっちに行こうというので、日本海ルート、太平洋ルートで工人たちも動き、銅鐸が次々遠方で作られるようになるということは、鋳型の分布や物の動きからは考えられると思います。そういう点で出雲と淡路を直接的に結び付けているわけではなくて、近畿が関連している西限地、西の端を出雲ととらえる、瀬戸内のもっとも端を淡路中央部ととらえると、当然四国では銅鐸が出土していますので、淡路島松帆周辺は重要な場所だという観念、元締めだった助走、揺籃《ようらん》の地としての記憶が、紀元前三世紀あたりからずっとあったのではないか。それがないと、難波さんがいわれる外縁付鈕1式段階、2式段階の動きだけで説明できるかどうか。私は弥生人の祭祀圏が広域化し、大きな地域が共通理解と合意に達する場所としてそこに観念されていた遠隔の場、というふうに関係づけてみたいと思います。別に両地を神話を媒介に結び付けようということ、企図などは、まったく思ってはいないです。伝来地としての意義を踏まえ、同じ意味合いで二つの地域が選ばれるということです。

石野 はい、難波さんどうぞ。

難波 銅鐸工人の巡回の問題でひとつ参考になるのは、次の同笵銅鐸の一例です。加茂岩倉遺跡では、和歌山市太田黒田《おおだくろだ》遺跡で出土している外縁付鈕1式銅鐸と同笵のものが四個出土しています。この五個の同笵銅鐸の製作順を鋳型の損傷の進行状態から推定しますと、太田・黒田遺跡の銅鐸は一番目とか五番目ではなくて、その間のおそらく三番目に作られたことがわかります。ですので、銅鐸鋳型を運んですべて現地生産したとすると、まず一・二番目の銅鐸を出雲で作った後、和歌山に移動して三番目を作り、再び出雲に移動して四・五番目を作ったことになりますが、これは考えにくいでしょう。

また、同じ外縁付鈕1式銅鐸の加茂岩倉6・9号銅鐸と出土地不明の辰馬考古資料館四一九銅鐸の三個の同笵銅鐸の場合も、加茂岩倉6号、辰馬四一九銅鐸、加茂岩倉9号の製作順が推定できます。すなわち、この場合も、出雲で作ったのち他の地域に移動して作り、また出雲に戻って作った可能性が高いことになります。ですので、少なくとも外縁付鈕1式段階では、銅鐸をすべて巡回して作っていた可能性は低いでしょう。菱環鈕1式はいずれも全高二〇センチあまり、菱環鈕2式も全高四〇センチ未満がほとんどですが、外縁付鈕1式になると、全高四〇センチを超える銅鐸が相当数作られています。このように大型化した銅鐸の重量のある石製鋳型を壊さないように注意してわざわざ遠隔地まで運び、同笵銅鐸を現地生産していた可能性は、私は低いと思います。

石野　弥生時代の社会に渡り職人がいたかどうかという問題は、佐原さんが提起されて、福永さんの師匠の都出比呂志さんが考えにくいと否定的に書かれたことがあります。私も弥生時代の社会にそれを考えるのは少し無理がある、と思ってます。確かに銅鐸の鋳型が出土している地点は遠く離れたところも含めてぽつぽつと出ているわけですが、製品は製品として動いているというふうに考えたほうがいいのではないか、と思っています。森岡さんの発表では、生産した場所、供養した場所、埋めた所、この三つを切り離して考えようと提案されました。それはすごく賛成です。使ったところと、埋めたところとそんなに遠くしなくても、同じ共同体の人たちがやっているとしたら、それは近くてもいいのではないかと思います。

吉田　ただいま、巡回の青銅器工人は考えにくいのかなと改めて伺ったのですが、私は武器形青銅器の古いものの分布と銅鐸の分布から比較していくと（本誌96頁・図2参照）、やはり近畿の中枢部に古い銅鐸はなく周縁に拡散していきますので、そういう範囲をやはり動いているのではないかと思っています。広域な範囲が点々とですけれども連動していて、むしろそういう地域が集まって、ひとつの地域だけでは銅鐸を作れないけれども、共同出資みたいなかたちで、順番を待っているというと極端ですけれども、そういうありかたで、最初期は作っていたと考えられないでしょうか。同笵銅鐸が多く作られる時にはもう近畿ではアトリエができてきているのかなと思いますが一方で、そういう菱環鈕式の古い時期には、工人が渡り歩いて行くことがあり、そうした場合、原料の窓口として、出雲あたりが結構強かったのかもしれません。それが荒神谷遺跡、加茂岩倉遺跡の青銅器の多さにも反映しているのではないでしょうか。これは以前島根の青銅器を分析した時に書いたことがあります。最も気になるのは、武器形青銅器の分布には、日本に入ってくるときに玄界灘沿岸・早良平野という明確な中心地があり、そこから同心円的に東に広がっていきますが、銅鐸にはそういう動きがみられず、かつ、武器形青銅器の分布の裏を取るようなかたちで広域が連動していることです。それは西をかなり強く意識して、出雲、北陸、淡路、東海、そして近畿も含めた広域が連動した結果、銅鐸が生み出されたことを示すのではないかと私は考えたりしています。

五　銅鐸の埋納と弥生社会の変遷

難波　福永さんが「複数出土銅鐸の型式の組み合わせ」の表を示されています（本誌67頁、表1参照）。このような表は、いつ埋納のピークがあったかを表わすためによく使われるのですが、気をつけないといけないのは各型式の個数の問題ですよね。たとえば扁平鈕式の銅鐸は非常に数が多いですし、突線鈕式の中でも3式は数が多いのです。個数の多い型式は当然、複数埋納例も他型式との共伴例も増えます。埋納時期の認定に、各型式の個数が影響を与えている可能性はないのかを検討する必要があると思います。多段階埋納説で埋納時期を想定する際も、型式別の個数の多少が外見上の共伴例の多少となって表れており、これが段階設定に影響している可能性があると思います。いかがでしょうか。

石野　福永さん、お願いします。

福永　そのとおりだと思います。私は「多段階」とは考えなくて、埋納に大きくは二度ピークがあったと考えてきました。扁平鈕式と突線鈕式の間と、突線鈕式が消滅する段階です。「型式の組み合わせ」で区切りの部分を説明しますと、扁平鈕式というのは製作数は多いのですが、古い外縁付鈕式と組み合うことはあっても、次の突線鈕1式以降と組み合うのはごくわずかで、基本的には突線鈕式と組み合うことはないわけですね。ですからここに区切りがあると考えています。いくら扁平鈕式の数が多くても、その次のものと組み合わないということは、やはり一定の意味があるのではないでしょうか。

ただ、最近考え始めたのは突線鈕3式と4式以降の間にも区切りが見出せるかもしれないということです。突線鈕3式は数が多くて、三遠式の新しいものもここに入ってくるとすれば、その後の近畿式のみに収斂していく4式以降のものと組み合わないというのは、両者の分布の違いのことも含めて、意味があるかもしれないというふうに考えて、ここにも埋納のピークがあるのではないだろうか、ということです。むしろ、今の難波さんのご指摘があった多段階埋納を強く提示された森岡さんにお伺いしたいと思います。

難波　その前に追加説明しておきますと、突線鈕1式は外縁付鈕式や扁平鈕式と比べて非常に数が少ないのです。ですから、扁平鈕式と突線鈕1式の組み合わせが非常に少なくて、扁平鈕式と外縁付鈕式との組み合わせが多いのも、結局、突線鈕1式の数が少ないことが影響している可能性があるのではないでしょうか。この点を、また検討していただきたいと思います。

森岡　不均一ながらこういう階段のような表を、考古学では頻度のセリエーショングラフといいます。オスカル・モンテリウスという北欧の考古学者は三〇回の共伴率でもって考えていたので、銅鐸はまだ資料数が少ないのでしょうね。ただ、福永さんの考えは有力な学説になってもおかしくないと思います。私もその画期はすでに一九七五年に考えました。中期末と後期最終末の二段階埋納です。ピーク埋納か多段階埋納かということになりますと、多数の銅鐸生産が行なわれていたところが埋納のピークになりますので、福永説は常に多数の銅鐸が出土する場所ではピークということはいえると思います。私が考えている多段階埋納というのは、もう少し細かく分かれるので、少し弱い波動と思います。ただこういうふうにふたつの資料が一緒になって問題になる資料というのは、近畿の弥生土器ですと、私自身も二〇〇〇年くらいに出した本で分析して、二様式と三様式がどういう関係にあるか、三様式と四様式がどういう関係になるのかを検討したことがありますが、一括性高いものが数え切れなくあります。銅鐸は資料数でいうと、まだ多くてもおそらくモンテリウスの三〇例に達しないというところの議論です。これを考古学的にどうみるかというところで、多段階埋納、ピーク埋納、九州の人が考えるようにぽつぽつぽつぽつと階段のように、段階や画期ではないような毎日のように続いている埋納という説に分かれると思うんですね。これは、まだ現時点では何が正しいか決着していない議論と思います。

福永　ぜひ今日、これを聞かなければ私は帰れないということで、森岡さんに伺いたいのですが、私の二回ピーク説は、銅鐸の用途、役割、またその背景として弥生社会の構造変化も絡めて、総合的に提案しているものです。森岡さんの多段階埋納説については、まず銅鐸は何に使っていたのか、何のために埋納するのか、どうしてその場所に埋納するのか、銅鐸を失った集団はその後どうするのか、等々のことをそれぞれの段階ごとに伺えればと思います。

石野　時間も迫ってきましたけれども、ではよろしく。

森岡　私は銅鐸の舞台になっている集落構造というか、農耕集落の持っている土器の量とか、石器と土器の関係とか、全体的に画期点をいくつか持っていて、とくに弥生時代の紀元前段階の画期点を四つ程度考えていまして、福永説よりかなり多いんですよね。その中に銅鐸が一回だけ入れてもらえるぐらいのことはあり得ると。その四つの画期の中にひとつくらい選ばしてもらってもいいんじゃないかということで提唱しているわけで、正確には表にしたりして、きちっと段階的な、何がどう変わるか、絶対量とか、品目とか、そういうものをすべて挙げられるようにできると思います。始まりと終わりを示す諸現象の消長表がもっともわかりよいですかね。凹線文出現段階で消えていく大型集落というのに着目していますね。その段階で社会も再編成をしないといけないような状況にありますから、三様式と四様式の間の農耕集落の大編成というものも考えてほしいなと思います。

福永　このシンポジウムはあとで本になるそうですので、またその本で森岡さんのお考えを拝読させていただきたいと思います。銅鐸は何に使って、どうしてその集落が変質するときにはその役割が失われるのか、ここのところですね、ぜひ森岡説をその本で読んでいただきたいと思います。

六　おわりに―今後の課題―

石野　時間が迫ってきたところで、だいたい盛り上がってくるのはよくあることなんですが、予定の時間は来ています。しかし、これで終わるのはどう考えてももったいないので、若干延長ということで、皆さん一言言っていただきたいと思います。吉田さんからお願いします。

吉田　多段階埋納、ピーク埋納に関連すると、武器形青銅器の変遷には、中期の終わりにひとつのピークというか、節目が確実にあります。その前に段階的に埋納しているのか、一回でやっているのか、ということがおそらくキーになっていくのだろうと思いますが、むしろこの三原平野はそのいいケーススタディの場になるのではないでしょうか。松帆が銅鐸の製作、入手がほぼいっしょだとすると、松帆あるいは隆泉寺が先行して、古津路遺跡の銅剣がわずかながら遅れ、そしてその後に幡多遺跡の近畿型銅戈を入手して、最後はばらばらにして捨ててしまって、完全に中期のなかで終わってしまいます。それが銅鐸と武器形青銅器を含めて多段階型でやっているのか、おそらく三原平野というひとつの地域のまとまりの中で青銅器祭祀、その中に、ひょっとすると銅鐸から武器形青銅器に転換していることも考えなければいけないのかもしれない。そういった面で私は、武器形も含めて報告書の作成のときに考えていきたいと思います。

石野　そうだ、吉田さんに聞くのを忘れていました。柳田康雄さんが古津路遺跡の銅剣のなかに九州系が一本あると考えておられますが、その意味についてどうでしょうか。

吉田　私自身は、古津路遺跡の銅剣は基本的に九州からきていると思っています。

石野　すべてですか?

吉田　柳田さんが九州系としているのは、もっとも短い14号です。これは、私が以前は中細形と考えていましたが細形に位置づけなおしたもので、私も九州で作られているだろうと思います（本誌99頁・図6参照）。ただほかの1号銅剣まで含めて、私は九州に起源があると考えていますが、このあたりはまた難波さんと話しはじめると非常に論争になるところです。たとえば1号銅剣以外の2号や3号などは吉野《よしの》ヶ《が》里《り》遺跡などからも出土している銅剣ですので、少なくとも共通の型式が九州にあることは間違いありません。

石野　このテーマは本ができあがった後のほうが、賑やかになりそうですね。森岡さん、お願いします。

森岡　多くの課題がありますが、私がもっとも関心があるのは、今日もかなり議論のウェイトを占めました武器形青銅器を含め、列島紀元前の大形青銅器の組み合わせを比較検討すると、埋納段階には器類同士に排他的な関係が見えないということです。ムラムラではそれぞれ違った器物を使って祭祀を行なっていたはずなのです。それが埋納段階に横断的に集合するというふうに皆さんに理解してほしいと思います。

その実態を考えると、青銅器の原材料である金属原料は、すでに弥生時代中期後半や中頃に、大陸や朝鮮半島をずっと経て来ているわけなのです。弥生時代の青銅器はいろんな顔つきを持っていますが、原料では一元的な統一が図られていることの謎、これは今日聞いていても私自身も解決できなかったし、皆さんもそういった社会の性格としての成案は出てきていないですね。そこを課題にしていきたいなと思います。つまり器物の形・顔色で研究をする段階から、原料調達の段階に視点を移しますと、もっと広域的になりますね。その広域性というのがよく私にはわからない。むしろ古墳時代のあり方に近いなあと思いますので、どこかに原料をばらまいている集団はいないけれども、原料は西から東へ渡してやれよという非常に弥生人の戦争にならない寛容な社会といいますかね。穏やかな、そういうふうなイメージがあります。それだけは最後にちょっと強調しておきたいと思います。

石野　新たな風穴が出てきそうであります。福永さん、お願いします。

福永　私は古墳時代を主に研究していて、銅鏡などからアプローチしているわけですが、そういう立場から見ると、やはり松帆銅鐸というのは時代的にも遠い存在です。しかしこれまで私が考えておりましたような、わりとシンプルな二回ピーク説だけでは説明できないものがあるのかもしれないということを、非常に今回感じまして、レジュメをつくるのに随分苦労しました。実は私のもう一つの関心は、その後の淡路島はどう動いたのかということです。古墳時代にかけて瀬戸内のルートが重要になってくる時、日本が国のまとまりを作って行こうとする時に、淡路島というのは、大変重要な瀬戸内ルートに壁のように立ちふさがっている所です。そのことと松帆の銅鐸が関係あるかどうかはわからないのですが、この地域に今後、ぜひ注目していかないといけない。淡路島ではこの一〇年でもすごく新しい知見が増えました。まさに畿内をとりまく地域の中では括目すべきエリアではないかと思っています。

石野　じゃ、難波さん。

難波　ひとつは原料の問題です。私が科学研究費で行なっている分析で、近畿で青銅器を作り始めた頃から鉛だけでなく主原料の銅も、朝鮮半島や中国から持ってきていたことが明確になりました。この成果を踏まえると、弥生時代中期の早い段階から、朝鮮半島や中国から安定的に原料金属を持ってくる広域の交易ネットワークができあがっていたことになります。畿内の弥生社会は閉鎖的なものではなく、早くからそういうシステムを作り上げていたと、私は考えています。

考古学者は社会発展を考える時に、鉄を非常に重視します。私は青銅器を研究していることもあり、鉄偏重の歴史観に対し反感があります。たとえば、鉄の大量流入によって朝鮮半島へとつながる長距離交易のネットワークができ、これを契機に社会変革が起こったと考える研究者が多いのですが、鉄の大量流入以前に青銅器の原料金属入手のための長距離交易ネットワークがすでにあったのです。しかし、弥生時代中期以前には、銅鏡や青銅製の武器類といった海外の文物が近畿ではあまり出土していないので、原料金属は多量に入手していたが銅鏡や青銅製の武器類などはあまり入ってこないというような、選択性があったのかもしれないですね。

そして銅鐸などの原料金属が輸入品で、おそらく中期後葉ころから中国産の原料金属を専ら入手して使うようになると、中国社会の情報も直接的あるいは間接的に畿内に流入していたと思います。商行為の作法などはさらに遡って朝鮮半島産の原料金属を入手していたころから、当然身についていたはずです。このように海外との接点が大きくなることで、近畿を中心とする地域の弥生社会は大きく変化し、東アジアの中国を核とする文化・経済圏に組み込まれていったのではないでしょうか。戦後から一九七〇年代頃までは考古学の世界でも唯物史観が有力で、純朴な倭人がこつこつと水田を切り開き、そのうち水や土地などをめぐって争いが始まり、階級社会となりクニができ王が登場したというような、閉鎖系的な社会進化を想定する歴史観が主流であったように思います。そして、最近では森岡さんが説明された首長制といった、唯物史観とはいわば親戚関係にあるアメリカの新進化主義の文化人類学の概念を当てはめて説明する研究者が多いのです。私は、日本の考古学者が唯物史観から新進化主義に乗り換えたのは、唯物史観と類似の社会発展論的な枠組みになじみやすかったことが一因ではないかと考えています。そして、列島内での閉鎖的な社会発展を想定する傾向は、今も根強く考古学者の中に残っている気がします。

しかし、中国といった文明の核地域のいわゆる一次国家では自生的で段階的な社会発展が起こるでしょうが、日本のような周辺部のいわゆる二次国家では、核地域との接点が生まれると飛躍的な社会発展が起こった可能性があります。たとえば現代のインドの人たちは、ダイヤル式の電話もほとんど無い社会から、一気にスマートフォンやコンピュータを使うようになるという飛躍がありましたよね。弥生時代にもそういうことがあったのではないかと私は思っています。たとえば中国の原料が入りだした段階で間接的にではあれ、近畿にも中国社会の情報や商行為の情報が入ってきたはずで、それを契機として大きな社会変化が起こった可能性があります。その頃の中国はある面では今の日本と大きく変わらないような社会ですから、辺境の倭人たちが青銅器の原料や銅鏡、朱などをさかんに求めているからうまく売りつけて稼いでやろうというような商人がいて、そういう人たちが列島へと手を伸ばしてくる、倭人もいつまでも中国人や半島人のカモになっているわけにはいかないので、様々な情報を入手して中国を核とした文化圏・経済圏に積極的に参入していく、そのような状況ではなかったでしょうか。世界史的にみて当時の倭人の社会がどのような発展段階にあったかということの検討も確かに大事でしょうが、中国を核とする東アジアの周辺地域においてどのように倭人の社会が、いわばいびつな発展過程を経て独自の変化を遂げ、その過程で固有のアイデンティティーをいかに形成していったのか、その解明のほうが私には興味があります。

石野　ほかの皆さんも二言三言、言いたいというような感じではありますが、まとめて和田さん、どうぞお願いします。

和田　話がすごく盛り上がってきまして、大きな話になってきました。詳しく話す余裕はありませんが、二次国家の考え方には私も賛成です。

最後に盛り上がったところに水を差すようですが、広報も兼ねて、今行なっている調査・研究について、少しお話させていただきます。ひとつは、ご質問にもありましたとおり、出土地点がもう少し絞れないのかということです。そこで、そのための方法の一つとして、レーザー探査を行なっています。現在耕作されているところは機械が動かせないこともあって、出土地点を狭い限定的な場所に絞ることは少し難しいかもしれません。古津路遺跡の周辺だろうという程度のことしか、今のところはわかりません。それ以外に、兵庫県と南あわじ市が共同でボーリング調査を行なっています。それによって、出土地点というよりも、当時の三原平野全体の地形をできるだけ詳しく復元していきたいと思っています。海水や淡水がどの程度内陸部の方に広がっていたのか。港などを考えるうえでは重要なことですが、そういうようなこともわかってくればと思っています。

今日のシンポジウムの成果は雄山閣の『別冊季刊考古学』にまとめることになっています。また、今申しましたような調査はじめ、様々な自然科学的な分布の成果も含めて、二〇一九年度には報告書をしっかりまとめていく予定です。今後、調査研究が一通り終わった段階で、また南あわじ市にお願いして、皆様方に成果をお知らせできるような機会をもつことができればと思っています。その時はよろしくお願いいたします。

石野　時間がきましたので、これで終わりになります。なぜ淡路島にこんなに多くの銅鐸が出土しているのでしょうか。日本の国生み神話のオノコロ島神話のオノコロ島は淡路島南端の沼島なんだという話ともしかしたら関係するのだろうか、夢見ながら考えてきました。やがてまとめて本に出来たらと思いますけれども、まだまだ課題は残っておりそうであります。

これからも兵庫県立考古博物館では、兵庫県の中の大きな島が淡路島であり、瀬戸内海を通って西から様々な文化が近畿地方に来る時に、ひとつの鍵を握るのも淡路島でありますから、そのへんを含めて皆さんとまた考えていきたいと思います。講師のみなさん、会場のみなさん、今日は本当にありがとうございます。

あとがき

池田征弘

本誌は二〇一七年十一月十一日（土）に開催した兵庫県立考古博物館開館一〇周年記念シンポジウム「松帆銅鐸と淡路の青銅器をめぐって」の内容をもとにしたものです。

松帆銅鐸は二〇一五年四月に発見されましたが、二〇一六年二月の南あわじ市での速報展示に引き続き、二月・三月に兵庫県立考古博物館でもいち早く展示する機会を得ました。そして、二〇一七年十月・十一月に開館一〇周年記念展として松帆銅鐸を基軸に特別展「青銅の武器と鐸―弥生時代の交流―」を開催し、併せてシンポジウムも開催しました。

シンポジウムは兵庫県立考古博物館名誉館長石野博信をコーディネーターとし、松帆銅鐸調査研究委員会の委員を務めておられる森岡秀人、難波洋三、福永伸哉、吉田広の各先生方に報告いただき、兵庫県立考古博物館長和田晴吾をパネラーに加えて討論を行いました。各先生方には報告をもとに改めて稿を起こしていただきました。討論からは当日の熱気を感じ取っていただけるかと思います。

当日のプログラム以外には、南あわじ市教育委員会定松佳恵氏・的崎薫氏にまとめていただいた松帆周辺の弥生時代遺跡の様相、石野博信による緒論、特別展を担当した兵庫県立考古博物館鐵英記による淡路島出土青銅器の概要を加えました。

南あわじ市教育委員会・奈良文化財研究所・松帆銅鐸調査研究委員会には資料の提供などについて格別のご配慮をいただきました。今回の松帆銅鐸発見後の研究状況を広くお知らせできる機会が、淡路島の青銅器文化に目を向け続けていただけることにつながれば幸いです。

兵庫県立考古博物館開館一〇周年記念シンポジウム
「松帆銅鐸と淡路の青銅器をめぐって」
二〇一七年十一月十一日（土）　於　子午線ホール（明石市）

基調報告1　松帆銅鐸の調査と研究
奈良文化財研究所客員研究員　難波洋三

基調報告2　近畿弥生社会における銅鐸の役割
大阪大学大学院文学研究科教授　福永伸哉

基調報告3　紀元前の弥生社会と最古の銅鐸埋納
関西大学大学院文学研究科非常勤講師　森岡秀人

基調報告4　武器形青銅器の東進
愛媛大学ミュージアム准教授　吉田　広

シンポジウム　松帆銅鐸と淡路の青銅器をめぐって
コーディネーター　石野博信
兵庫県立考古博物館名誉館長
パネラー　森岡秀人
難波洋三
福永伸哉
吉田　広
和田晴吾
兵庫県立考古博物館長

執筆者紹介（執筆順）

石野《いしの》　博信《ひろのぶ》
兵庫県立考古博物館
名誉館長

難波《なんば》　洋三《ようぞう》
(独)国立文化財機構
奈良文化財研究所
客員研究員

鐵《くろがね》　英記《ひでき》
兵庫県立考古博物館

定松《さだまつ》　佳重《よしえ》
南あわじ市教育委員会

的崎《まとざき》　薫《かおる》
南あわじ市教育委員会

福永《ふくなが》　伸哉《しんや》
大阪大学教授

森岡《もりおか》　秀人《ひでと》
関西大学大学院非常勤講師・
(公財)古代学協会客員研究員

吉田《よしだ》　広《ひろし》
愛媛大学ミュージアム
准教授

和田《わだ》　晴吾《せいご》
兵庫県立考古博物館
館長

池田《いけだ》 征弘《まさひろ》
兵庫県立考古博物館

季刊考古学・別冊28

淡路島《あわじしま》・松帆銅鐸《まつほどうたく》と弥生社会《やよいしゃかい》

定価　二、六〇〇円＋税
発行　二〇一九年五月二五日
編者　兵庫県立考古博物館
監修　石野博信・和田晴吾
発行者　宮田哲男
印刷・製本　株式会社ティーケー出版印刷
発行所　株式会社　雄山閣
〒102―0071東京都千代田区富士見二―六―九
電話　〇三―三二六二―三二三一
振替　〇〇一三〇―五―一六八五
URL　http://www.yuzankaku.co.jp
e-mail　info@yuzankaku.co.jp

ISBN 978-4-639-02644-0 C0321
 Printed in Japan　N.D.C.205　140p　26cm